외국인 유학생을 위한

한국어학개론

외국인 유학생을 위한 한국어학개론

발행일 1판 1쇄 2023년 3월 10일
　　　　3쇄 2026년 1월 28일

지은이 김정숙, 정명숙, 이승연, 김서형, 이유경, 정다운, 최은지,
　　　　이지용, 이은희, 손다정, 전형길, 이연정, 한하림, 이아름

펴낸이 박영호, 박민우
기획팀 송인성, 김선명, 김선호
편집팀 박우진, 김영주, 김정아, 최미라, 전혜련, 박미나
관리팀 임선희, 정철호, 김성언, 권주련
펴낸곳 (주)도서출판 하우

주소 서울시 중랑구 망우로68길 48
전화 (02)922-7090
팩스 (02)922-7092
홈페이지 http://www.hawoo.co.kr
e-mail hawoo@hawoo.co.kr
등록번호 제2016-000017호

값 19,000원
ISBN 979-11-6748-098-9 93710

외국인 유학생을 위한

한국어학개론

김정숙 · 최은지 외 지음

서 문

이 책은 국어국문학, 한국어교육학을 전공하는 외국인 유학생들이 한국어학의 개론적인 내용을 보다 쉽게 학습할 수 있도록 하기 위해 집필하였다. 한국어를 매우 높은 수준으로 잘 구사하는 외국인일지라도 한국어의 음운, 형태, 통사, 화용, 그리고 국어사적인 측면을 이론적으로 학습하는 것은 매우 어려운 일이다. 향후 전공으로서 한국어를 깊이 있게 배워야 할 외국인 유학생들이 이 책을 디딤돌로 삼아 좀 더 수월하게 한국어학에 입문할 수 있도록 하기 위해 이 책을 마련하였다.

이 책은 국내에서 수학하는 외국인 유학생뿐만 아니라, 해외에서 한국학을 전공하는 학생에게도 유용하게 활용될 수 있다. 그리고 한국어학의 기본적인 내용을 공부할 필요성을 느끼는 내국인 국어학, 한국어교육학 전공 입문자들에게도 도움이 될 수 있다.

일반적으로 대학에서는 학생들이 초중고등학교를 거치면서 학습한 학교 문법의 지식을 기반으로 하여 한국어학을 가르치게 된다. 한국의 학교 교육을 받지 못한 외국인 학생들은 이러한 학교 문법의 지식을 갖추지 못했을 가능성이 매우 높다. 따라서 이 책에서는 외국인 학생들이 이러한 지식을 기본적으로 갖출 수 있도록 학교 문법에서 채택하는 문법 체계와 용어를 주되게 사용하였다.

　　이 책에서는 학생들이 보다 쉽게 한국어학개론을 접할 수 있도록 여러 가지 장치를 마련해 두었다. 학생들이 이 책을 통해 좀 더 쉽게 내용을 이해할 수 있도록 다양하고 쉬운 예문을 제시하였고, 한 걸음 더 깊이 있게 들어간 내용을 접할 수 있도록 '여기서 잠깐', '돌아보기', '돋보기', '더 알아보기' 등을 통해 보충 설명을 제시하였다.

　　이 책은 고려대학교에서 한국어교육을 공부한 전공자들이 힘을 모아 집필하였다. 저자 모두 대학에서 외국인 유학생들을 가르치면서 학생들이 더 쉽게 한국어학에 입문하도록 하는 교재의 필요성을 느끼고 있던 터라, 이 책을 제안했을 때 모두 흔쾌히 동의해 주었다. 각자 맡은 장을 성실하게 집필하고, 서로 간의 피드백을 열린 마음으로 경청하며 더 좋은 원고로 다듬어 준 모든 저자께 대표 저자로서 감사의 말씀을 드린다.

　　그리고 이 책의 출판을 위해서 여러모로 애써 주신 도서출판 하우의 박민우 대표님과 이 책의 의도를 편집으로써 잘 표현해 주신 송인성 팀장님께도 감사의 인사를 전한다.

2023년 2월

대표저자 김정숙

차 례

한국어학의 개념 및 하위 분야

1 한국어학의 개념 및 범위

2 한국어학의 하위 분야

　　그림의 외국인은 한국어 문장을 구성할 때 조사나 어미를 사용해야 하는 것을 몰라 단어를 나열해 문장을 만든다. 또한 한국어의 발음 규칙에 대해 궁금해 하거나 15세기 한국어 표기를 보고 무슨 의미인지 모르겠다고 생각하기도 한다. 한국어는 어떤 체계로 이루어져 있고, 그 안에는 어떤 규칙이 있을까? 또 한국어를 적는 문자 체계는 어떠하며, 한국어는 현대한국어에 이르기까지 어떠한 변천 과정을 거쳤을까? 이 장에서는 한국어를 연구하는 학문인 한국어학의 개념과 하위 분야에 대해 살펴보자.

1 한국어학의 개념 및 범위

한국어(韓國語, Korean language)는 한반도에서 공용어로 사용되는 언어로, 전 세계에서 7,700만 명 이상이 사용하는 언어다. 한국어는 사용자를 기준으로 할 때 세계 7,151개 언어 중 23번째로 사용 인구가 많은 언어다(에스놀로그, 2022). 한국어를 사용해 일을 하거나 학업을 수행하는 제2언어 사용자가 늘면서 한국어 사용자의 수는 점차 증가하고 있다.

한국어를 과학적이고 체계적인 방법으로 연구하는 학문 분야를 한국어학(韓國語學, Korean linguistics)이라고 한다. 한국에서는 국어학이라는 명칭으로도 자주 사용된다. 한국어학의 일차적 연구 목적은 한국어 자체가 가지고 있는 내적 체계와 특성에 대한 탐구다. 이를 보통 순수한국어학(純粹韓國語學, pure Korean linguistics)이라고 한다. 순수한국어학의 연구 대상에는 한국어의 말소리나 형태, 문장, 의미, 표기 체계, 역사 등이 포함된다. 근래 들어서는 한국어의 사용을 의사소통 맥락과 연계해 연구하는 화용론도 순수한국어학의 주요 연구 영역이 되고 있다.

한국어학의 연구 대상에는 순수한국어학 영역뿐 아니라 다른 학문 분야와 연계해 한국어를 연구하고 그 성과를 활용하기 위한 내용도 포함된다. 이를 응용한국어학(應用韓國語學, applied Korean linguistics)이라고 하는데, 한국어의 사용을 사회학이나 심리학, 전산학, 교육학과 연결 지어 연구하는 것으로, 사회한국어학과 심리한국어학, 전산한국어학, 한국어교육학 등이 응용한국어학 분야에 해당한다.

 정리

한국어
☑ 한반도에서 공용어로 사용되는 언어

한국어학
☑ 한국어를 과학적이고 체계적인 방법으로 연구하는 학문 분야

순수한국어학
☑ 한국어 자체가 가지고 있는 내적 체계와 특성을 탐구하고자 하는 한국어학

응용한국어학
☑ 다른 학문 분야와 연계해 한국어를 연구하고 그 성과를 활용하기 위한 한국어학

📖 참고 자료

ethnologue.com/guides/ethnologue200, 2023.02.18

1 다음의 빈칸에 들어갈 말을 보기에서 골라 쓰십시오.

> **보기**   순수한국어학, 응용한국어학, 한국어, 한국어학

1) ______________ 은/는 한반도에서 공용어로 사용되는 언어다. 이러한 1) ______________ 을/를 과학적이고 체계적으로 연구하는 학문이 바로 2) ______________ (이)다. 2) ______________ 은/는 크게 두 가지 분야로 나눌 수 있다. 말소리나 형태, 문장, 의미 등 한국어가 가지는 내적인 체계와 특성을 탐구하는 것을 3) ______________ (이)라고 하며, 한국어를 사회학, 심리학, 전산학, 교육학 등의 다른 분야와 연결 지어 연구하는 것을 4) ______________ (이)라고 한다.

2 다음 내용이 맞으면 O에, 틀리면 X에 표시하십시오.

1) 한국어 사용 인구는 5,000만 명 정도다.　　　　□ O　□ X

2) 한국어 연구의 일차적 목적은 한국어의 내적 체계와 특성을 밝히는 것이다.　　　　□ O　□ X

3) 한국어의 계통을 연구하는 것은 응용한국어학에 속한다.　　　　□ O　□ X

4) 한국어학은 한국어를 과학적이고 체계적인 방법으로 연구하는 학문이다.　　　　□ O　□ X

한국어학에 대해 본격적으로 탐구하기에 앞서 본 교재에서 다루게 될 주요 영역을 개략적으로 살펴보자.

2.1 한국어 형태론

핵심어   형태론

한국어의 형태에 대해 탐구하는 분야를 한국어 **형태론**(形態論, morphology)이라고 한다. 한국어 형태론에서는 다음과 같은 내용을 탐구한다.

첫째, 한국어의 형태를 분석하여 가장 작은 단위인 형태소를 확인하고, 형태소의 의미적·문법적 특징을 파악한다.

(1) 나는 소설책을 읽었다.

(1)의 문장을 구성하는 형태소는 '나, 는, 소설, 책, 을, 읽-, -었-, -다'다. 형태론에서는 이와 같이 한국어에 어떠한 형태소들이 있는지 확인하고 각각의 형태소가 어떤 특징을 가지는지를 연구한다.

둘째, 문법적 기능을 담당하는 형태소의 특징에 대해 파악하고, 이들이 나타내는 문법 범주에 대해 탐구한다.

(2) ㄱ. 나는 소설책을 읽었다.
　　 ㄴ. 어머니께서 소설책을 읽으신다.

(2ㄱ)에서는 과거시제를 나타내기 위해 '-었-'이라는 형태소를 사용하였고, (2ㄴ)에서는 문장의 주체를 높이기 위해 '-으시-'라는 형태소를 사용하였다. 이와 같이 어떤 형태소들은 한국어의 시제나 높임법, 부정법, 피동과 사동 등의 문법 범주를 나타내기 위해 사용

되는데, 한국어 형태론에서는 이에 대해 탐구한다.

셋째, 한국어의 단어를 파악하고 한국어의 단어 체계가 어떻게 이루어져 있는지를 연구한다. 단어는 의미를 가지고 자립적으로 쓰이는 말로, (2)에는 '나, 는, 소설책, 을, 읽-'이라는 단어가 있다. 한국어의 수많은 단어를 의미와 문법의 특성에 따라 명사, 동사, 형용사 등으로 분류해 체계화하는 것도 형태론의 연구 범위에 속한다.

넷째, 단어 형성 방식에 대해 연구한다.

> (3) 꽃, 가다, 덮다
> (4) 꽃잎, 들어가다, 덮개

(3)의 단어들은 하나의 형태소로 이루어져 있는 반면 (4)의 단어들은 둘 이상의 형태소가 결합되어 이루어진 단어들이다. '꽃잎'은 명사 '꽃'과 '잎'이, '들어가다'는 동사 '들다'와 '가다'가, '덮개'는 동사 '덮다'의 어간에 접미사 '-개'가 결합되어 이루어졌다. 이와 같이 한국어에서는 다양한 방식으로 형태소들이 결합되어 단어를 형성한다.

한국어 형태론의 구체적인 내용은 이 책의 2장과 3장 및 7장과 8장에서 다룰 것이다.

정리

한국어 형태론
☑ 한국어의 형태에 대해 다루는 분야

2.2 한국어 통사론

핵심어 **통사론**

문장은 하나의 완결된 생각을 표현하는 가장 작은 단위를 뜻한다. 한국어의 문장에 대해 탐구하는 분야를 한국어 **통사론**(統辭論, syntax) 혹은 한국어 문장론이라고 한다. 한국어 통사론의 주된 탐구 내용은 다음과 같다.

첫째, 한국어 문장을 구성하는 문장성분의 개념과 종류, 문장성분의 단위에 대해 탐구한다.

(5) ㄱ. 나는 소설책을 읽었다.
    ㄴ. 나는 어제 산 소설책을 재미있게 읽었다.

(5ㄱ)에서 '나'는 행위의 주체를 나타내고 '소설책'은 행위의 대상을 나타내며 '읽다'는 주체의 행위를 나타낸다. 이와 같이 문장을 이루는 요소들이 문장 안에서 하는 역할을 규정하여 문장성분이라고 하며, '주어, 목적어, 서술어' 등으로 구분한다. (5ㄴ)은 (5ㄱ)에 '소설책'과 '읽었다'를 수식하는 말을 덧붙인 문장이다.

둘째, 한국어 화자가 자신의 의도를 전달하기 위해 문장을 다양하게 끝맺는 방법과 이에 따라 구분되는 한국어 문장의 종류에 대해 탐구한다.

(6) ㄱ. 수미 씨는 회사에 갑니다.
    ㄴ. 수미 씨는 회사에 갑니까?

(6ㄱ), (6ㄴ)의 문장들은 '수미 씨가 회사에 가다'라는 공통의 의미를 가지고 있지만 종결형을 '갑니다, 갑니까'로 다르게 구사함으로써 평서문과 의문문으로 구분된다.

셋째, 한국어 문장 구조의 종류와 문장의 확대 방법에 대해 살펴본다. 문장은 하나의 완결된 생각을 표현하는 가장 작은 단위이나, 둘 이상의 문장이 연결되어 하나의 문장을 구성할 수 있다.

(7) ㄱ. 동생이 올해 고등학교를 졸업했어요. 동생이 대학교에 입학했어요.
    ㄴ. 동생이 올해 고등학교를 졸업하고 대학교에 입학했어요.

(7ㄱ)은 두 개의 문장으로 이루어져 있으나 이를 연결해 (7ㄴ)처럼 하나의 문장으로 구성할 수 있다.

한국어 통사론의 구체적인 내용은 이 책의 4장, 5장, 6장에서 다룰 것이다.

한국어 통사론
☑ 한국어의 문장에 대해 탐구하는 분야

2.3 한국어 음운론과 한국어 음성학

핵심어 **음운론, 음성학**

한국어의 말소리에 대해 탐구하는 분야는 한국어 음운론과 한국어 음성학이다. 한국어 **음운론**(音韻論, phonology)이 한국어 말소리의 이론적 체계를 연구하는 데 비해, 한국어 **음성학**(音聲學, phonetics)은 한국어 말소리의 물리적이고 구체적인 특성을 연구한다. 한국어 말소리에 대한 탐구는 주로 다음의 내용들을 중심으로 이루어진다.

첫째, 한국어의 모음과 자음체계와 이들 음의 성질에 대해 탐구한다.

(8) 저는 한국어학을 공부해요.

(8)의 문장을 소리 내어 말해 보면 여기에는 모음 소리 [ㅓ, ㅡ, ㅏ, ㅜ, ㅗ, ㅐ, ㅛ]가 있고, 자음 소리 [ㅈ, ㄴ, ㅎ, ㄱ, ㄹ, ㅂ]가 있는 것을 알 수 있다. 한국어의 말소리와 관련해서는 한국어에 어떤 모음과 자음들이 있으며, 한국어의 모음체계와 자음체계가 어떻게 이루어져 있는지를 탐구한다. 또한 한국어의 모음과 자음 소리가 어떤 특성을 가진 소리인지에 대해서도 익힌다.

둘째, 한국어의 음절 구조와 그 특성에 대해 탐구한다. 한국어에는 모음만으로 이루어진 음절, 자음과 모음으로 이루어진 음절, 모음과 자음으로 이루어진 음절, 자음과 모음, 자음으로 이루어진 음절이 있다. (8)의 문장을 이루는 음절을 이에 따라 구분하면 (9)와 같다.

(9) ㄱ. 모음만으로 이루어진 음절: 어, 요

　　 ㄴ. 자음과 모음으로 이루어진 음절: 저, 부

　　 ㄷ. 모음과 자음으로 이루어진 음절: 안, 을

　　 ㄹ. 자음과 모음, 자음으로 이루어진 음절: 한, 국

셋째, 한국어의 소리들이 연결될 때 어떤 변화가 있는지에 대해 탐구한다. '한국'은 [한국]의 음가를 가지고 있으나, 뒤에 '어, 말, 사람'이 연결되면 각각 [한구거], [한궁말], [한국싸람]으로 발음된다. 이와 같이 하나의 소리가 발음되는 환경에 따라 어떠한 소리로 변화하는지에 대해 살펴본다.

넷째, 억양이나 장단과 같은 한국어의 초분절음에 대해서도 탐구한다. (10ㄱ)과 (10ㄴ)의 문장은 같은 소리로 이루어져 있지만 문장의 끝부분 억양을 달리해 의미를 구분한다.

(10) ㄱ. 이안 씨는 한국어학을 공부해요.

　　 ㄴ. 이안 씨는 한국어학을 공부해요?

한국어 음운론과 음성학의 구체적인 내용은 이 책의 9장에서 다룰 것이다.

정리

한국어 음운론
☑ 한국어 말소리의 이론적 체계를 연구하는 분야

한국어 음성학
☑ 한국어 말소리의 물리적이고 구체적인 특성을 연구하는 분야

2.4 한국어 의미론

 핵심어　의미론

한국어 의미론에서는 언어 의미의 개념 및 유형을 살펴본다. 그리고 한국어 단어의 의

미를 구성하는 요소에 대해 살펴보고, 의미를 중심으로 한 단어들의 관계에 대해 탐구한다. 이렇듯 한국어의 의미를 연구하는 분야를 한국어 의미론(意味論, semantics)이라고 한다. 한국어 의미론의 주된 탐구 내용은 다음과 같다.

첫째, 한국어 단어의 의미를 구성하는 의미자질에 대해 탐구한다. 단어의 의미는 여러 의미자질이 합해져 이루어진다. (11)처럼 '동물'이라는 단어의 의미는 [+생명체], [+이동성]이라는 의미자질의 합이고, '식물'의 의미는 [+생명체], [−이동성]이라는 의미자질의 합이다.

> (11) ㄱ. 동물: [+생명체] [+이동성]
> ㄴ. 식물: [+생명체] [−이동성]

둘째, 의미와 관련된 단어의 특성에 대해 살핀다. 하나의 단어는 하나의 의미를 가질 수도 있고 여러 의미를 가질 수도 있다. '겨울'은 하나의 의미를 갖는 단어지만 (12)에서 '가다'는 각각 다른 의미를 가진다.

> (12) ㄱ. 동생이 학교에 갔다.
> ㄴ. 음식이 맛이 갔다.
> ㄷ. 어릴 때 친구가 벌써 두 명이나 갔다.

한편 형태가 같은 단어인 경우에도 각각이 다른 단어로 분류되는 경우가 있다. 예를 들어 '다리'는 사람이나 동물의 신체의 일부를 의미하거나 이동을 위한 시설물을 의미하는데, 이들은 의미적으로 아무 관련이 없다. 따라서 이처럼 형태는 같으나 의미적으로 별개인 단어들도 존재한다.

셋째, 의미를 중심으로 단어들이 맺고 있는 관계에 대해 탐구한다. (13)과 같이 하나의 단어는 의미를 중심으로 다른 단어들과 유의관계, 반의관계, 상하관계 등을 맺을 수 있다.

> (13) ㄱ. 유의관계: 의미−뜻, 사다−구입하다
> ㄴ. 반의관계: 어른−아이, 높다−낮다
> ㄷ. 상하관계: 동물−호랑이, 계절−여름

한국어 의미론의 구체적인 내용은 이 책의 10장에서 다룰 것이다.

한국어 의미론
☑ 한국어의 의미를 연구하는 분야

2.5 한국어 화용론

핵심어 **화용론**

언어 사용은 언어 자체의 사용 규칙에 따라서만 이루어지는 것이 아니라 의사소통이 이루어지는 맥락에 따라 다르게 이루어진다. 한국어의 사용을 의사소통 맥락과 연계해 연구하는 분야를 **화용론**(話用論, Pragmatics)이라고 한다. 한국어 화용론의 주요 탐구 내용은 다음과 같다.

첫째, 발화 상황이나 화자와 청자의 관계 등에 따라 달라지는 발화의 형태와 의미에 대해 탐구한다. 함께 차를 마시자는 제안을 할 때 (14ㄱ)과 같이 청유문의 형식으로 직접적으로 제안할 수도 있지만, 화자가 청자를 어려워하거나 공손하게 제안을 하고 싶을 경우에는 (14ㄴ)과 같이 의향을 묻는 형식을 사용할 수도 있다.

(14) ㄱ. 차 한 잔 해요.
　　　ㄴ. 차 한 잔 하시겠어요?

둘째, 화자가 발화를 통해 수행하려고 하는 행위인 화행의 종류와 유형에 대해 탐구한다. 물을 달라는 요청을 할 때 우리는 (15ㄱ)과 같이 직접적으로 발화할 수도 있지만 (15ㄴ)과 같이 간접적으로 발화할 수도 있다. (15ㄴ)은 문장 그대로의 의미로 해석될 수도 있으나 많은 경우에 목이 마르니 마실 것을 달라는 요청의 의미를 갖는다. 이와 같이 발화는 표면 형태의 의미로만 해석되는 것이 아니라 맥락에 따라 다른 기능을 포함하고 있다.

(15) ㄱ. 물 좀 줘.
　　　ㄴ. 목이 마르네.

셋째, 대화가 이루어지는 구체적인 의사소통 상황이나 맥락을 모르면 그 의미를 알 수 없는 표현들에 대해 탐구한다.

(16) **너 저것** 좀 가져다줄래?

(16)의 문장에서 '너'와 '저것'은 대화가 이루어지는 구체적인 의사소통 상황을 알아야 의미를 알 수 있다. 이처럼 단어나 문법 요소가 의사소통 상황과 직접적인 관련이 있어서 맥락에 따라 의미가 달라지는 현상을 직시라고 하는데, 화용론에서는 한국어의 직시 체계와 표현에 대해서도 탐구한다.

한국어 화용론의 구체적인 내용은 이 책의 11장에서 다룰 것이다.

정리　**한국어 화용론**
☑ 한국어의 사용을 의사소통 맥락과 연계해 연구하는 분야

2.6 한국어 문자론

핵심어　**문자론**

한국어 문자론에서는 한국어를 표기하는 문자 체계에 대해 탐구한다. 이렇듯 한국어를 표기하는 문자에 대해 연구하는 분야를 한국어 **문자론**(文字論, orthography)이라고 한다. 한국어 문자론의 주요 탐구 내용은 다음과 같다.

첫째, 훈민정음의 창제 원리와 문자 체계에 대해 탐구한다. 또한 훈민정음이 역사적으로 어떠한 사용 과정을 거쳐 오늘에 이르렀는지에 대해 살펴본다.

둘째, 한자를 이용한 한국어 차자표기 체계에 대해 탐구한다. 훈민정음이 창제되기 전에 한반도에서는 지식인을 중심으로 한문을 이용해 문자 생활을 하였다. 그런 가운데서도 한국어 고유어나 노래를 한국어 발음 그대로 표기하기 위해 한자를 이용하기도 하였다.

『삼국사기』(1215)에는 '居柒夫或云荒宗'이라는 표기가 있는데, 여기서 '居柒夫(거칠부)'는 '荒宗'을 고유어로 표기한 것이다. 또한 『향약구급방』(1417)에는 '도라지'를 '道羅次'로 표기해 놓은 기록이 있다.

한국어 문자론의 구체적인 내용은 이 책의 12장에서 다룰 것이다.

정리

한국어 문자론
☑ 한국어를 표기하는 문자에 대해 연구하는 분야

2.7 한국어사

핵심어 한국어사

한국어의 역사 및 변천 과정을 연구하는 분야를 **한국어사**(韓國語史, history of Korean)라고 한다. 한국어사의 주요 연구 내용은 다음과 같다.

첫째, 고대한국어로부터 현대한국어에 이르기까지 한국어의 음운, 어휘, 문법, 의미 등의 변천에 대해 탐구한다. 훈민정음이 창제된 직후 편찬된 책의 기록을 보면 그 시대에 사용된 언어는 현대한국어와 많은 차이가 있음을 알 수 있다. (17)은 1447년에 편찬된 『용비어천가』의 한 구절인데, 사용된 말이나 표기법이 오늘날의 것과 달라 이해하기가 쉽지 않다.

(17) 불휘 기픈 남고 부르매 아니 뮐씨 곶 됴코 여름 하느니 (『용비어천가』)

(17)을 현대어로 고쳐 쓰면 '뿌리가 깊은 나무는 바람에 흔들리지 않아 꽃이 좋고 열매가 많나니'가 된다. (17)을 통해 우리는 15세기 한국어와 21세기 한국어 사이에 큰 차이가 있음을 알 수 있다. 오늘날 '흔들리다, 열매, 많다'로 쓰이는 말들이 '뮈다, 여름, 하다'로 사용되었고, 오늘날 '뿌리, 꽃'으로 사용되는 말이 '불휘, 곶'으로 표기된 것을 통해 15세기에

는 경음의 사용이 보편적이지 않았음을 추정할 수 있다. 또한 모음 'ㅏ'와 함께 'ㆍ'가 사용되는 것을 볼 수 있어 현재와 모음체계가 달랐음을 추정할 수 있다. 이러한 음운 및 형태, 의미의 변천에 관한 내용이 한국어사의 주요 탐구 내용이다.

둘째, 한국어사를 어떻게 시대 구분해야 하는가에 대해서도 살핀다. 한국어사의 시대 구분은 한국어 변화를 기준으로 한다는 점에서 한국사의 시대 구분과는 차이가 있다.

한국어사의 구체적인 내용은 이 책의 13장에서 다룰 것이다.

정리　**한국어사**
☑ 한국어의 역사 및 변천 과정을 연구하는 분야

2.8 한국어 방언론

핵심어　방언, 표준어, 지역방언, 사회방언

일정한 지역이나 사회 집단에서 사용되는 한국어를 연구하는 분야를 **한국어 방언론**(方言論, dialectology)이라고 한다. 주요 연구 내용은 다음과 같다.

첫째, 지역방언의 음운, 어휘, 문법, 의미 사용 양상을 조사하고 탐구하여 지역별 방언의 특성을 밝히고 한국어의 사용 지역을 몇 개의 하위 구역으로 나누는 방언지도를 작성한다.

둘째, 나이나 성별, 사회 계층 등 사회적 요인에 따라 언어 사용이 어떻게 다른지 조사하고 분석하여 집단 간 언어 차이를 연구한다.

한국어 방언론의 구체적인 내용은 이 책의 14장에서 다룰 것이다.

정리　**한국어 방언론**
☑ 지역이나 사회 집단에 따른, 한국어의 다양한 방언과 그 특성을
　연구하는 분야

1 다음을 관계있는 것끼리 연결하십시오.

1) 문장   •   • ㉠ 한국어 음운론

2) 말소리   •   • ㉡ 한국어 의미론

3) 단어의 뜻   •   • ㉢ 한국어 통사론

4) 훈민정음   •   • ㉣ 한국어사

5) 한국어의 변천   •   • ㉤ 한국어 형태론

6) 의사소통 맥락   •   • ㉥ 한국어 문자론

7) 단어 형성   •   • ㉦ 한국어 화용론

2 다음과 같은 서술은 한국어학의 하위 분야 중 어떤 것과 관련되어 있는지 쓰십시오.

1) '날개'는 '날-'과 '-개'가 결합되어 만들어졌다.

2) '국물'은 [궁물]로 발음된다.

3) 삼국시대에는 차자표기를 사용하여 한국어를 표기하였다.

4) '나는 너를 좋아해.'라는 문장에서 알 수 있듯이, 한국어는 주어, 목적어, 서술어의 순서로 문장을 구성한다.

5) 현대의 한국어와 달리 조선시대 후기에는 한국어에 모음 아래아(ㆍ)가 남아 있었다.

6) '남자'와 '여자'는 서로 반의관계를 가진다.

7) 같은 언어권 안에서도 지역이나 집단에 따라 사용하는 말에 차이가 있다.

1 다음을 순수한국어학과 응용한국어학으로 분류하십시오.

한국어 음운론	사회한국어학	한국어교육학	한국어 문자론
한국어 화용론	한국어 형태론	심리한국어학	한국어 의미론
한국어 통사론	전산한국어학	한국어사	한국어 방언론

순수한국어학	응용한국어학

2 한국어학의 하위 분야와 그에 대한 설명을 맞게 연결하십시오.

1) 한국어 음운론 •　　　• ㉠ 한국어의 형태에 대해서 다루는 분야

2) 한국어 음성학 •　　　• ㉡ 한국어의 사용을 의사소통 맥락과 연계해 연구하는 분야

3) 한국어 형태론 •　　　• ㉢ 한국어의 의미를 연구하는 분야

4) 한국어 통사론 •　　　• ㉣ 한국어의 문장에 대해 탐구하는 분야

5) 한국어 의미론 •　　　• ㉤ 한국어 말소리의 이론적 체계를 연구하는 분야

6) 한국어 화용론 •　　　• ㉥ 한국어를 표기하는 문자에 대해 연구하는 분야

7) 한국어 문자론 •　　　• ㉦ 한국어 말소리의 물리적이고 구체적인 특성을 연구하는 분야

8) 한국어사 •　　　• ㉧ 한국어의 역사 및 변천 과정을 연구하는 분야

9) 한국어 방언론 •　　　• ㉨ 지역별, 계층별 한국어를 연구하는 분야

2 장

한국어의 단어

1 단어와 형태소
2 단어의 형성

　　그림에서 '큰집'은 '할아버지 혹은 큰아버지의 집'을 말하는 한 단어다. 그리고 '큰 집'은 크기가 큰 집을 말하는 것으로 '큰'과 '집' 두 단어다. 한 단어로 이루어진 '큰집'은 '큰'과 '집' 사이에 띄어쓰기를 하지 않고, 두 단어로 이루어진 '큰 집'은 '큰'과 '집' 사이에 띄어쓰기를 한다. 그렇다면 한 단어를 무엇으로 구분하는 것일까? 그리고 단어는 어떤 특징을 가질까? 이 장에서는 한국어의 '단어'와 관련된 내용을 살펴보자.

1 단어와 형태소

1.1 단어와 형태소의 개념

> **핵심어**   단어, 형태소

단어

단어(單語, word)는 의미를 가지고 자립적으로 쓰이는 말이다. (1)을 분석해 보면 '나, 는, 저녁, 에, 김밥, 을, 먹었다'가 단어에 해당된다.

(1) 나 는 저녁 에 <u>김밥</u> 을 <u>먹었다</u>.
　　　　　　　　　↳ 김＋밥　　↳ 먹-＋-었-＋-다

먼저 단어는 그 자체로 의미를 가진다. 단어는 하나의 단위기 때문에 분리되면 본래의 의미를 가지지 않는다. (1)에서 '김밥'은 '김'과 '밥'으로 나눌 수 있지만, '김밥'을 '김'과 '밥' 두 구성 요소로 분리하면 '김밥'이 가지는 의미와 달라진다. 따라서 (1)에서는 그 자체로 의미를 가지는 '김밥'을 한 단어로 보는 것이다.

다음으로 단어는 자립성이 있어야 한다. '자립성'이란 다른 말에 의지하지 않고 그 자체로 독립적으로 쓰일 수 있는 것을 말한다. '먹었다'는 사실 '먹다'의 '먹-'과 '-었' 그리고 '-다'로 더 나눌 수 있다. 그러나 '먹-', '-었-', '-다'는 모두 단독으로 쓰일 수 없기 때문에 '먹었다'가 한 단어가 된다.

그렇다면 '는', '을', '에'와 같은 조사는 자립성이 없는데도 왜 단어로 보는 것일까? 조사는 자립성이 있는 말의 뒤에 붙어 쓰이며, 그것과 쉽게 분리되는 속성이 있다. 이런 조사의 속성을 고려해 한국어에서는 조사도 단어로 본다.

이상의 내용을 고려해 (1)을 구성하고 있는 단어를 분석하면 다음과 같다.

나 는 저녁 에 김밥 을 먹었다

형태소

형태소(形態素, morpheme)는 의미를 가지는 가장 작은 말의 단위를 말한다. 다시 말해 의미를 가지면서 더 이상 분석할 수 없는 말의 단위다. 그리고 단어와 달리 형태소는 자립성이 있는 것도 있고, 자립성이 없는 것도 있다.

(2) 나는 산에서 <u>돌다리</u>를 <u>보았다</u>.
　　　　　↳ 돌＋다리　　↳ 보-＋-았-＋-다

(2)의 '보았다'는 하나의 단어이지만, 의미를 가지는 단위로 더 분석하면 '보-＋-았-＋-다'가 된다. '보-'는 'see'의 의미를 가지고, '-았-'은 과거, '-다'는 종결이라는 의미와 기능을 가진다. 그리고 '돌다리'는 '돌'과 '다리'로 분석이 가능하며, 분리되어도 각각이 의미를 가지고 있다. 반면에 '산'이나 '다리'는 더 분석할 경우 의미를 가지지 못한다.

형태소 가운데는 '나', '산', '는', '에서'처럼 단어와 형태소가 같은 경우도 있고 '돌다리', '보았다'와 같이 하나 이상의 형태소가 단어를 이루는 경우도 있다.

이상의 내용을 고려해 (2)를 형태소로 분석하면 다음과 같다.

나, 는, 산, 에서, 돌, 다리, 를, 보-, -았-, -다

(3) ㄱ. 꽃이, 우유가
　　ㄴ. 가방을, 소리를
　　ㄷ. 보았다, 먹었다, 하였다

한편, 형태소 중에는 환경에 따라 다른 형태로 실현되는 것이 있는데, 이를 이형태라고 한다. (3ㄱ)에서 '꽃' 뒤에는 조사 '이'가 쓰이고, '우유' 뒤에는 조사 '가'가 쓰였다. '이/가'는 주격조사이지만, 앞에 오는 말의 끝소리가 자음인지 모음인지에 따라 선택적으로 다르게 쓰인 것이다. 마찬가지로 (3ㄴ)의 '가방' 뒤에는 '을'이, '소리' 뒤에는 '를'이 실현된다. 그리고 (3ㄷ)과 같이 과거시제 형태소는 앞에 오는 모음에 따라 '-았-', '-었-', '-였-'으로 실현된다.

정리

단어
- ☑ 의미를 가지고 자립적으로 쓰이는 말
- ☑ 한국어 조사는 자립성이 없지만 예외적으로 단어로 구분함.

형태소
- ☑ 의미를 가지는 가장 작은 말의 단위

1.2 형태소의 유형

핵심어 자립형태소, 의존형태소, 실질형태소, 형식형태소

자립형태소와 의존형태소

형태소 가운데는 자립성을 가진 것도 있고, 다른 형태소의 도움을 받아야만 문장에서 사용할 수 있는 형태소도 있다.

(4) 영희는　　과자를　　먹었다.
　　↳ 영희 + 는　↳ 과자 + 를　↳ 먹- + -었- + -다

(4)에서 '영희, 과자'는 자립성이 있어 홀로 쓰일 수 있다. 반면에 '는', '를', '먹-', '-었-', '-다'는 문장 안에서 다른 형태소와 함께 사용되어야 한다.

'영희, 과자'처럼 다른 형태소가 없어도 문장에서 홀로 사용할 수 있는 형태소를

자립형태소(自立形態素, free morpheme)라고 한다. 반면에 '는', '를', '먹-', '-었-', '-다'처럼 문장에서 홀로 사용할 수 없는 형태소는 의존형태소(依存形態素, bound morpheme)라고 한다.

실질형태소와 형식형태소

형태소는 실질적인 의미를 가지는지에 따라 실질형태소와 형식형태소로 구분할 수 있다.

(5) 영수는 동생을 만났다.
↳ 영수 + 는 ↳ 동생 + 을 ↳ 만나- + -았- + -다

실질형태소(實質形態素, full morpheme)는 어휘적인 의미를 가지는 형태소다. (4)의 '영수', '동생', '만나-'는 어휘적 의미를 가지므로 실질형태소다. 반면에 '는', '을', '-았-', '-다' 등은 문법적 의미만을 가지는 형식형태소(形式形態素, empty morpheme)다.

자립형태소는 실질형태소인 경우가 대부분이고, 의존형태소는 형식형태소인 경우가 대부분이지만 항상 그런 것은 아니다. 예를 들어 의존형태소 가운데 '읽-', '만나-', '예쁘-', '크-', '작-', '맛있' 등은 그 자체로 어휘적 의미를 가지고 있기 때문에 실질형태소이다.

이상의 내용을 고려해 (4)와 (5)를 분석하면 다음과 같다.

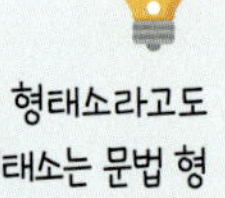

형태소	영희	는	과자	를	먹-	-었-	-다
자립·의존	자립	의존	자립	의존	의존	의존	의존
실질·형식	실질	형식	실질	형식	실질	형식	형식

형태소	영수	는	동생	을	만나-	-았-	-다
자립·의존	자립	의존	자립	의존	의존	의존	의존
실질·형식	실질	형식	실질	형식	실질	형식	형식

 정리

자립형태소

☑ 다른 형태소가 없어도 문장에서 홀로 사용할 수 있는 형태소

의존형태소

☑ 문장에서 홀로 사용할 수 없는 형태소

실질형태소

☑ 어휘적인 의미를 가지는 형태소

형식형태소

☑ 문법적인 의미를 가지는 형태소

1 다음 문장을 단어로 분석해 보십시오.

1) 미라는 숙제를 아직 못 했다.

2) 나는 지난 주말에 집안일로 무척 바빴다.

3) 눈이 내려 밖이 온통 하얗다.

4) 너무 힘들면 오늘은 하루 쉬자.

5) 아까 길에서 영수를 본 것 같아요.

2 다음 문장을 형태소로 분석해 보십시오.

1) 미라는 숙제를 아직 못 했다.

2) 나는 어제 집안일로 무척 바빴다.

3) 눈이 내려 밖이 온통 하얗다.

4) 너무 힘들면 오늘은 하루 쉬자.

5) 아까 길에서 영수를 본 것 같아요.

③ 다음 문장의 형태소가 자립 또는 의존형태소, 실질 또는 형식형태소 중 무엇인지 고르십시오.

1)

형태소	나	는	학교	에서	역사	책	을	읽-	-었-	-다
자립	☐	☐	☐	☐	☐	☐	☐	☐	☐	☐
의존	☐	☐	☐	☐	☐	☐	☐	☐	☐	☐
실질	☐	☐	☐	☐	☐	☐	☐	☐	☐	☐
형식	☐	☐	☐	☐	☐	☐	☐	☐	☐	☐

2)

형태소	아버지	는	요즘	농사	일	로	바쁘-	-시-	-었-	-다
자립	☐	☐	☐	☐	☐	☐	☐	☐	☐	☐
의존	☐	☐	☐	☐	☐	☐	☐	☐	☐	☐
실질	☐	☐	☐	☐	☐	☐	☐	☐	☐	☐
형식	☐	☐	☐	☐	☐	☐	☐	☐	☐	☐

3)

형태소	너무	힘들-	-면	오늘	은	하루	쉬-	-자
자립	☐	☐	☐	☐	☐	☐	☐	☐
의존	☐	☐	☐	☐	☐	☐	☐	☐
실질	☐	☐	☐	☐	☐	☐	☐	☐
형식	☐	☐	☐	☐	☐	☐	☐	☐

2 단어의 형성

2.1 단어의 구성 요소

핵심어 어근, 접사, 접두사, 접미사

어근과 접사

단어의 구성 요소는 어근과 접사로 나뉜다. 어근(語根, root)은 어휘적인 의미를 가지는 요소로 단어 의미의 중심이 된다. 그리고 접사(接辭, affix)는 문법적인 의미를 가지는 요소로 어근의 앞이나 뒤에 붙어 의미 또는 기능을 더해 준다.

   (1) 먹이   달리기   소설가   재활용
       ↳ 먹-＋-이   ↳ 달리-＋-기   ↳ 소설＋-가   ↳ 재-＋활용

(1)에서 '먹-', '달라-', '소설', '활용'은 각 단어의 중심적 의미를 이루는 어근이다. 그리고 '-이', '-기', '-가', '재-'는 어근의 앞이나 뒤에 붙어서 문법적인 의미를 더해 주는 접사다.

접두사와 접미사

접사는 어근과 결합하는 위치에 따라 접두사와 접미사로 구분한다. 접두사(接頭辭, prefixes)는 어근의 앞에 오는 접사고 접미사(接尾辭, suffix)는 어근의 뒤에 붙는 접사다.

   (2) 신상품   대기업   불가능   한여름
       ↳ 신-＋상품   ↳ 대-＋기업   ↳ 불-＋가능   ↳ 한-＋여름

   (3) 요리법   연구실   전문가   얼음   활발하다
       ↳ 요리＋-법   ↳ 연구＋-실   ↳ 전문＋-가   ↳ 얼-＋-(으)ㅁ   ↳ 활발＋-하다

(2)의 '신-, 대-, 불-, -한'은 어근의 앞에 붙어 새로운 단어를 만드는 접두사고, (3)의

'-법, -실, -가, -(으)ㅁ, -하다' 등은 어근의 뒤에 붙어 새로운 단어를 만드는 접미사다.

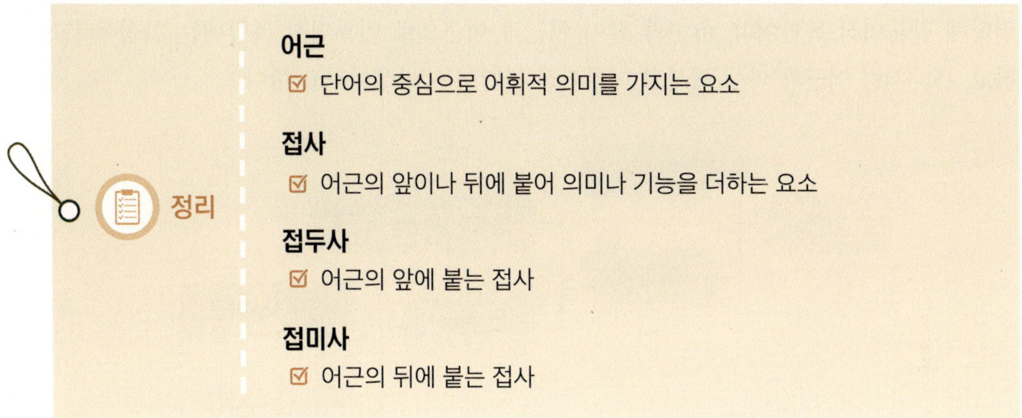

2.2 단어의 유형

핵심어   단일어, 복합어, 합성어, 파생어

단일어와 복합어

단어는 단일어와 복합어로 구분된다. **단일어**(單一語, simple word)는 하나의 어근으로 구성된 것이고, **복합어**(複合語, complex word)는 어근과 어근 또는 어근과 파생 접사가 결합하여 단어를 이룬 것이다.

(4) 봄, 먹다, 작다, 너무
(5) ㄱ. 늦잠(늦- + 잠), 맛있다(맛- + 있다), 밤낮(밤 + 낮)
　　ㄴ. 무관심(무- + 관심), 경제적(경제 + -적), 깔끔하다(깔끔 + -하-, -다),
　　　　많이(많- + -이)

(4)의 '봄, 먹다, 작다, 너무'는 더 나눌 수 없는 하나의 어근으로 구성된 단일어다. 그리

고 (5ㄱ)의 '늦잠'은 '늦-'과 '잠', '맛있다'는 '맛-'과 '있다', '밤낮'은 '밤'과 '낮' 같이 어근으로만 이루어진 복합어다. (5ㄴ)은 어근 '깔끔'과 파생 접사 '-하-', 어근 '많-'과 파생 접사 '-이'가 결합해 만들어진 복합어다. (5ㄱ)과 같이 어근과 어근으로 이루어진 복합어는 합성어라고 하고, (5ㄴ)처럼 어근과 파생 접사로 이루어진 복합어는 파생어라고 한다.

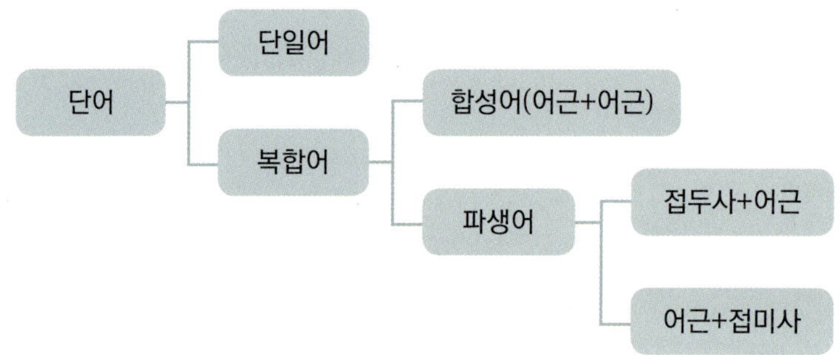

합성어

합성어(合成語, compound word)는 두 개 이상의 어근이 결합하여 새롭게 만들어진 단어다. 합성어는 먼저 결합하는 어근의 의미 관계에 따라 대등합성어, 종속합성어, 융합합성어로 분류할 수 있다.

(6) ㄱ. 앞뒤   앞 + 뒤
    ㄴ. 오가다   오- + 가다
    ㄷ. 논밭   논 + 밭

대등합성어는 두 개 이상의 어근이 원래의 의미를 잃지 않고 서로 대등한 관계를 유지하며 결합해 하나의 단어가 되는 것이다. (6ㄱ)에서 '앞뒤'는 '앞'과 '뒤' 두 단어가 결합되어 합성어를 만들었지만, '앞'과 '뒤'의 각각의 의미는 변하지 않는다. '오다'와 '가다'가 결합된 (6ㄴ)의 '오가다'와 '논'과 '밭'이 결합된 (6ㄷ)의 '논밭' 역시 어근이 원래의 의미를 유지하고 있다.

(7) ㄱ. 돌다리   돌 + 다리

ㄴ. 집안　　　집＋안

ㄷ. 뛰어가다　　뛰다＋가다

　　종속합성어는 하나의 어근이 다른 어근의 의미를 꾸며 주는 역할을 하는 것이다. (7ㄱ)
에서 '돌다리'는 '돌로 만든 다리'라는 의미로 '돌'이 '다리'를 꾸며 의미를 더해 준다. (7ㄴ)의
'집안'은 '집의 안'이라는 의미로, (7ㄷ)의 '뛰어가다'는 '뛰어서 가다'라는 의미로서 앞의 어근
이 뒤의 어근을 꾸며 주고 있다.

(8) ㄱ. 밤낮　　밤＋낮
　　ㄴ. 피땀　　피＋땀
　　ㄷ. 가시방석　가시＋방석

　　융합합성어는 어근과 어근이 결합해서 원래의 의미와 다른 새로운 의미를 가진 단어가
되는 것이다. (8)에서 '밤', '낮'이 결합한 '밤낮'은 '항상, 늘'이라는 의미인데 이는 원래의 어
근들이 가지고 있는 의미와 달라진 것이다. '피'와 '땀'이 결합한 '피땀'은 '노력', '가시'와 '방
석'이 결합한 '가시방석'은 '앉아 있기 불안한 자리'의 의미로 사용된다.

파생어

　　파생어(派生語, derivative)는 접사와 어근이 결합하여 새로운 단어가 만들어진 것이다.

(9) ㄱ. 맨손(맨-＋손), 한여름(한-＋여름), 맏아들(맏-＋아들),
　　　　짓누르다(짓-＋누르다), 치솟다(치-＋솟다)
　　ㄴ. 날개(날-＋-개), 울보(울-＋-보), 달리기(달리-＋-기),
　　　　공부하다(공부＋-하다), 깨끗이(깨끗＋-이)

　　파생어는 접사가 앞에 붙는 경우도 있고, 뒤에 붙는 경우도 있다. (9ㄱ)은 '맨-, 한-, 맏-,
짓-, 치-' 등의 접두사에 의한 접두파생어다.
　　(9ㄴ)은 접미사에 의한 접미파생어로 '-개, -보, -기, -하다, -이' 등의 접미사와 결합해 새

로운 단어를 만든 것이다.

단일어
☑ 하나의 어근으로 이루어진 단어

복합어
☑ 어근과 어근 또는 어근과 파생 접사가 결합한 단어

정리

합성어
☑ 두 개 이상의 어근이 결합하여 새롭게 만들어진 단어
☑ 결합하는 어근의 의미 관계에 따라 대등합성어, 종속합성어, 융합합성어로 분류

파생어
☑ 어근에 접사가 결합하여 만들어진 단어
☑ 어근 앞에 접두사가 붙어서 생긴 접두파생어와 어근 뒤에 접미사가 붙어 생긴 접미파생어로 구성

확인 문제

1 다음 단어를 읽고 단일어는 '단', 복합어는 '복'이라고 쓰십시오.

1) 산

2) 비빔밥

3) 뛰놀다

4) 예쁘다

5) 달리기

2 다음 단어를 읽고 합성어는 '합', 파생어는 '파'라고 쓰십시오.

1) 밤낮

2) 깨끗이

3) 한여름

4) 앞뒤

5) 지우개

3 다음 단어를 읽고 파생 접사에 <u>밑줄</u>을 치십시오.

1) 맨손

2) 울보

3) 헛소리

4) 읽기

5) 조용히

1 다음 문장을 읽고 물음에 답하십시오.

> 1) 아침에 학교 앞에서 미라를 봤어요.

① 이 문장에는 몇 개의 형태소가 있습니까?

② 이 문장을 자립형태소와 의존형태소로 분석하십시오.

- 자립형태소:
- 의존형태소:

③ 이 문장을 실질형태소와 형식형태소로 분석하십시오.

- 실질형태소:
- 형식형태소:

> 2) 저기 양복을 입은 사람이 영수다.

① 이 문장에는 몇 개의 형태소가 있습니까?

② 이 문장을 자립형태소와 의존형태소로 분석하십시오.

- 자립형태소:
- 의존형태소:

③ 이 문장을 실질형태소와 형식형태소로 분석하십시오.

- 실질형태소:
- 형식형태소:

2 다음 단어들을 〈보기〉와 같이 분석하십시오.

> **보기** 높이
> ➡ 복합어, 형용사 '높다'와 접미사 '−이'가 결합한 접미파생어다.

1) 한겨울

2) 읽기

3) 집안

4) 알아듣다

5) 콩나물

한국어의 품사

1 품사의 분류
2 품사의 특성

　　위의 문장에는 많은 단어들이 포함돼 있다. 이러한 단어들을 살펴보면 그 문법적 성질이 다른 것을 볼 수 있다. '공원'과 '꽃'은 대상의 이름을 나타내며 '에'와 '이'는 앞에 오는 단어들이 문장 안에서 어떤 자격을 갖도록 한다. 그리고 '피었어요'는 움직임을 나타내며 '예뻐요'는 상태를 나타낸다. 이 외에 '많이'와 '너무'는 각각 '피었어요'와 '예뻐요'를 수식하고 있다. 단어들이 가지는 이러한 성질을 기준으로 공통된 성질을 가진 단어들을 모아서 분류할 수 있는데 이를 '품사'라고 한다. 이 장에서는 품사에 대해서 살펴보자.

1 품사의 분류

> 핵심어 품사, 형식, 기능, 의미

단어들을 문법적 성질이 공통된 것끼리 모아 놓은 것을 **품사**(品詞, word class)라고 한다. 단어의 품사는 '형식', '기능', '의미'를 기준으로 분류한다. 다음의 문장에 나온 단어들이 이러한 세 가지 기준에 따라 어떻게 분류되는지 살펴보도록 하겠다.

  (1) <u>와!</u> <u>사과가</u> <u>아주</u> <u>맛있어요</u>.

(1)에 제시된 단어들은 우선 '형식'에 따라 분류할 수 있다. **형식**(形式, from)은 단어의 형태적 특징을 말하는 것으로 형식에 따른 분류는 문장에서 단어의 형태가 바뀌는지 안 바뀌는지에 따라서 분류하는 것이다. 이때 형태가 변하지 않는 단어를 불변어라 하고 형태가 변화는 단어를 가변어라고 한다. 이 기준에 따라서 (1)의 단어들 중 '와' '사과', '가', '아주'는 형태가 변하지 않으므로 불변어에 속한다. 반면 '맛있다'의 경우 '맛있어요', '맛있으면' 등으로 형태가 변하므로 가변어에 속한다.

다음 이렇게 불변어와 가변어로 나눈 단어는 다시 그 기능에 따라 분류할 수 있다. **기능**(機能, function)은 한 단어가 문장 안에서 다른 단어와의 관계 속에서 어떤 역할을 하는지를 살펴본 것이다. 이러한 기능에 따른 분류에 의하면 불변어는 체언, 수식언, 독립언, 관계언으로 나누어질 수 있으며 가변어에는 용언이 해당된다. 여기에서 체언은 문장에서 주어, 목적어, 보어로 쓰이며 수식언은 다른 성분을 수식한다. 그리고 독립언은 문장에서 독립적으로 쓰이며 관계언은 여러 성분 사이의 관계를 나타낸다. 마지막으로 용언은 서술어로 쓰인다.

(1)을 보면 '와'는 독립적으로 쓰이므로 독립언, '사과'는 주어의 역할을 하므로 체언, '가'는 여러 성분 사이의 관계를 나타내므로 관계언, '아주'는 '맛있어요'를 수식하므로 수식언, '맛있어요'는 서술어로 쓰이므로 용언이라고 할 수 있다.

그리고 이렇게 형식에 따라 불변어와 가변어로 나눈 단어를 기능에 따라 체언, 수식언,

독립언, 관계언, 용언으로 나눈 뒤에 다시 의미(意味, meaning)에 따라 분류할 수 있다. 여기에서의 의미는 같은 품사에 속하는 단어들이 공통적으로 가지는 추상적 의미를 말한다. 이 기준에 따라 체언은 명사, 대명사, 수사로 분류되며, 수식언은 관형사, 부사, 독립언은 감탄사, 관계언은 조사, 용언은 동사와 형용사로 분류된다.

체언 중 명사는 사물의 이름을 나타내는 말이며 대명사는 명사를 대신하여 사물을 가리키는 말이다. 수사는 사물의 수량이나 순서를 가리킨다. 다음 수식언에 속하는 관형사는 체언을 수식하는 말이며 부사는 용언을 수식하는 말이다. 또한 독립언에 속하는 감탄사는 말하는 사람의 느낌, 부름 등을 나타내며 관계언에 속하는 조사는 체언에 붙어 다른 성분과의 관계를 나타낸다. 그리고 용언 중 동사는 사물의 움직임을 나타내는 말이고 형용사는 사물의 성질이나 상태를 나타내는 말이다.

이러한 기준에 따르면 (1)에서 '와'는 말하는 사람의 느낌을 나타내므로 감탄사에 해당하며 '사과'는 대상의 이름을 나타내므로 명사다. '가'는 명사 '사과' 뒤에서 다른 성분과의 관계를 나타내므로 조사고 '아주'는 '맛있어요'를 수식하므로 부사며 '맛있어요'는 대상의 성질이나 상태를 나타내므로 형용사에 해당한다.

지금까지 논의된 세 가지 기준에 따라 위의 문장에 제시된 단어들은 다음과 같이 분류될 수 있다.

		와	사과	가	아주	맛있어요
분류 기준	형식	불변어	불변어	불변어	불변어	가변어
	기능	독립언	체언	관계언	수식언	용언
	의미	감탄사	명사	조사	부사	형용사

품사의 분류

	품사의 분류 기준		
	형식	기능	의미
단어	불변어	체언	명사, 대명사, 수사
		수식언	관형사, 부사
		독립언	감탄사
		관계언	조사
	가변어	용언	동사, 형용사

품사
☑ 단어들을 문법적 성질이 공통된 것끼리 모아 놓은 것
☑ 형식, 기능, 의미에 따라 분류됨.

1 다음의 설명을 보고 빈칸에 들어갈 알맞은 말을 쓰십시오.

1) 단어들을 문법적 성질이 공통된 것끼리 모아 놓은 것을 ＿＿＿＿＿＿＿(이)라고 한다.

2) 단어의 품사는 ＿＿＿＿＿＿＿에 따라 불변어와 가변어로 분류할 수 있다.

3) 단어의 품사는 ＿＿＿＿＿＿＿에 따라 체언, 용언, 수식언, 관계언, 독립언으로 분류할 수 있다.

4) 단어의 품사는 ＿＿＿＿＿＿＿에 따라 명사, 대명사, 수사, 동사, 형용사, 관형사, 부사, 조사, 감탄사 등으로 분류할 수 있다.

2 다음 표를 보고 무엇을 기준으로 단어의 품사를 분류하였는지 고르십시오.

1) 날씨가 나빠서 바다에서 수영을 못 했다.　　☐ 형식　☐ 기능　☐ 의미

날씨	가	나빠서	바다	에서	수영	을	못	했다
불변어	불변어	가변어	불변어	불변어	불변어	불변어	불변어	가변어

2) 저는 오늘 시내에서 친구를 만나요.　　☐ 형식　☐ 기능　☐ 의미

저	는	오늘	시내	에서	친구	를	만나요
대명사	조사	부사	명사	조사	명사	조사	동사

3) 너무 배가 고파서 라면을 세 개 먹었다.　　☐ 형식　☐ 기능　☐ 의미

너무	배	가	고파서	라면	을	세	개	먹었다
수식언	체언	관계언	용언	체언	관계언	수식언	체언	용언

4) 저는 주말마다 친구하고 같이 축구를 해요.　　☐ 형식　☐ 기능　☐ 의미

저	는	주말	마다	친구	하고	같이	축구	를	해요
대명사	조사	명사	조사	명사	조사	부사	명사	조사	동사

5) 컴퓨터가 없어서 일을 할 수 없었다.　　☐ 형식　☐ 기능　☐ 의미

컴퓨터	가	없어서	일	을	할	수	없었다
불변어	불변어	가변어	불변어	불변어	가변어	불변어	가변어

2.1 체언

> **핵심어** 체언, 명사, 대명사, 수사

문장에서 주체가 되는 자리에 나타나는 단어들을 **체언**(體言, nominal word)이라고 한다. 체언에는 명사, 대명사, 수사가 있는데 이들 단어들은 주어로 가장 많이 쓰이기 때문에 전통적으로 이렇게 불려왔다. 체언은 조사와 결합할 수 있으며 일반적으로 형태의 변화가 없다.

명사

명사(名詞, noun)는 일반적으로 사람이나 사물의 이름을 나타내는 품사다.

(1) ㄱ. **민수**야, **연필** 있어?
　　 ㄴ. **친구**와 **한강**에 갔다.

⑴에서 파란색으로 표시된 단어들은 모두 명사다. 이 중 '연필', '친구' 등은 같은 성질을 가진 대상에 대해 모두 쓸 수 있지만 '민수', '한강'은 특정한 대상을 나타내는 것으로 모든 대상에 쓸 수 있는 것이 아니다. 즉, 명사는 가리키는 대상의 범위에 따라 보통명사와 고유명사로 나눌 수 있다. '연필', '친구'와 같이 같은 성질을 가진 대상에 모두 쓰일 수 있는 명사를 보통명사라 하며 '민수', '한강'처럼 같은 성질의 대상 가운데 특정한 하나를 다른 것과 구별하기 위해 붙인 이름을 고유명사라고 한다. 고유명사는 특정한 대상에 붙여진 이름이므로 그 대상은 하나밖에 없으며 대표적으로 인명, 지역명, 상호 등이 이에 속한다.

(2) ㄱ. **가게**에 가서 마실 **것**을 사야겠다.

　　　ㄴ. **다리**를 다쳐서 **운동**을 할 **수**가 없었다.

　　　ㄷ. **사과** 다섯 **개**를 샀다.

또한 명사는 그 자립성 유무에 따라 분류될 수 있다. (2)에서 '가게', '다리', '운동', '사과'는 그 단어 앞에 관형어가 오지 않아도 문장 구성에 문제가 없다. 이와 같은 명사를 자립명사라고 한다. 그리고 '것', '수', '개'처럼 이를 수식해 주는 관형어가 앞에 있어야만 하는 명사를 의존명사라고 한다. 이러한 의존명사에는 '것', '수', '개' 외에 '바', '지', '뿐', '채', '만큼', '대로', '마리' 등이 있다. 이와 같이 명사는 자립성 유무에 따라 자립명사와 의존명사로 구분할 수 있다.

대명사

대명사(代名詞, pronoun)는 명사를 대신하여 나타내는 품사다.

(3) ㄱ. **너**는 **여기**에서 공부해?

　　　ㄴ. **나**는 **저기**가 좋아.

(3)에서 파란색으로 표시된 단어들은 모두 대명사다. 여기에서 '너', '나'는 특정한 사람의 이름을 대신하는 말이고 '여기', '저기'는 특정한 장소를 대신하는 말이다. 이렇게 대명사는 명사를 대신하여 대상을 가리키는 역할을 한다.

다음의 예를 통해서 대명사의 종류에 대해 살펴보자.

(4) ㄱ. **저**는 **이것**보다 큰 가방이 좋을 것 같아요.

　　　ㄴ. **우리**가 **거기**에 먼저 가 있을게요.

(4)에서 파란색으로 표시된 단어들은 모두 대명사이지만 성격이 조금 다르다. '저'와 '우리'는 사람을 가리키는 것이고 '이것'과 '거기'는 사물이나 장소를 가리키는 것이기 때문이다. 이처럼 사람을 가리키는 대명사를 인칭대명사라고 하고 사물과 장소를 가리키는 대명사를 지시대명사라고 한다.

인칭대명사는 더 구체적으로 분류될 수 있다.

(5) ㄱ. 나(우리), 저(저희)
　　ㄴ. 너(너희), 당신
　　ㄷ. 이이, 그이, 저이, 이분, 그분, 저분
　　ㄹ. 누구
　　ㅁ. 아무
　　ㅂ. 자기, 저(저희), 당신

위의 예들은 모두 사람을 가리키는 인칭대명사다. (5ㄱ)은 말하는 사람이 자기 자신을 가리키는 인칭대명사인 1인칭 대명사다. (5ㄴ)은 듣는 사람을 가리키는 인칭대명사인 2인칭 대명사다. (5ㄷ)은 말하는 사람과 듣는 사람 이외의 인물을 가리키는 3인칭 대명사다. 여기에서 '이' 계열은 화자에게 가까이 있는 인물을 가리키며, '그' 계열은 청자에게 가까이 있는 인물을, '저' 계열은 화자와 청자에게서 비슷하게 떨어져 있는 인물을 가리킬 때 나타난다.

그리고 (5ㄹ), (5ㅁ), (5ㅂ)도 모두 3인칭 대명사에 포함된다. (5ㄹ)의 '누구'는 가리킴을 받는 사람을 정확하게 모를 때 사용한다. (5ㅁ)의 '아무'는 특정한 사람을 가리키지 않을 때 쓰인다. (5ㅂ)은 한 문장 안에서 앞에 나온 체언을 대신하는 것으로 3인칭 주어가 반복해서 나타나는 것을 피하기 위해 사용한다.

지시대명사 역시 더 구체적으로 분류될 수 있다.

(6) ㄱ. 이것, 그것, 저것
　　ㄴ. 여기, 거기, 저기
　　ㄷ. 무엇, 어디
　　ㄹ. 아무것

(6ㄱ)은 사물을 가리키는 지시대명사고 (6ㄴ)은 장소를 가리키는 지시대명사다. (6ㄷ)은 물건이나 장소에 대한 정보가 없을 때 쓰이는 지시대명사며 (6ㄹ)은 특정한 대상을 가리키지 않을 때 쓰이는 지시대명사다.

수사

수사(數詞, numeral)는 사람이나 사물의 수량이나 순서를 가리키는 품사다.

> (7) ㄱ. 바나나를 하나만 먹었다.
>
> ㄴ. 첫째, 건강이 제일 중요하다.

(7ㄱ)에서 '하나'는 바나나의 수량을 가리키는 것이고 (7ㄴ)의 '첫째'는 순서를 가리킨다. (7ㄱ)에서와 같이 사물의 수량을 가리키는 것을 양수사라고 하고 (7ㄴ)과 같이 대상의 순서를 가리키는 것을 서수사라고 한다.

먼저 양수사는 다음과 같은 예들이 있다.

> (8) ㄱ. 하나, 둘, 셋, … 아흔여덟, 아흔아홉
>
> ㄴ. 영, 공, 일, 이, … 십, 백, 천, 만, 억, 조

(8ㄱ)은 고유어 계통이며 (8ㄴ)은 한자어 계통이다. 고유어는 1부터 99까지만 있어 그 이상의 숫자는 한자어만 존재한다.

다음은 서수사에 대한 예다.

> (9) ㄱ. 첫째, 둘째, 셋째…
>
> ㄴ. 제일, 제이, 제삼…

서수사도 양수사와 마찬가지로 고유어 계통과 한자어 계통이 있다. (9ㄱ)은 고유어 계통이며 (9ㄴ)은 한자어 계통이다.

체언

☑ 문장에서 주체가 되는 자리에 나타나는 단어들로 명사, 대명사, 수사가 포함됨.

명사

☑ 사람이나 사물의 이름을 나타냄.

☑ 가리키는 대상의 범위에 따라 보통명사와 고유명사로 구분되며 자립성 여부에 따라 자립명사와 의존명사로 구분됨.

대명사

☑ 명사를 대신하여 그 대상을 가리킴.

☑ 사람을 가리키는 인칭대명사와 사물이나 장소를 가리키는 지시대명사가 있음.

수사

☑ 사람이나 사물의 수량이나 순서를 나타냄.

☑ 수량을 가리키는 양수사와 순서를 가리키는 서수사가 있음.

2.2 용언

핵심어　용언, 동사, 형용사, 어간, 어미, 활용, 본용언, 보조용언

용언(用言, verbal word)에는 동사와 형용사가 있다. 동사와 형용사는 문장에서 주체를 서술하는 기능을 가지고 있기에 용언이라고 부른다. 또한 동사와 형용사는 어간에 어미가 결합하여 활용을 한다.

동사

동사(動詞, verb)는 사람이나 사물의 움직임을 나타내는 것으로 그 움직임을 과정으로 파악하여 표현하는 품사다.

(10) ㄱ. 아이가 놀이터에서 논다.

　　　ㄴ. 가족들과 밥을 먹는다.

　　　ㄷ. 물이 흐른다.

(10)에서 파란색으로 표시된 단어는 동사로 모두 움직임을 나타내고 있는데 주어의 성격에 따라서 사람뿐만 아니라 자연의 움직임도 나타낸다. 그리고 (10ㄱ)이나 (10ㄷ)처럼 움직임이 주어에 미치는 동사를 자동사라고 하고 (10ㄴ)처럼 움직임이 주어 외에 목적어에도 미치는 동사를 타동사라고 한다.

형용사

형용사(形容詞, adjective)는 사람이나 사물의 성질이나 상태를 나타내는 품사다.

(11) ㄱ. 주스가 너무 달다.

　　　ㄴ. 공원이 너무 조용하다.

(11)에서 파란색으로 표시된 단어는 모두 형용사다. (11ㄱ)의 '달다'는 '주스'의 성질을, (11ㄴ)의 '조용하다'는 '공원'의 상태를 표현한다. 이렇게 대상의 속성이나 상태를 나타내는 형용사를 성상형용사라고 한다.

형용사에는 성상형용사 외에도 (12)와 같이 성상형용사로 표현된 내용을 지시하는 지시형용사가 있다[1].

(12) ㄱ. 이러하다(이렇다), 그러하다(그렇다), 저러하다(저렇다)

　　　ㄴ. 어떠하다(어떻다), 아무러하다(아무렇다)

(12ㄱ)은 대명사처럼 화자와 청자를 기준으로 성상형용사로 표현된 내용을 지시하는 것이며 (12ㄴ)은 정보가 없거나 특정한 내용을 가리키지 않을 때 사용한다.

형용사는 사람이나 사물의 성질이나 상태를 나타낸다는 점에서 사람이나 사물의 움직임을 나타내는 동사와는 의미적인 차이가 있다. 그리고 둘의 활용 양상이 조금 다르다. 동

---

1) (12)에서 괄호 안의 형태는 축약된 형태다.

사에는 '-는/-ㄴ다, -는, -는구나'가 쓰이지만 형용사에는 '-다, -(으)ㄴ, -구나'가 쓰이기 때문이다. 또한 동사와 달리 형용사에는 명령형과 청유형이 쓰이지 못한다는 것도 차이점이다.

용언의 활용

용언이 문장 속에서 사용될 때는 여러 형태로 나타난다.

(13) ㄱ. 오늘 친구가 집에 **온다**.
　　　ㄴ. 오늘 친구가 집에 **오니**?
　　　ㄷ. 오늘 집에 **오는** 친구는 수민이다.
　　　ㄹ. 오늘은 친구가 집에 **오고** 내일은 동생이 집에 **온다**.

(13)에 제시된 동사들인 '온다', '오니', '오는', '오고'는 '오-'는 고정되어 있지만 뒷부분은 '-ㄴ다', '-니', '-는', '-고'와 같이 여러 형태로 바뀌고 있음을 알 수 있다. 이때 형태가 변하지 않고 고정된 부분을 **어간**(語幹, stem)이라고 하고 어간 뒤에 결합하여 다양한 문법적 기능을 더해 주는 요소들을 **어미**(語尾, ending)라고 한다. 그리고 이처럼 어간에 어미가 결합하여 모습이 변화하는 것을 **활용**(活用, conjugation)이라고 한다.

어간에 어미 '-다'를 붙인 활용형을 기본형이라 하고 사전의 표제어로 삼는다. 따라서 위에 제시된 동사의 기본형은 '오다'다. 그리고 용언인 동사, 형용사 외에 서술격 조사 '이다'도 활용을 한다.

그런데 이러한 활용은 모두 규칙적으로만 이루어지는 것은 아니다.

(14) ㄱ. 얻다 - 얻고, 얻지, 얻으면, 얻어서
　　　ㄴ. 듣다 - 듣고, 듣지, 들으면, 들어서

(14)는 모두 어간에 'ㄷ' 받침을 가진 동사인데 활용하는 모습이 다른 것을 볼 수 있다. (14ㄱ)의 경우 활용을 할 때 어간의 형태가 바뀌지 않는다. 반면 (14ㄴ)에서는 일반적인 'ㄷ' 받침 용언과 같이 '-고, -지' 등의 자음 어미 앞에서는 아무런 변이를 보이지 않으나 '-으면, -아/어서' 등과 같은 모음 어미 앞에서는 'ㄷ' 받침이 'ㄹ' 받침으로 바뀌는 것을 볼 수 있다. 이처럼 'ㄷ' 받침이 'ㄹ' 받침으로 바뀌는 현상은 모든 'ㄷ' 받침 용언에 적용되는 것이 아님

을 알 수 있다. 따라서 활용을 할 때 '얻다'처럼 'ㄷ' 받침이 변하지 않는 현상을 'ㄷ' 규칙 활용이라고 하고 해당 용언을 'ㄷ' 규칙 용언이라고 한다. 반면 '듣다'와 같이 'ㄷ' 받침이 모음 어미 앞에서 'ㄹ' 받침으로 바뀌는 현상을 'ㄷ' 불규칙 활용이라고 하고 해당 용언을 'ㄷ' 불규칙 용언이라고 한다.

정리하면 용언이 활용할 때 어간과 어미의 형태가 규칙적인 경우를 규칙 활용이라고 하고 용언이 활용할 때 어간 또는 어미의 형태가 불규칙적으로 변하는 경우는 불규칙 활용이라고 한다. 즉, 용언의 활용은 규칙 활용과 불규칙 활용이 있다.

보조용언

용언에는 앞에서 본 것처럼 독자적으로 서술어의 기능을 할 수 있는 것도 있지만 다른 용언과 함께 쓰여야 하는 의존적 성격을 가진 것이 있다.

> (15) ㄱ. 남아 있는 음식을 다 먹어 버렸다.
> ㄴ. 책을 책상 위에 올려 두었다.
> ㄷ. 방학에 여행을 가고 싶다.
> ㄹ. 공부가 많이 어려운가 보다.

(15)에서 파란색으로 표시된 동사와 형용사는 일반적인 동사와 형용사와 성격이 같지 않다. 앞에 오는 동사와 형용사의 의미가 없이는 의도한 의미가 명확히 전달되지 못하거나 문장 자체가 성립되지 않기 때문이다. 예를 들어 앞에 오는 동사를 없앨 경우 (15ㄱ)은 '남아 있는 음식을 다 버렸다.'와 같이 문장의 의미가 달라지고 (15ㄷ)은 '방학에 여행을 싶다.'와 같이 문장 자체가 성립하지 않게 된다. 반면 파란색으로 표시된 동사와 형용사를 없애더라도 문장은 성립된다. 예를 들어 (15ㄱ)은 '남아 있는 음식을 다 먹었다.'와 같이 바뀌는데 문장이 성립됨을 알 수 있다. 또한 이를 통해 앞에 오는 용언이 의미적으로 더 중심이 됨을 확인할 수 있다.

위에서 제시된 문장들의 의미를 확인해 보면 (15ㄱ)에서는 '먹었다'가 아니라 '먹어 버렸다'를 통해 행동이 완료되었다는 의미가 더해진다. (15ㄴ)에서는 '올려 두었다'를 통해서 책상 위에 책을 올린 행위가 끝나고 그 결과가 유지되고 있음을 알 수 있다. (15ㄷ)은 희망의 의미가 나타나며 (15ㄹ)은 추측의 의미가 나타난다.

　이러한 예들을 통해서 (15)의 파란색으로 표시된 동사와 형용사는 앞에 오는 용언과 함께 쓰여 그 말에 문법적 의미를 더해 주고 있음을 알 수 있다. 이러한 용언을 **보조용언**(補助用言, auxiliary verbal word)이라 한다. 그리고 보조용언을 통해 도움을 받는 앞에 오는 용언은 **본용언**(本用言, main verbal word)이라고 한다.

　보조 용언 중에서도 (15ㄱ)과 (15ㄴ)처럼 동사의 경우는 보조 동사라고 하고 (15ㄷ)과 (15ㄹ)처럼 형용사의 경우는 보조 형용사라고 한다.

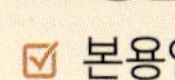 정리

용언
☑ 문장의 주체를 서술하는 기능을 가진 단어로 동사와 형용사가 포함됨.

동사
☑ 사람이나 사물의 움직임을 나타냄.

형용사
☑ 사람이나 사물의 성질이나 상태를 나타냄.
☑ 성상형용사와 지시형용사가 있음.

어간
☑ 용언이 활용할 때 형태가 변하지 않고 고정된 부분

어미
☑ 용언이 활용할 때 어간 뒤에 결합하여 다양한 문법적 기능을 더해 주는 요소

활용
☑ 어간에 어미가 결합하여 모습이 변화하는 것을 말하며 규칙 활용과 불규칙 활용이 있음.

본용언
☑ 보조용언과 함께 쓰일 경우 보조용언의 도움을 받는 앞에 오는 용언

보조용언
☑ 본용언과 함께 쓰여 그 말에 문법적 의미를 더해 주는 용언

2.3 수식언

다른 말을 수식하는 기능을 하는 말을 **수식언**(修飾言, modifying word)이라고 한다. 수식언에는 체언을 수식하는 관형사와 주로 용언을 수식하는 부사가 있다. 수식언은 활용을 하지 않는다. 또한 관형사는 모든 조사와 결합하지 않으며 부사는 보조사만 결합할 수 있다.

관형사

관형사(冠形詞, adnominal word)는 체언을 수식하며 체언 앞에서 그 체언의 뜻을 분명하게 제한하는 품사다.

(16) ㄱ. 백화점에서 **새** 옷을 많이 샀다.
　　　ㄴ. **그** 책 좀 주세요.
　　　ㄷ. 어제 모임에는 **세** 사람만 왔다.

(16ㄱ)의 '새'는 '옷'을 수식하고 있으며 (16ㄴ)의 '그'는 '책'을 수식하여 가리키고 있다. (16ㄷ)은 '사람'의 수량을 표현하고 있다. 이들은 모두 체언 앞에서 그 체언의 뜻을 제한하고 있다. 이러한 관형사는 체언을 수식하며 활용하지 않는다. 그리고 조사도 붙지 못한다.

위의 예에서 (16ㄱ)의 '새'는 명사의 성질이나 상태를 제한하는 것으로 성상관형사라고 한다. 이 외에 성상관형사로는 '헌', '옛' 등이 있다. (16ㄴ)의 '그'는 발화 현장이나 문장 밖에 존재하는 대상을 가리키는 것으로 지시관형사라고 한다. 이러한 지시관형사로는 '이', '그', '저', '이런', '그런', '저런' 등이 있다. (16ㄷ)의 '세'는 주로 사물의 수량을 표시한다고 하여 수관형사라고 한다. 이 외에 수관형사로는 '한', '두', '여러', '모든' 등이 있다.

부사

부사(副詞, adverb)는 주로 용언을 수식하며 용언이나 다른 말 앞에 놓여 그 말의 뜻을 분명하게 제한하는 품사다.

> (17) ㄱ. 케이크를 매우 좋아하는데 건강 때문에 안 먹는다.
>   ㄴ. 설마 그런 말까지 했을까?

(17)의 파란색으로 표시된 단어들은 모두 뒤에 나오는 말들을 수식해 주는 부사다. (17ㄱ)의 '매우'는 동사 '좋아하다'를, '안'은 동사 '먹는다'를 꾸며 주고 있다. (17ㄴ)에서 '설마'는 문장 전체를 꾸며 주고 있다. 부사는 주로 용언을 수식하지만 이렇게 문장 전체를 수식하기도 한다. (17ㄱ)처럼 문장에서 어느 한 성분만을 수식하는 경우 성분부사라고 하며 (17ㄴ)처럼 문장 전체를 수식하는 경우 문장부사라고 한다.

성분부사는 또다시 성상부사, 지시부사, 부정부사로 나눌 수 있다.

> (18) ㄱ. 잘, 빨리, 매우, 가장 …
>   ㄴ. 이리, 그리, 저리, 어제, 오늘, 내일…
>   ㄷ. 안 (간다), 못 (간다)

(18ㄱ)은 성상부사로 용언의 내용을 실질적으로 꾸며 주는 것이다. (18ㄴ)은 지시부사로 발화 현장을 중심으로 장소나 시간을 나타내거나 앞에 나온 이야기의 내용을 지시하는 것이다. (18ㄷ)은 부정부사로 용언의 의미를 부정하는 것이다.

한편 문장부사의 경우 화자의 태도를 나타내는 양태부사와 앞 문장의 의미를 뒷 문장에 이어주면서 그것을 꾸며 주는 접속부사가 있다.

> (19) ㄱ. 물론, 만일, 비록, 아무리, 정말 …
>   ㄴ. 그리고, 그러나, 그런데, 곧, 즉…

(19ㄱ)은 양태부사로 화자의 태도를 나타내며, (19ㄴ)은 접속부사로 앞 문장과 뒷 문장을 이어주면서 그것을 꾸며 준다.

수식언

☑ 다른 말을 수식하는 기능을 하는 말을 나타내며 관형사와 부사가 포함됨.

관형사

☑ 체언을 수식하며 체언 앞에서 그 체언의 뜻을 분명하게 제한함.

☑ 성상관형사, 지시관형사, 수관형사가 있음.

부사

☑ 주로 용언을 수식하며 용언이나 다른 말 앞에서 그 말의 뜻을 분명하게 제한함.

☑ 문장에서 어느 한 성분만을 수식하는 성분부사와 문장 전체를 수식하는 문장부사가 있음.

2.4 관계언

핵심어 관계언, 조사, 격조사, 보조사, 접속조사

다른 말과의 관계를 나타내는 기능을 하는 말을 관계언(關係言, relative word)이라고 한다. 관계언으로는 조사가 있다.

조사

조사(助詞, postposition word)는 일반적으로 체언 뒤에 붙어 그 말과 다른 말과의 관계를 나타내거나 어떤 뜻을 더해 주는 품사다.

(20) ㄱ. 친구가 사과를 주었다.

　　　ㄴ. 나도 오늘 모임에 갈 것이다.

　　　ㄷ. 사과와 배를 샀다.

(20ㄱ)에서 '가'는 '친구'에 붙어 '친구'가 주어가 되게 하며 '를'은 '사과' 뒤에 붙어 '사과'가 문장의 목적어가 되도록 한다. (20ㄴ)에서 '도'는 '역시'라는 의미를 더해 주며 '에'는 앞에 오는 '모임'이 부사어가 되도록 한다. 그리고 (20ㄷ)의 '와'는 '사과'와 '배'를 같은 자격으로 접속해 주는 기능을 한다. 이처럼 조사는 주로 체언 뒤에 붙어 그 말과 다른 말과의 관계를 표시하거나 어떤 뜻을 더해 주는 품사라고 할 수 있다.

격조사

체언에 붙어 체언이 어떤 자격을 갖도록 하는 조사들을 **격조사**(格助詞, case marking postposition word)라고 하는데 격조사는 주격조사, 서술격조사, 목적격조사, 보격조사, 관형격조사, 부사격조사, 호격조사가 있다.

(21)　ㄱ. 동생이 여행을 갔다.
　　　　　　주격조사

　　　ㄴ. 이것이 그 그림이다.
　　　　　　　　서술격조사

　　　ㄷ. 동생의 생일 선물을 샀다.
　　　　　　　　목적격조사

　　　ㄹ. 이 사람은 선생님이 아니다.
　　　　　　　　보격조사

　　　ㅁ. 나는 민수의 우산을 빌렸다.
　　　　　　　관형격조사

　　　ㅂ. 나는 도서관에서 공부한다.
　　　　　　　　부사격조사

　　　ㅅ. 수미야, 어디 가?
　　　　　　호격조사

(21ㄱ)의 '이'는 주격조사로 체언에 주어의 자격을 주는 조사다. (21ㄴ)의 '이다'는 서술격

조사로 체언이 주어의 내용을 지정하거나 서술하는 기능을 하게 한다. 서술격조사 '이다'는 다른 조사와 달리 동사나 형용사처럼 활용한다. (21ㄷ)의 '을'은 목적격조사로 앞에 있는 명사를 뒤에 오는 동사의 목적어가 되게 한다. (21ㄹ)의 '이'는 보격조사로 형태상으로는 주격조사 '이'와 동일하다. 그러나 형용사 '아니다'와 동사 '되다'의 앞에서 나타나는 '이'는 보격조사라고 한다. (21ㅁ)의 '의'는 관형격조사로 앞에 오는 체언이 뒤에 오는 체언에 대해 관형어가 되게 하는 기능을 가지고 있다. (21ㅂ)의 '에서'는 부사격조사다. 부사격조사는 체언이 부사어가 되도록 하는데 '에', '에서', '(으)로', '한테', '께' 등처럼 그 종류도 많고 의미도 다양하다. (21ㅅ)의 '야'는 앞에 오는 체언을 부르는 말이 되게 하는데 이를 호격조사라고 한다.

보조사

조사에는 특별한 의미를 더해 주는 조사가 있다. 이러한 조사를 **보조사**(補助詞, auxiliary postposition word)라고 한다.

> (22) ㄱ. 오늘 책만 샀다.
>   ㄴ. 문제를 다 푼 사람은 먼저 가도 된다.

(22ㄱ)에서 '만'은 다른 것은 안 사고 책을 단독으로 샀다는 의미를 더해 준다. (22ㄴ)에서 '은'은 문제를 안 푼 사람은 갈 수 없지만 문제를 다 푼 사람은 갈 수 있다는 대조의 의미를 더해 주고 있다. 이와 같이 보조사는 특별한 의미를 더해 준다. 보조사에는 (22)에서 살펴본 '만', '은/는' 외에도 '부터', '까지', '조차', '마다', '(이)나' 등이 있다.

보조사는 격조사와는 다른 특징을 가지고 있다.

> (23) ㄱ. 이곳에서는 음식을 먹어도 된다.
>   ㄴ. 학교가 멀지는 않다.

(23ㄱ)에서 보조사 '는'은 격조사에 연결되어 있다. 그리고 (23ㄴ)에서 보조사 '는'은 연결어미 '-지'에 결합되어 있다. 이처럼 보조사는 체언뿐만 아니라 부사격조사, 연결어미, 부사와도 결합될 수 있다.

접속조사

둘 이상의 체언을 같은 자격으로 연결해 주는 기능을 가진 조사를 **접속조사**(接續助詞, conjunctive postposition word)라고 한다.

> (24) 오늘은 아침으로 우유**와** 빵을 먹었다.

(24)의 '와'는 '우유'와 '빵'을 같은 자격으로 연결해 준다. 이러한 접속조사에는 '와/과' 외에도 '하고', '(이)랑' 등이 있다.

정리

관계언
☑ 다른 말과의 관계를 나타내는 말

조사
☑ 주로 체언 뒤에 붙어 그 말과 다른 말과의 관계를 나타내거나 특별한 의미를 더해 줌.

격조사
☑ 체언에 붙어 체언이 어떤 자격을 갖도록 하는 조사
☑ 주격조사, 서술격조사, 목적격조사, 보격조사, 관형격조사, 부사격조사, 호격조사가 있음.

보조사
☑ 의미를 더해 주는 조사

접속조사
☑ 둘 이상의 체언을 같은 자격으로 연결해 주는 기능을 하는 조사

조사의 종류

	종류	세부 종류
조사	격조사	주격조사
		서술격조사
		목적격조사
		보격조사
		관형격조사
		부사격조사
		호격조사
	보조사	
	접속조사	

더 읽어 보기

'이다'는 조사일까, 용언일까?

- 이것은 연필이다.

위의 예를 보면 '이다'는 체언과 결합한다는 점에서 조사의 성격을 가지고 있다고 할 수 있다.

- 이것은 연필이고 저것은 책이다.
- 이것은 연필이며 저것은 책이다.

그러나 일반적으로 조사는 형태가 변하지 않는데 '이다'는 위에서처럼 '이고, 이며'와 같이 형태가 변한다. 이 때문에 '이다'를 동사, 형용사와 함께 용언으로 보는 견해도 있다.

2.5 독립언

  독립언, 감탄사

단어들 가운데는 문장의 다른 성분들과 특별한 관계를 가지지 않는 부류가 있다. 이들은 독립해서 쓰일 수도 있으므로 **독립언**(獨立言, independent word)이라고 한다. 독립언에는 감탄사가 있다.

감탄사

감탄사(感歎詞, exclamatory word)는 화자가 자신의 느낌이나 의지 등을 나타내는 품사다.

(25) ㄱ. **어머**! 지갑을 집에 두고 왔네요.

ㄴ. **여보**, 오늘은 집에 언제 와요?

ㄷ. **네**, 잘 알겠습니다.

ㄹ. **음**, 책을 읽었는데요. **어**, 내용이 생각이 안 나네요.

(25ㄱ)은 화자의 감정을 나타내는 말이며 (25ㄴ)은 부르는 말, (25ㄷ)은 대답하는 말이다. (25ㄹ)은 머뭇거릴 때 쓰는 말로 특별한 뜻이 없는 소리를 내는 것이다. 이러한 말들을 감탄사라고 하는데 감탄사는 그 자체만으로 화자의 감정과 의지를 표현할 수 있기 때문에 독립된 문장과 같은 기능을 한다. 따라서 문장 속의 다른 성분에 얽매이지 않고 독립성이 있으므로 독립언이라고 하며, 문장에서의 위치도 자유롭다. 또한 감탄사는 활용하지 않으며 조사가 붙는 일도 없다.

정리

독립언
☑ 문장의 다른 성분들과 관계를 가지지 않고 독립해서 쓰일 수 있는 말

감탄사
☑ 화자가 자신의 느낌이나 의지 등을 나타냄.

1 다음의 문장에서 밑줄 친 부분이 어떤 품사에 해당되는지 보기에서 골라 쓰십시오.

> **보기**　명사, 대명사, 수사, 동사, 형용사, 관형사, 부사, 조사, 감탄사

1) <u>대학</u>을 졸업한 <u>후</u>에 빨리 일을 하고 <u>싶어요</u>.

2) <u>네</u>, 그 사람이 제 <u>동생입니다</u>.

3) <u>나</u>는 어머니의 생신 선물로 장갑 <u>하나</u>를 샀다.

4) 눈이 너무 <u>많이</u> 와서 약속을 <u>취소했다</u>.

5) <u>헌</u> 옷을 좀 <u>버리고</u> <u>새</u> 옷을 사려고 한다.

6) 우리 집 근처에는 <u>조용하고</u> 예쁜 카페가 있다. <u>그래서</u> 나는 <u>그곳</u>에 자주 간다.

2 다음의 문장들에서 ○, △, □는 격조사, 보조사, 접속조사를 표시한 것입니다. ○, △, □가 각각 어떤 조사를 나타내는지 연결해 보십시오.

① 내일은 어디로 갈 거야?
② 밥이랑 과자를 너무 많이 먹었어요.
③ 민수야, 내일 만나자.
④ 민수만 먼저 집에 갔다.
⑤ 저 가방이 새로 산 가방이다.

1) ○ ·   · 보조사

2) △ ·   · 격조사

3) □ ·   · 접속조사

3 다음을 읽고 품사에 대한 설명으로 맞으면 O에, 틀리면 X에 표시하십시오.

1) 체언에는 명사, 대명사, 수사가 있다.   □ O   □ X

2) 용언이 활용을 할 때 형태가 변하지 않는 부분을 어미라고 한다.   □ O   □ X

3) 격조사는 체언뿐만 아니라 부사, 연결어미와도 결합된다.   □ O   □ X

4) 부사는 문장에서 하는 역할에 따라 성분부사와 문장부사로 나뉜다.   □ O   □ X

5) 관형사는 활용하지 않으며 조사도 붙지 못한다.   □ O   □ X

1 다음의 문장에서 밑줄 친 부분이 어떤 품사에 해당되는지 보기에서 골라 쓰십시오.

> **보기**   명사, 대명사, 수사, 동사, 형용사, 관형사, 부사, 조사, 감탄사

1) 저도 여러분들과 같은 생각입니다.

2) 계속 지갑을 찾았는데 책상 바로 옆에 있었다.

3) 아무리 어렵더라도 포기해서는 안 된다.

4) 그 사람이 누구야?

5) 첫째, 밥을 규칙적으로 먹고 둘째, 운동을 한다.

2 제시된 문장에 나온 단어들의 품사를 빈칸에 써 보십시오.

> 어제 친구하고 서점에 가서 필요한 책을 세 권 샀다.

어제	친구	하고	서점	에	가서	필요한	책	을
	명사			조사				

세	권	샀다
		동사

3 다음의 문장에서 빈칸에 알맞은 말을 써 보십시오.

1) 품사는 ...., ..., ...을/를 기준으로 분류할 수 있다.

2) ....은/는 명사를 대신해서 대상을 가리키는 품사다.

3) ....은/는 체언 앞에서 그 체언의 뜻을 분명하게 제한하는 품사다.

4) 본용언과 함께 쓰여 그 말에 문법적 의미를 더해 주는 용언을 ....(이)라고 한다.

5) 문장의 다른 성분들과 특별한 관계를 갖지 않는 독립언에는 ....이/가 있다.

6) ....은/는 자립성이 있는 말에 붙어 그 말과 다른 말과의 관계를 나타내거나 어떤 뜻을 더해 주는 품사다.

4장

한국어의 문장

1 문장과 문장의 단위
2 문장성분

한국어의 문장은 그 문장을 구성하는 데 필요한 필수적인 문장성분을 가진다. 이러한 필수 문장성분이 빠지면 문장의 뜻을 제대로 전달하기 어렵다. 이 장에서는 문장과 문장 단위를 살피고, 문장성분의 개념 및 종류에 대하여 알아볼 것이다.

1.1 문장의 개념

> 핵심어   문장

문장

문장(文章, sentence)이란 하나의 완결된 생각을 표현하는 가장 작은 단위를 뜻한다.

> (1) ㄱ. 영희가 학교에 간다.
>   ㄴ. 철수는 부지런하다.
>   ㄷ. 도둑이야!
>   ㄹ. 아이고!
>   ㅁ. 아니야.

문장에는 (1ㄱ)~(1ㄴ)처럼 하나의 주어, 서술어 등이 포함된 완결된 형태로 된 문장도 있지만 (1ㄷ)~(1ㅁ)처럼 그렇지 않은 문장도 있다. 그러나 (1)에서 보듯이 어떠한 경우에도 문장은 그 자체로 완결된 내용을 담고 있다.

> (2) ㄱ. 철수가 학교에 간다.
>   ㄴ. 철수야, 이제 학교에 가니?
>   ㄷ. 철수가 학교에 가는구나!

> (3) ㄱ. 가: 너 지금 어디야? ↗ 학교니? ↗
>   나: 응. ⌢
>   ㄴ. 가: 네 방 치웠니? ↗
>   나: 응. ⌢ 아까 다 치웠지. ⌢

또한 (2), (3)에서 보듯이 모든 문장은 그에 적합한 종결 부호를 가지며, 특히 구어 문장은 억양을 가진다.

정리　**문장**
☑ 하나의 완결된 생각을 나타내는 가장 작은 단위

1.2 문장 구성 단위

핵심어　어절, 구, 절

문장을 구성하는 단위에는 어절, 구, 절 등이 있다.

어절

어절(語節, word segment)은 문장을 구성하는 하위 단위로, 하나의 단어 또는 단어에 조사가 결합하여 이루어진다. 어절은 띄어쓰기의 단위가 된다.

　(4) ㄱ. 유리가∨춤을∨춘다.
　　　 ㄴ. 내∨친구의∨고향은∨캐나다다.

(4ㄱ)은 '유리가', '춤을', '춘다'의 총 3개의 어절로 된 문장이고, (4ㄴ)은 '내', '친구의', '고향은', '캐나다다'의 총 4개의 어절로 이루어져 있다.

구

두 단어 이상이 모여 마치 하나의 단어처럼 쓰이는 경우가 있는데, 이를 **구**(句, phrase)

라고 한다.

(5) ㄱ. **우리 학교**는 여기에서 아주 멀다.
ㄴ. 토끼가 **아주 빨리 달린다**.
ㄷ. 이 사과는 **아주 달다**.
ㄹ. 영희는 **아주 새** 지갑을 가지고 있다.
ㅁ. 바람이 **몹시 세게** 분다.

(5ㄱ)에서 '우리 학교'는 '명사구'로 쓰였고, (5ㄴ) '아주 빨리 달린다'는 '동사구', (5ㄷ) '아주 달다'는 '형용사구', (5ㄹ) '아주 새'는 '관형사구', (5ㅁ)의 '몹시 세게'는 '부사구'로 쓰였다.

절

주어와 서술어로 된 비독립적인 단위를 **절**(節, clause)이라고 한다. 절은 주어와 서술어를 가지고 있지만 문장처럼 단독으로 쓰이지 못하고 문장 속에 존재하면서 단어 같은 역할을 한다.

(6) 나는 [영희가 학생임]을 알고 있다.

예문 (6)에서 '영희가'와 '학생임'은 각각 주어와 서술어이다. 그렇지만 이는 홀로 쓰이지 못하고 하나의 절로서 문장 속에 존재하고 있다. 이렇게 문장에 나타나는 '주어+서술어'의 묶음을 세어 보면 그 문장이 몇 개의 절로 되어 있는지 알 수 있다.

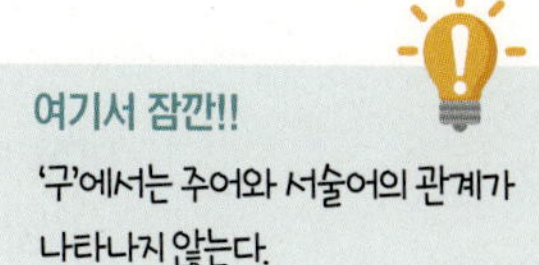

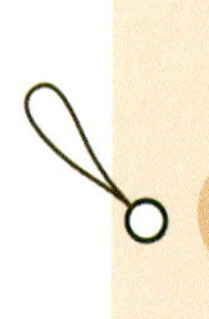 **정리**

어절
- ☑ 띄어쓰기의 단위

구
- ☑ 두 단어 이상이 모여 한 단어처럼 쓰인 단위

절
- ☑ 주어와 서술어로 된 비독립적인 단위

1 다음 중 문장이 <u>아닌</u> 것을 고르십시오.

① 영수야!

② 예쁜 꽃이

③ 우리 같이 갈까?

④ 시원한 바람이 부네.

2 다음 문장의 밑줄 친 부분이 '어절, 절, 구' 중 무엇인지 쓰십시오.

1) 비가 오는 바람에 <u>여행이 취소되었다</u>.

2) 나는 수업이 끝난 후 <u>학생 식당</u>으로 뛰어갔다.

3) 여기는 음식은 맛있지만 <u>손님이 많아서</u> 오래 기다려야 해요.

4) <u>배가</u> 고픈데 집에 밥이 없어요.

5) 미라는 <u>성격도 좋고</u> 얼굴도 예쁘답니다.

2.1 문장성분의 개념

> 핵심어 문장성분, 주성분, 부속성분, 독립성분

문장성분

한 문장을 구성하면서 문장 안에서 일정한 역할을 하는 요소를 문장성분(文章成分, constituent of sentence)이라고 한다. 하나의 어절, 구, 절은 모두 문장성분이 될 수 있다.

(1) ㄱ. 동생이 가장 빨리 밥을 먹었다.
　　 ㄴ. 눈이 큰 아이가 나에게 말을 걸었다.

(1ㄱ)의 '동생이'는 한 어절이 문장성분이 되었고, '가장 빨리'는 구가 문장성분이 된 예이다. (1ㄴ)의 '눈이 큰'과 같은 절 역시 문장성분이 될 수 있다.

문장성분은 크게 주성분, 부속성분, 독립성분으로 나눌 수 있다. 먼저 주성분(主成分, main constituent)은 문장을 만드는 데 필수적인 성분이고, 부속성분(附屬成分, adjunctive constituent)은 주성분을 수식하는 역할을 하는 성분이다. 마지막으로 독립성분(獨立成分, independent constituent)은 문장 내의 다른 성분들과 직접적인 관계를 가지지 않는 독립적인 성분이다.

(2) ㄱ. 　　영희가 　　　　책을 　　　　읽어요.
　　 ㄴ. 　　영희가 재미있는 책을 천천히 읽어요.
　　 ㄷ. 네, 영희가 　　　　책을 　　　　읽어요.

예문 (2ㄱ)은 주성분만으로 이루어진 문장으로 '영희가', '책을', '읽는다'는 모두 이 문장을 만드는 데 없어서는 안 되는 필수적인 성분들이다. 한편, (2ㄴ)의 '재미있는'과 '천천히'는 문장의 기본 의미를 전달하는 데 반드시 필요한 성분은 아니다. 주성분인 '책을'과 '읽는다'를 수식함으로써 문장의 의미를 풍성하게 만드는 역할을 하는 부속성분들이다. (2ㄷ)의 '네'는 문장의 다른 성분들과 관계를 맺지 않고 독립적으로 쓰이는 독립성분에 속한다.

이어지는 절에서 주성분, 부속성분, 독립성분에 속하는 문장성분의 종류에 대하여 구체적으로 살펴볼 것이다.

> **정리**
>
> **문장성분**
> ☑ 한 문장을 구성하면서 문장 안에서 일정한 역할을 하는 요소
>
> **주성분**
> ☑ 문장을 만드는 데 필수적인 성분
>
> **부속성분**
> ☑ 주성분을 수식하는 성분
>
> **독립성분**
> ☑ 문장의 다른 성분들과 직접적인 관계를 가지지 않는 독립적인 성분

2.2 주성분

핵심어 주어, 서술어, 목적어, 보어

주성분이란 문장의 뼈대를 만드는 필수적인 성분으로 주성분에는 주어, 서술어, 목적어, 보어가 있다.

주어

주어(主語, subject)는 서술어가 표현하는 동작이나 상태, 성질의 주체가 되는 말을 뜻한다. '누가 어찌하다', '무엇이 어떠하다', '무엇이 무엇이다'에서 '누가', '무엇이'에 해당하는 말

이 곧 '주어'다.

(3) ㄱ. 저분이 우리 선생님이다.

ㄴ. 아버지가 회사에 가신다.

ㄷ. 어머니께서 요리를 하신다.

ㄹ. 우리 학교에서 체육대회를 한다.

ㅁ. 영희만 집에 있다.

주어는 체언 또는 체언 역할을 하는 말 뒤에 주격조사가 붙어 만들어진다. (3ㄱ)과 (3ㄴ)은 체언 뒤에 주격조사 '이/가'가 붙어서 주어가 된 예고, (3ㄷ)은 명사 '어머니'에 이를 높이는 조사 '께서'가 붙어 주어가 되었다. (3ㄹ)은 단체 명사인 '우리 학교' 뒤에 조사 '에서'가 붙어 주어가 된 예다. 주격조사 외에도 (3ㅁ)처럼 보조사 '는, 도, 만'이 문장에서 주격조사 자리에 쓰이기도 한다.

돌아보기
'주격조사'는 3장 '2.4 관계언'을 참고할 것

(4) ㄱ. 아이 혼자 살기가 어렵다.

ㄴ. 그 사람은 한국인임이 분명하다.

예문 (4)에서 보듯이 절이 주어가 되기도 한다. 예문 (4ㄱ)은 '어간+-기'로 이루어진 절이 주어로 쓰인 예고, (4ㄴ)은 '어간+-(으)ㅁ'으로 이루어진 절이 주어가 된 경우다.

돌아보기
'절'은 4장 '1.2 문장 구성 단위'를 참고할 것

(5) ㄱ. 너 밥 먹었니?

ㄴ. 아빠 오셨다.

ㄷ. 수지 집에 갔어.

ㄹ. 민호 집에 있니?

예문 (5)에서 보듯이 구어 상황에서는 주격조사가 자주 생략된다. 또 주어와 서술어의 관계가 명확한 경우에도 주격조사가 잘 생략된다.

(6) ㄱ. 영희는 빠른 걸음으로 걸었다. 그리고 마침내 ∅ 그곳에 도착했다.

　　ㄴ. 가: 부모님 계시니?

　　　　나: ∅ 잠깐 외출하셨어요.

주어는 문장의 필수성분이지만 문장 내 주어가 명확할 때 주어가 생략되기도 한다. 예문 (6ㄱ)은 문장 내 주어가 명확하여 생략된 경우고, (6ㄴ)은 구어 상황에서 주어가 생략된 예다.

(7) ㄱ. 철수는 [키가 크다].

　　ㄴ. 우리 할머니는 [귀가 밝으시다].

경우에 따라 예문 (7)처럼 주어가 두 개인 것처럼 보이는 문장이 있다. 이러한 문장은 주어와 또 다른 '주어-서술어' 관계를 가진 절이 서술어 역할을 하는 문장이다. 주어와 서술어가 두 번 나타나는 것처럼 보이지만 문장 전체의 주어가 있고, 그 주어의 성질이나 상태를 설명하는 절이 서술어 역할을 하는 것이다.

(8) ㄱ. ∅ 불이야!

　　ㄴ. ∅ 도둑이야!

한편, (8)처럼 주어가 없는 특수 관용어구도 있다. 이 문장에서 주어가 생략된 것인지는 명확히 알 수 없으며, 이는 관용어구의 특징으로 이해하면 된다.

서술어

서술어(敍述語, predicate)는 주어의 동작이나 상태, 성질 등을 설명하는 말이다. 서술어는 한 문장에서 '어찌하다, 어떠하다, 무엇이다'에 해당하는 말로서 주어와 함께 문장 안에서 가장 중요한 뼈대 역할을 한다.

(9) ㄱ. 파도가 **춤춘다**.　　[동사: '무엇이 어찌하다']

　　 ㄴ. 산이 **높다**.　　　[형용사: '무엇이 어떠하다']

　　 ㄷ. 수지는 **학생이다**.　[체언+이다: '무엇이 무엇이다']

일반적으로 서술어는 '동사', '형용사', '체언+이다'의 세 가지 유형으로 나타난다. (9ㄱ)의 서술어 '춤춘다'는 '동사(어찌하다)'가 서술어가 된 예고, (9ㄴ)의 '높다'는 '형용사(어떠하다)'가 서술어가 된 예다. (9ㄷ)의 '학생이다'는 '체언+이다(무엇이다)'의 형태로 된 서술어다.

목적어

목적어(目的語, object)는 동작의 대상이 되는 문장성분으로, 명사나 절에 목적격조사 '을/를'을 붙여 만든다.

돌아보기
'목적격조사'는 3장 '2.4 관계언'을 참고할 것

(10) ㄱ. 나는 **책을** 자주 읽는다.

　　 ㄴ. 수지는 **바다를** 좋아한다.

(10ㄱ)에서는 '책'에 목적격조사 '을'이 더해져 서술어 '읽다'의 목적어가 되었고, (10ㄴ)은 '바다'에 목적격조사 '를'이 붙어 서술어 '좋아하다'의 목적어가 되었다.

(11) ㄱ. 영희는 **소설만** 즐겨 읽는다.

　　 ㄴ. 영희는 **소설은** 즐겨 읽는다.

　　 ㄷ. 영희는 **소설도** 즐겨 읽는다.

(11ㄱ)~(11ㄷ)처럼 보조사가 목적격조사 자리에 쓰이기도 한다. 이런 경우에는 목적어에 해당 보조사 '만, 은, 도'의 특수한 의미가 더해지게 된다.

(12) ㄱ. 나는 **철수가 도착하기를** 기다렸다.

　　 ㄴ. 우리는 **그가 범인임을** 안다.

(12)는 절이 목적어로 쓰인 예로 (12ㄱ)은 '어간+-기'로 이루어진 절에 목적격조사가 더해져 목적어가 되었다. (12ㄴ)은 '어간+-(으)ㅁ'으로 이루어진 절에 목적격조사가 붙어 목적

어가 된 예다.

(13) ㄱ. 넌 뭐 먹을래?
　　　ㄴ. 난 순두부 먹을래.

(13ㄱ)과 (13ㄴ)에서는 목적어 뒤에 목적격조사 '를'이 생략되었다. 이처럼 구어에서는 목적격조사가 생략되는 일이 많다.

(14) ㄱ. 가: 내 책 못 봤니?
　　　　나: 응, ∅ 못 봤어.
　　　ㄴ. 가: 누가 내 빵 먹었어?
　　　　나: 철수가 ∅ 먹었어.

(14)처럼 문장의 전후 맥락에 의해 목적어가 명확한 경우에 목적어가 생략될 수 있다. (14ㄱ)에서는 목적어 '너의 책을'이 생략되었고, (14ㄴ)에서는 목적어 '너의 빵을'이 생략되었다.

보어

동사 '되다'와 형용사 '아니다'가 문장의 서술어로 올 때 서술어 앞에 '체언+이/가' 형태로 된 말이 반드시 쓰여야 한다. 이처럼 서술어 '되다', '아니다'가 필수적으로 요구하는 성분을 보어(補語, complement)라고 한다.

(15) ㄱ. *영희가 마침내 되었다.
　　　ㄴ. *철수는 아니다.

서술어 '되다', '아니다'는 보어를 반드시 필요로 하며 문장에서 보어를 없애면 (15ㄱ)~(15ㄴ)처럼 문장이 성립되지 않는다. 이와 같이 보어는 문장을 이루는 필수성분이다.

(16) ㄱ. 영희가 마침내 대학생이 되었다.
　　　ㄴ. 철수는 그런 남자가 아니다.

보어에는 보격조사 '이/가'가 붙는다. (16ㄱ)에서는 명사 '대학생'에 보격조사 '이'가 더해져 서술어 '되다'의 필수성분 인 보어가 되었다. (16ㄴ)은 명사구 '그런 남자'에 보격조사 '가'가 붙어 서술어 '아니다'의 보어가 되었다.

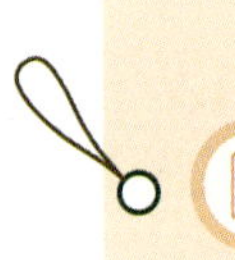

정리

주어
☑ 서술어가 표현하는 동작이나 상태, 성질의 주체가 되는 문장성분

서술어
☑ 주어의 동작이나 상태, 성질 등을 설명하는 문장성분

목적어
☑ 동작의 대상이 되는 문장성분

보어
☑ 서술어 '되다', '아니다'가 필수적으로 요구하는 문장성분

2.3 부속성분

핵심어 관형어, 부사어

부속성분은 주성분을 꾸미는 역할을 하는 성분으로 관형어, 부사어가 여기에 속한다. 부속성분은 문장의 필수성분은 아니지만 주성분 앞에서 주성분을 수식하는 역할을 한다.

관형어

관형어(冠形語, adnominal phrase)는 체언을 꾸며 주는 문장성분으로 다음과 같이 여러 가지 방식으로 관형어가 될 수 있다.

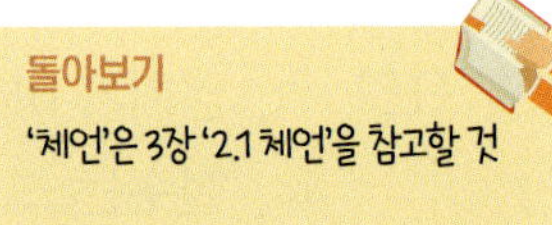

(17) ㄱ. 어머니께서 나에게 <u>새</u> 가방을 사주셨다.

ㄴ. 나는 <u>세익스피어의</u> 작품을 좋아한다.

ㄷ. <u>저기 서 있는</u> 사람이 내 동생이다.

ㄹ. 너는 <u>그가 한국인이라는</u> 사실을 몰랐니?

ㅁ. 철수가 <u>군대에 간</u> 지 벌써 1년이 되었다.

ㅂ. 나는 아직 <u>제주도에 가 본</u> 적이 없다.

ㅅ. <u>저 큰 하얀</u> 집이 우리 할머니 댁이야.

(17ㄱ)은 관형사인 '새'가 명사 '가방'을 수식하여 관형어가 된 예다. (17ㄴ)은 명사 '세익스피어'에 관형격조사 '의'가 붙어 명사 '작품'을 수식하는 관형어가 된 경우다. (17ㄷ)에서는 '저기 서 있다'에 어미 '-ㄴ'가 붙어 명사 '사람'을 수식하는 관형어가 되었다. (17ㄹ)은 절이 명사 '사실'을 꾸며 주는 관형어가 된 예다. (17ㅁ)과 (17ㅂ)은 의존명사 '지', '적'이 각각 관형어 '철수가 군대에 간', '제주도에 가 본'의 수식을 받고 있는 문장의 예다. 이 경우 관형어가 없으면 문장이 성립되지 않는다. 이렇게 의존명사는 관형어를 필수성분으로 한다. (17ㅅ)에서는 '저', '큰', '하얀'이 명사 '집'을 수식하고 있다. 이와 같이 둘 이상의 관형어가 겹쳐 명사를 수식하는 경우도 있다.

돌아보기
'의존명사'는 3장 '2.1 체언'을 참고할 것

부사어

부사어(副詞語, adverbial phrase)는 주로 서술어를 꾸미는 문장성분이다.

(18) ㄱ. 새가 높이 난다.

ㄴ. 항상 착하게 살자.

ㄷ. 나는 수지를 안암역에서 만났다.

(18ㄱ)~(18ㄷ)에서는 부사어 '높이', '착하게', '안암역에서'가 각각 서술어 '날다', '살다', '만나다'를 수식하고 있다. (18ㄱ)은 부사 '높이'가 부사어가 된 경우고, (18ㄴ)의 '착하게'는 형용사 '착하다'에 어미 '-게'가 붙어 부사어가 된 경우다. (18ㄷ)은 명사 '안암역'에 부사격조사 '에서'가 붙어서 부사어가 된 예다.

부사어는 서술어, 관형어, 다른 부사어 등 다른 성분을 수식하는 '성분부사어'와 문장 전체를 수식하는 '문장부사어'로 구분된다.

(19) ㄱ. 날씨가 참 좋다.

ㄴ. 철수는 아주 새 사람이 되었다.

ㄷ. 너무 늦게 도착했다.

(19)는 성분부사어의 예로서 (19ㄱ)은 부사어 '참'이 서술어 '좋다'를 수식한 것이고, (19ㄴ)에서는 부사어 '아주'가 관형어 '새'를 수식하고 있다. (19ㄷ)은 부사어 '너무'가 또 다른 부사어인 '늦게'를 수식하고 있다.

(20) ㄱ. 과연 그 사건은 앞으로 어떻게 될까?

ㄴ. 제발 조용히 좀 해라.

ㄷ. 설마 철수가 또 거짓말을 했겠어?

(20)은 문장부사어의 예로서 (20ㄱ)~(20ㄷ)의 '과연', '제발', '설마'가 각각 그 뒤에 오는 문장 전체를 수식하고 있다.

(21) ㄱ. **확실히** 그 사람은 일을 잘한다.
ㄴ. 그 사람은 **확실히** 일을 잘한다.
ㄷ. 그 사람은 일을 **확실히** 잘한다.

부사어는 수식하는 말 바로 앞에 놓이는 것이 원칙이지만 (21ㄱ)~(21ㄷ)처럼 문장부사어는 문장에 놓이는 위치가 비교적 자유롭다.

(22) ㄱ. 할아버지는 **아주** 오랜 옛날부터 이 마을에 살았다.
ㄴ. ***아주** 할아버지는 오랜 옛날부터 이 마을에 살았다.
ㄷ. *할아버지는 오랜 **아주** 옛날부터 이 마을에 살았다.

그러나 예문 (22)와 같이 다른 부사어를 한정하는 성분부사어의 경우에는 문장에서 놓이는 위치가 대체로 고정됨에 유의해야 한다.

정리

관형어
☑ 체언을 꾸미는 문장성분

부사어
☑ 주로 서술어를 꾸미는 문장성분

여기서 잠깐!!
품사는 명사, 대명사, 수사처럼 단어의 의미, 기능, 형식에 따라 나눈 어휘의 갈래를 뜻하는 반면 문장성분은 주어, 서술어, 목적어 등 문장을 구성하는 구성 요소를 말한다. 따라서 관형사는 품사를, 관형어는 문장성분을 의미한다. 품사와 문장성분을 헷갈리지 말 것!

필수적 부사어? 보어?

- 철수는 영희를 **친구로** 삼았다.
- 철수가 **영희에게** 선물을 주었다.
- 나는 **엄마와** 많이 닮았다.
- 나는 주스를 **냉장고에** 넣었다.
- 나는 **너와** 다르다.
- 영희는 **서울에** 산다.

일반적으로 부사어는 문장의 성립에 꼭 필요한 성분은 아니기 때문에 부속성분으로 분류된다. 그러나 위의 예문에서처럼 서술어 '삼다, 주다, 닮다, 넣다, 같다/다르다/비슷하다, 살다' 등은 부사어가 없을 경우, 문장의 의미가 매우 불완전해진다. 이렇게 '친구로', '영희에게'처럼 문장 안에서 필수로 인식되는 부사어를 '필수적 부사어'라고 부른다.

그러나 일부 학자들은 '친구로', '영희에게' 등을 보어로 분류하기도 한다. 서술어가 반드시 필요로 하는 필수성분이라는 점에서 보어에 포함될 수 있다고 보는 것이다.

2.4 독립성분

핵심어 **독립어**

독립어

문장 내의 다른 성분들과 직접적인 관련이 없는 문장성분을 독립성분이라고 한다. **독립**

어(獨立語, independent word)는 독립성분에 속하는 유일한 문장성분이다.

(23) ㄱ. **수지야**, 물 한 잔만 다오.
　　 ㄴ. **어머나**, 수지가 이렇게 컸어?
　　 ㄷ. **용서**, 사람이 할 수 있는 가장 아름다운 일.

독립어를 만드는 방법은 크게 세 가지로 나눌 수 있다. 첫 번째 방법은 체언에 '호격조사'를 붙여서 만드는 것이다. (23ㄱ)은 명사 '수지' 뒤에 호격조사 '야'가 붙어 독립어가 된 예다. 독립어를 만드는 두 번째 방법은 감탄사를 이용하는 것으로 (23ㄴ)은 감탄사 '어머나'가 독립어가 된 경우다. 마지막으로 (23ㄷ)처럼 명사 자체가 독립어가 되는 경우도 있다.

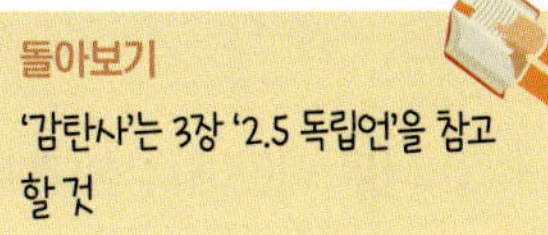

정리

독립어
☑ 문장의 다른 성분과 직접적인 관계가 없는 문장성분

🔍 돋보기

문장성분의 종류

문장성분	주성분	주어, 서술어, 목적어, 보어
	부속성분	관형어, 부사어
	독립성분	독립어

확인 문제

1 다음 문장의 밑줄 친 부분이 '주성분, 부속성분, 독립성분' 중 무엇인지 쓰십시오.

1) <u>나는</u> 엄마가 아끼는 그릇을 <u>깨뜨렸다</u>.

2) 맛있는 커피를 마시고 싶지만 <u>마실</u> 물이 없다.

3) <u>너무</u> 피곤해서 침대에 눕자마자 잠이 들었다.

4) <u>아</u>, 지금 고향은 봄이겠지!

2 다음 설명에 해당하는 것을 〈보기〉에서 골라 쓰십시오.

> **보기** 주어, 목적어, 보어, 서술어, 관형어, 부사어, 독립어

1) 주어의 동작, 상태, 성질 등을 풀이하는 문장성분

2) 서술어 '되다/아니다'가 요구하는 주어 이외의 문장성분

3) 서술어, 관형어, 부사 등을 수식하는 문장성분

3 **다음 밑줄 친 부분의 문장성분을 쓰십시오.**

1) 수지는 <u>그런 애가</u> 아니야.

2) 나 명동에서 <u>철수</u> 봤어.

3) 우리 아빠는 참 <u>발이</u> 넓으시다.

4) 바로 이것이 <u>문제다</u>.

5) 엄마가 <u>수지에게</u> 용돈을 주셨다.

4 **다음 문장에서 [   ] 안의 문장성분을 찾아 밑줄을 치십시오.**

1) 아직 봄이 오지 않았다. [부사어]

2) 저 사람은 누구입니까? [서술어]

3) 아, 당신은 어디에 계십니까? [독립어]

4) 우리 학교에서 다음 주에 나들이를 간다. [주어]

5) 새 신발을 신으니 기분이 정말 좋다. [관형어]

> ① 철수가 영희에게 꽃을 주었다.
> ② 겨울에는 날씨가 몹시 춥다.
> ③ 우리는 아주 긴 시간 토의하였다.
> ④ 이 책은 아주 오래된 귀한 책이다.
> ⑤ 저는 절대로 그런 사람이 아닙니다.
> ⑥ 아! 청춘은 정말 아름답구나.

1 위의 문장에서 필수성분을 모두 찾아 쓰십시오.

① 예 철수가(주어), 꽃을(목적어), 주었다(서술어)

②

③

④

⑤

⑥

2 위의 문장에서 부속성분을 모두 찾아 쓰십시오.

① 예 영희에게(부사어)

②

③

④

⑤

⑥

 위의 문장에서 독립성분을 모두 찾아 쓰십시오.

한국어 문장의 종류

1 문장종결법
2 문장의 유형

　한국말은 끝까지 들어 봐야 알 수 있다는 말이 있다. 위에서 남자는 지금 어떤 말을 하려는 걸까? 상대에게 밖에 비가 오는 상황을 단순히 알려 주거나, 상대에게 지금 비가 오는 것인지 질문하거나, 상대를 의식하지 않은 채 지금 밖에 비가 오는 상황에 대한 자신의 느낌을 혼잣말처럼 표현할 수도 있다.

　한국어에서는 문장의 마지막 부분을 통해서 '사실 전달, 질문, 명령, 제안, 감정 표현'의 의미를 전달한다. 이 장에서는 화자가 담화 상황에 따라 자신의 의도를 전달하기 위해 문장을 다양하게 끝맺는 방법에 대해 살펴본다.

> **핵심어** 문장종결법, 종결어미

문장종결법과 종결어미

화자는 문장의 내용을 전달할 때 어떻게 문장을 끝맺을 것인가를 생각한다. 문장의 끝부분에 어떤 문법 형태를 사용하느냐에 따라 상대에게 질문을 하는 것인지, 제안을 하는 것인지 등이 결정되기 때문이다. 이렇게 화자의 의도에 따라 문장을 끝맺는 방식을 **문장종결법**(文章終結法, sentence final mood)이라고 한다.

문장종결법은 문장을 끝맺는 어미인 **종결어미**(終結語尾, sentence-closing ending)에 의해 평서법, 의문법, 명령법, 청유법, 감탄법으로 실현된다.

> **돌아보기**
> '어미'는 3장 '2.2 용언'을 참고할 것

> **여기서 잠깐!!**
> 문장종결법은 구어에서 종결어미 이외에 문말 억양에 의해서 실현되기도 한다.

(1) ㄱ. 동생이 책을 읽습니다.
　　　　↳ 읽- + -습니다(평서형 종결어미)

　　ㄴ. 이게 무엇이냐?
　　　　↳ 무엇 + 이 + -냐(의문형 종결어미)

　　ㄷ. (너는) 어서 빨리 옷부터 입어라.
　　　　↳ 입- + -어라(명령형 종결어미)

　　ㄹ. 우리 같이 밥을 먹읍시다.
　　　　↳ 먹- + -읍시다(청유형 종결어미)

　　ㅁ. 날씨가 참 좋구나!
　　　　↳ 좋- + -구나(감탄형 종결어미)

(1ㄱ)은 평서형 종결어미 '습니다'로 문장의 끝을 맺어 평서법이 실현되었다. (1ㄴ)은 의

문형 종결어미 '-냐'로 의문법, (1ㄷ)은 명령형 종결어미 '-어라'로 명령법, (1ㄹ)은 청유형 종결어미 '-읍시다'로 청유법, (1ㅁ)은 '-구나'로 감탄법이 표현되었다.

이렇게 종결어미의 유형에 의해 문장종결법이 실현된 문장을 각각 '평서문, 의문문, 명령문, 청유문, 감탄문'이라고 한다. (1ㄱ)은 평서형 종결형 어미에 의해 평서법이 실현된 문장이므로 평서문이 된다. 따라서 (1ㄴ)은 의문문, (1ㄷ)은 명령문, (1ㄹ)은 청유문, (1ㅁ)은 감탄문이라고 한다.

종결어미는 실제 담화 상황에서 다양한 형태로 나타난다. 문장종결법을 표현하는 동시에 대화 상대에 대한 높임의 정도를 나타내기 때문이다.

> (2) ㄱ. (식당에서 주인에게 메뉴에 있는 음식을 가리키며)
>
> 이거 맛있습니까?
>
> ㄴ. (식당에서 주인에게 메뉴에 있는 음식을 가리키며)
>
> 이거 맛있어요?
>
> ㄷ. (식당에서 동생에게 메뉴에 있는 음식을 가리키며)
>
> 이거 맛있니?
>
> ㄹ. (식당에서 동생에게 메뉴에 있는 음식을 가리키며)
>
> 이거 맛있어?

(2)는 모두 의문형 종결어미에 의한 의문문이다. 그런데 (2ㄱ)은 식당 주인을 높이되 격식적으로 표현하는 '-습니까'가, (2ㄴ)은 식당 주인을 높이되 비격식적으로 표현하는 '-어요'가 사용되었다. (2ㄷ)은 낮춤의 대상인 동생에게 격식적으로 표현하는 '-니', (2ㄹ)은 낮춤의 대상인 동생에게 비격식적으로 표현하는 '-어'를 사용하였다. 이와 같이 종결어미는 담화의 상황에 맞게 다양하게 사용된다.

문장종결법

☑ 문장을 끝맺는 방식

종결어미

☑ 문장을 끝맺는 어미

1 다음 중 문장종결법에 대한 설명으로 <u>틀린</u> 것을 고르십시오.

① 조사에 의해서 실현된다.

② 문장종결법에 따라서 문장의 유형이 달라진다.

③ 문장종결법으로 화자의 의도를 보여줄 수 있다.

④ 평서법, 의문법, 명령법, 청유법, 감탄법이 있다.

2 다음 중 종결어미에 대한 설명으로 <u>틀린</u> 것을 고르십시오.

① 문장의 끝에 나타난다.

② 의문형 종결어미의 종류는 하나다.

③ 평서형, 의문형, 명령형, 청유형, 감탄형이 있다.

④ 종결어미는 상대에 대한 높임을 나타내기도 한다.

핵심어 **평서문, 의문문, 명령문, 청유문, 감탄문**

평서문

평서문(平敍文, declarative sentence)은 화자가 청자에게 어떤 정보, 즉 화자의 생각, 어떤 상황이나 사실 등을 서술하거나 알려 주는 문장이다. 평서문은 평서형 종결어미 또는 억양에 의해 실현된다.

여기서 잠깐!!

어미는 앞에 오는 어간이 모음으로 끝나느냐, 자음으로 끝나느냐에 따라 '-ㅂ니다/습니다', '-ㄴ다/는다', '-(으)ㄹ게요'와 같이 이형태를 보인다. 또한 '-아요/어요'와 같이 어간 마지막 음절의 모음이 무엇이냐에 따라서 이형태가 나타난다.

(1) ㄱ. 마이클이 피아노를 칩니다.
ㄴ. 내가 요즘 많이 바쁘네.
ㄷ. 린다 씨는 한국 노래를 좋아한다.
ㄹ. 여기는 방이 좀 작아요.
ㅁ. 새해에는 열심히 운동할게요.

(1ㄱ)은 평서형 종결어미 '-ㅂ니다'가 사용된 평서문이다. (1ㄴ)에서는 종결어미 '-네'가 형용사 '바쁘-'에 결합하여 평서문을 이루었다. (1ㄷ)에서는 동사 어간에 '-ㄴ다'가 쓰였다. (1ㄹ)에서는 종결어미 '-아요'가 사용되었다. (1ㅁ)은 '-ㄹ게요'가 사용된 평서문으로 약속의 의미를 동반한다.

의문문

의문문(疑問文, interrogative sentence)은 화자가 청자에게 질문하여 대답이나 설명을 요구하는 문장이다. 다음은 일상생활에서 주로 사용되는 의문형 종결어미가 쓰인 의문문이다.

(2) ㄱ. 커피숍에 사람이 많습니까?

    ㄴ. 자네 요즘에도 주말마다 산에 가는가?

    ㄷ. 아이스크림이 그렇게 좋냐?

    ㄹ. 아이스크림 먹냐?

    ㅁ. 다음 회의는 언제 할까요?

    ㅂ. 뭐 먹을래?

(2ㄱ)은 종결어미 '습니까'가 사용된 의문문이며, (2ㄴ)은 동사에 '-는가'가 결합하여 의문문으로 실현된 문장이다. (2ㄷ)과 (2ㄹ)은 각각 형용사와 동사 어간에 의문형 종결어미 '-냐'가 결합한 예다. (2ㅁ)은 의문형 종결어미 '-ㄹ까', (2ㅂ)은 '-을래'에 의해 실현된 의문문이다.

의문문은 '네, 아니요'의 대답을 요구하는 판정의문문, 의문사와 대응되는 구체적인 내용을 답변으로 요구하는 설명의문문으로 나눌 수 있다.

(3) ㄱ. 수지 씨는 한국 사람이에요?

    → 네. 한국 사람이에요.

    → 아니요. 한국 사람이 아니에요.

    ㄴ. 수지 씨는 어느 나라에서 왔어요?

    → 저는 프랑스에서 왔어요.

(3ㄱ)은 물음에 대해 '네' 또는 '아니요'와 같은 긍정, 부정의 대답을 요구하는 판정의문문이다. (3ㄴ)은 의문사 '어느'가 쓰인 의문문으로, 이에 대한 내용을 대답으로 요구하는 설명의문문이다.

이밖에도 청자에게 선택을 요구하거나, 화자 자신의 의구심을 표현하거나, 청자에게 동의를 요구하는 의문문도 있다.

(4) ㄱ. 엄마가 좋아, 아빠가 좋아?

    ㄴ. 이 책 정말 재미있지?

    ㄷ. 밖에 비가 오나?

(4ㄱ)처럼 청자에게 둘 이상의 선택지에서 하나를 선택할 것을 요구하는 의문문을 선택의문문이라고 한다. 대답으로 가능한 내용이 이미 한정되어 있다는 점에서 판정의문문과 비슷하지만, 긍정 또는 부정이 아니라 내용으로 대답해야 한다는 점에서는 설명의문문과 비슷하다. (4ㄴ)은 의문형 종결어미 '-지'를 사용하여 화자 자신의 의견에 동의해 줄 것을 요구하는 확인의문문이다. (4ㄷ)과 같이 혼잣말의 성격으로 자신에게 묻는 자문의문문도 있다. 이 경우에는 '-(으)ㄹ까, -(으)ㄴ가, -나' 등의 의문형 종결어미가 주로 사용된다.

명령문

명령문(命令文, imperative sentence)은 화자가 청자에게 어떤 행동을 하도록 요구하는 문장이다. 따라서 명령문의 주어는 항상 청자기 때문에 주어를 명시적으로 드러내지 않는 것이 일반적이다. 또한 명령문은 행동을 요구하는 문장이므로 동사가 서술어인 문장으로만 실현된다.

(5) ㄱ. 공연이 곧 시작되니 전화기를 꺼 주십시오.
ㄴ. 이번 일은 자네가 맡아서 열심히 하게.
ㄷ. 제발 전화 좀 받아라.
ㄹ. 내가 갈 때까지 기다려.

(5ㄱ)은 명령형 어미 '-십시오'가 사용된 예다. (5ㄴ)은 명령형 종결어미 '-게'에 의한 명령문이다. '-게'는 현대한국어에서 사용 빈도가 현저히 줄어들고 있는데, 장인, 장모가 사위에게, 교수가 제자에게 무언가를 하라고 요구하는 대화 상황에서 여전히 종종 나타난다. (5ㄷ)과 (5ㄹ)은 '-아라', '-어'가 쓰인 명령문이다.

(6) ㄱ. *예뻐라.
ㄴ. *내 손을 잡았어라.
ㄷ. *내 손을 잡겠어라.

명령문은 청자에게 어떤 행동을 해 줄 것을 요구하기 때문에 (6ㄱ)과 같이 형용사 서술어로 이루어진 명령문은 찾아볼 수 없다. 또한 과거나 미래의 행동에 대해 명령할 수 없기 때문에 (6ㄴ), (6ㄷ)처럼 과거나 미래를 나타내는 문법 요소 '-았/었-'이나 '-겠-' 등과 결합하는 경우도 없다.

> (7) (불특정 다수) 다음 문제를 읽고 물음에 맞는 답을 찾으라.

(7)은 불특정 다수를 대상으로 한 명령문으로, 종결어미 '-으라'에 의해 실현되었다. 이는 주로 상대와 공식적인 거리를 두는 명령으로 해석된다.

청유문

청유문(請誘文, propositive sentence)은 화자가 청자에게 어떤 행동을 함께할 것을 요청하는 문장이다. 따라서 청유문은 주로 화자와 청자가 주어가 되는 경우가 많으며, 어떤 행위를 함께할 것을 요구하는 것이기에 동사 서술어로 구성된 문장으로만 실현된다.

> (8) ㄱ. 여기에서 잠깐 쉬었다 갑시다.
> ㄴ. 책상 좀 같이 옮기세.
> ㄷ. 우리 이제 친구니까 지금부터 반말하자.
> ㄹ. 우리도 이번 휴가 때 제주도에 가지.

(8ㄱ)과 (8ㄴ)에는 청유문을 나타내는 종결어미로 '-ㅂ시다'와 '-세'가 사용되었다. (8ㄷ)과 (8ㄹ)은 '-자', '-지'에 의해 실현된 청유문이다.

감탄문

감탄문(感歎文, exclamatory sentence)은 화자가 자신의 감정이나 느낌을 표현하는 문장이다. 청자를 거의 의식하지 않거나 혼잣말로 화자 자신의 정서 표현을 주된 기능으로 한다는 점에서 다른 문장 유형들과 차이가 있다.

(9) ㄱ. 애가 참 똑똑하**구먼**!

　　 ㄴ. 날씨가 참 좋**군**!

　　 ㄷ. 너는 매운 걸 잘 먹는**구나**!

(9ㄱ)과 (9ㄴ)은 형용사 어간에 '-구먼', '-군'이 결합하여 감탄문을 이루고, (9ㄷ)은 동사 어간에 '-는구나'가 결합하여 감탄문이 되었다. 이외에 주요 감탄형 종결어미에는 동사 어간 뒤에 나타나는 '-는구려', 형용사 어간 뒤에 나타나는 '-구려' 등이 있다.

이상과 같이 문장 유형은 문장의 맨 끝에 위치하는 종결어미에 의해 실현된다. 평서문은 평서형 종결어미로 서술의 의미를, 의문문은 의문형 종결어미로 질문의 의미를, 명령문은 명령형 종결어미로 명령의 의미를, 청유문은 청유형 어미로 제안의 의미를, 감탄문은 감탄형 어미로 느낌 표현의 의미를 나타낸다. 그런데 실제 언어생활에서는 이러한 문장 종류와 의미가 일치하지 않는 경우가 있다.

(10) ㄱ. 내가 네 말을 믿을 것 같**아**?

　　 ㄴ. 실내에서는 조용히 해 주시겠**습니까**?

　　 ㄷ. 와, 이 얼마나 멋진 광경**인가**?

　　 ㄹ. (길을 막고 있는 앞 사람에게) 좀 비**킵시다**.

(10ㄱ)은 의문형 어미 '-아'가 사용된 의문문이지만 '네, 아니요'와 같은 대답을 요구하는 것이 아니라 '나는 네 말을 믿지 않는다'는 화자의 생각을 강하게 표현한 것이다. 따라서 문장 형식은 의문문이지만 내용적인 측면에서는 평서문의 성격을 띤다. (10ㄴ)은 '습니까'에 의한 의문문이지만 의미적으로는 조용히 하라는 명령의 의미를 나타낸다. (10ㄷ)은 '-ㄴ가'에 의한 의문문이지만 의미적으로는 지금 화자가 보는 광경이 멋지다는 감탄의 의미를 나타낸다. 이렇게 질문에 대한 답변을 요구하지 않고 서술, 명령, 감탄의 의미를 나타낸다는 점에서 (10ㄱ)~(10ㄷ)의 의문문을 수사의문문 또는 반어의문문이라고 한다. 한편 (10ㄹ)은 청유형 종결어미 '-ㅂ시다'에 의해 청유문의 형태를 띠지만 '앞을 막지 말고 옆으로

비키라'는 명령의 의미를 나타낸다.

정리

평서문

☑ 화자가 청자에게 정보, 즉 화자의 생각, 어떤 상황이나 사실 등을
서술하거나 알려 주는 문장

의문문

☑ 화자가 청자에게 질문하여 대답이나 설명을 요구하는 문장

명령문

☑ 화자가 청자에게 어떤 행동을 하도록 요구하는 문장

청유문

☑ 화자가 청자에게 어떤 행동을 함께할 것을 요청하는 문장

감탄문

☑ 화자가 자신의 감정이나 느낌을 표현하는 문장

종결어미로 표현되는 문장종결법('가다', '읽다', '예쁘다', '좋다'의 활용 예)

		평서법	의문법	명령법	청유법	감탄법
격식체		갑니다, 가십니다 읽습니다, 읽으십니다	갑니까, 가십니까 읽습니까, 읽으십니까	가십시오 읽으십시오	(가시지요) (읽으시지요)	–
		예쁩니다, 예쁘십니다 좋습니다, 좋으십니다	예쁩니까, 예쁘십니까 좋습니까, 좋으십니까	–	–	–
		가(시)오 읽으(시)오	가(시)오 읽으(시)오	가오 가구려 읽으(시)오, 읽구려	갑시다 읽으십시다	가는구려 읽는구려
		예쁘오 좋으오	예쁘오 좋으오	–		예쁘구려 좋구려
		가네, 감세 읽네, 읽음세	가는가, 가나 읽는가, 읽나	가게 읽게	가세 읽으세	가는구먼 읽는구먼
		예쁘네, 예쁘이 좋네, 좋으이	예쁜가 좋은가	–	–	예쁘구먼 좋구먼
		간다 읽는다	가냐, 가니 읽느냐, 읽니	가(거)라 가렴 가려무나	가자 읽자	가는구나 읽는구나
		예쁘다 좋다	예쁘냐, 예쁘니 좋으냐, 좋으니	–	–	예쁘구나 좋구나
비격식체		가요 읽어요	가요 읽어요	가요 읽어요	가요 읽어요	가요 읽어요
		예뻐요 좋아요	예뻐요 좋아요	–	–	예뻐요 좋아요
		가, 가지 읽어, 읽지	가, 가지 읽어, 읽지	가, 가지 읽어, 읽지	가, 가지 읽어, 읽지	가, 가지 읽어, 읽지
		예뻐 좋아	예뻐 좋아	예뻐 좋아	예뻐 좋아	예뻐 좋아

확인 문제

1 다음 빈칸에 알맞은 말을 쓰십시오.

1) 한국어의 문장에는 평서문, 의문문, 명령문, ⬚, ⬚의
총 다섯 가지 유형이 있다.

2) 화자가 청자에게 어떤 행동을 요구하는 문장은 ⬚, ⬚이다.

2 다음 문장의 종결법을 나타내는 종결어미에 밑줄을 치고 문장의 유형을 쓰십시오.

1) 너는 키가 참 크구나! ⬚

2) 교수님, 질문 있습니다. ⬚

3) 이번 휴가 때는 제주도에 가자. ⬚

4) 실내에서는 사진을 찍지 마십시오. ⬚

5) 누가 메시지를 보냈나? ⬚

1 다음 중 문장의 유형이 같은 것끼리 짝을 지으십시오.

① 아이가 재미있게 논다.   •   • 이제 좀 쉬십시오.

② 이 옷이 참 잘 어울리는구나.   •   • 저는 짜장면이 먹고 싶어요.

③ 저기에서 오른쪽으로 가세요. •   • 이 마을은 볼거리가 참 많구려.

2 다음의 문장에 있는 종결어미를 찾아서 아래의 표에 분류하여 쓰십시오.

ㄱ. 벌써 해가 진다.
ㄴ. 밥을 먹은 후에 바로 이를 닦으십시오.
ㄷ. 우리 여기에서 잠깐 쉬었다가 올라가자.
ㄹ. 같이 이 문제를 해결해 봅시다.
ㅁ. 4시까지 서울역에 꼭 와.
ㅂ. 이 책 읽어 봤어?
ㅅ. 여기는 사람이 정말 많구나!
ㅇ. 오늘 정말 올 거지?
ㅈ. 어제는 할 일이 많았습니다.
ㅊ. 어머나, 꽃이 활짝 폈어!

평서형	의문형	명령형	청유형	감탄형
예 -ㄴ다				

 메모

한국어 문장의 확대

1 홑문장과 겹문장

2 이어진문장

3 안은문장

　　같은 내용을 말하더라도 첫 번째 그림에서처럼 두 문장으로 표현할 수도 있고, 두 번째 그림에서처럼 두 문장을 한 문장으로 결합하여 표현할 수도 있다. 이와 같이 하나 이상의 문장을 결합하여 좀 더 복잡하고 긴 의미를 표현해야 하는 경우가 있다. 이 장에서는 이러한 '문장의 확대'와 관련된 내용을 살펴보자.

1 홀문장과 겹문장

1.1 홀문장

> **핵심어** 홀문장

(1) ㄱ. <u>내 친구가</u> 저 집에 <u>산다</u>.
　　　　주어　　　　　　서술어

　　ㄴ. <u>가을 하늘이</u> <u>푸르다</u>.
　　　　주어　　　서술어

　　ㄷ. <u>내일은</u> <u>휴일이다</u>.
　　　　주어　　서술어

(1)의 문장들에는 모두 주어와 서술어가 하나씩 포함되어 있다. (1ㄱ)에는 '내 친구가'라는 주어와 '산다'라는 서술어가, (1ㄴ)에는 '가을 하늘이'라는 주어와 '푸르다'라는 서술어가, (1ㄷ)에는 '내일은'이라는 주어와 '휴일이다'라는 서술어가 각각 하나씩 포함되어 있다. 이렇게 주어와 서술어의 관계를 가진 쌍이 한 번 나타난 문장을 **홀문장**(홑文章, simple sentence)이라고 한다.

정리

홀문장
☑ 주어와 서술어의 관계를 가진 쌍이 한 번 나타난 문장

1.2 문장의 확대와 겹문장

 문장의 확대, 겹문장

앞서 홑문장은 주어와 서술어의 관계를 가진 쌍이 한 번 나타난 문장이라고 하였다. 그런데 우리는 때로 보다 복잡한 생각과 느낌을 표현해야 할 때가 있다. 그런 경우 하나 이상의 홑문장을 결합하여 더 길고 복잡한 문장으로 표현할 수 있다.

   (2) ㄱ. 친구가 저 집에 사는데 그 친구는 곧 이사한다.
          주어   서술어   주어   서술어

      ㄴ. 내가 어제 만난 친구가 저 집에 산다.
          주어   서술어 주어   서술어

(2)에서는 한 문장 안에 주어와 서술어의 쌍, 즉 절이 두 개 나타난다. 이렇게 두 개 이상의 절을 결합하여 하나의 문장을 만드는 것을 **문장의 확대**(文章의 擴大, sentence expansion)라고 한다. 그리고 하나의 문장 안에 주어와 서술어의 관계를 가진 쌍이 두 번 이상 나타나는 (2ㄱ), (2ㄴ)과 같은 문장을 **겹문장**(겹文章, complex sentence)이라고 한다.

> **돌아보기**
> '절'은 4장 '1.2 문장 구성 단위'를 참고할 것

   (3) ㄱ. 그는 일어나서 시계를 봤다.
          주어   서술어   서술어

      ㄴ. 그는 김치를 한번 먹어 보았다.
          주어   서술어

그런데 (3)의 문장들은 겹문장일까? (3ㄱ)에서 주어는 '그는'으로 한 번, 서술어는 '일어나다'와 '보다'로 두 번 나타났다. 이 문장에서는 '보다'의 주어인 '그는'이 생략되었다고 볼 수 있다. 따라서 (3ㄱ)은 겹문장이다.

반면 (3ㄴ)은 겹문장으로 볼 수 없다. (3ㄴ)에서는 서술어가 '먹다'와 '보다'로 두 번 나타난 것처럼 보이지만, 이때의 '먹다'와 '보다'는 각각의 개별적인 서술어가 아니라, '먹다'라는

'본용언과 보조용언'은 3장 '2.2 용언'을 참고할 것
돌아보기

본용언과 '보다'라는 보조용언의 구성으로 이루어진 하나의 서술어다. 따라서 (3ㄴ)은 홑문장이다.

(4) ㄱ. 창밖에 <u>비가</u> <u>오고</u> / <u>사람들이</u> 창밖을 <u>바라보고 있다</u>.
　　　　　 주어　서술어　　주어　　　　　　　서술어

ㄴ. <u>사람들이</u> [<u>비가</u> <u>오는</u>] 창밖을 <u>바라보고 있다</u>.
　　　주어　　　주어　서술어　　　　　서술어

문장이 확대되는 방식은 크게 두 가지로 나눌 수 있다. 위의 (4)의 예문은 모두 '창밖에 비가 오다'와 '사람들이 창밖을 바라보고 있다'라는 두 개의 절로 이루어져 있다. 그런데 두 문장 중 (4ㄱ)은 두 개의 절이 앞뒤로 이어지는 방식으로 문장이 확대되었다. 한편 (4ㄴ)은 '창밖에 비가 오다'라는 절이 '사람들은 창밖을 바라보고 있다'라는 문장 안에 포함되는 방식으로 문장이 확대되었다. (4ㄱ)과 같은 문장을 이어진문장이라고 하고, (4ㄴ)과 같은 문장을 안은문장이라고 한다. 다음 절에서는 이어진문장과 안은문장을 구체적으로 살펴볼 것이다.

정리

문장의 확대
☑ 두 개 이상의 절을 결합하여 하나의 문장을 만드는 것

겹문장
☑ 주어와 서술어 관계를 가진 쌍이 두 번 이상 나타난 문장

1 홑문장이면 '홑'에, 겹문장이면 '겹'에 표시하십시오.

1) 얼음이 깨질 수 있으니 그쪽으로 가지 마라. ☐ 홑 ☐ 겹

2) 새 운동화가 천으로 싸여 있다. ☐ 홑 ☐ 겹

3) 일을 너무 많이 하면 건강을 해칠 수 있다. ☐ 홑 ☐ 겹

4) 미라는 주말에는 주로 공원에서 산책을 해요. ☐ 홑 ☐ 겹

5) 나는 어제 어릴 때 살던 동네에 오랜만에 가 보았다. ☐ 홑 ☐ 겹

2 다음의 겹문장이 몇 개의 절로 구성되어 있는지 분석하여 괄호 안에 쓰십시오.

1) 제가 다니던 학교는 시내 중심가에 있었습니다. ( )

2) 나는 명함에 있는 번호로 전화를 했다. ( )

3) 날씨가 더워서인지 길에 다니는 사람이 많지 않았다. ( )

4) 세탁기가 고장 나서 서비스센터에 전화를 했다. ( )

5) 시장에 오랜만에 갔더니 내가 좋아하는 딸기를 싸게 팔고 있었다. ( )

2.1 이어진문장과 연결어미

> **핵심어** 이어진문장, 연결어미

이어진문장

(1) ㄱ. 나는 커피를 마시고 / 친구는 차를 마셨다.

　　ㄴ. 친구를 오랜만에 만나서 / 정말 기뻤다.

위의 문장은 두 개의 절로 이루어진 겹문장이다. (1ㄱ)은 '나는 커피를 마시다'와 '친구는 차를 마셨다'의 두 개의 절로 이루어져 있는데, 앞과 뒤의 절이 '-고'로 이어져 있다. 그리고 (1ㄴ)은 '친구를 오랜만에 만나다', '정말 기뻤다'의 두 개의 절로 이루어져 있는데, 앞과 뒤의 절이 '-아서'로 이어져 있다.

이어진문장(이어진文章, conjunctive sentence)은 이와 같이 두 개 이상의 절이 앞뒤로 연결되어 만들어진 문장이다. 그리고 이어진문장에서 앞에 나오는 절을 선행절, 뒤에 나오는 절을 후행절이라고 한다.

> **여기서 잠깐!!**
> '이어진문장'은 '접속문'이라고도 한다.

연결어미

(2) ㄱ. 날씨가 좋아서 오랜만에 외출을 했다.

　　ㄴ. 어머니는 라디오를 들으면서 청소를 했다.

(2ㄱ)의 문장에는 선행절과 후행절 사이에 '-아서'가, (2ㄴ)에는 '-으면서'가 있다. 이러한 '-아서'나 '-으면서'와 같은 문법 요소는 선행절과 후행절을 잇는 역할을 한다. 이와

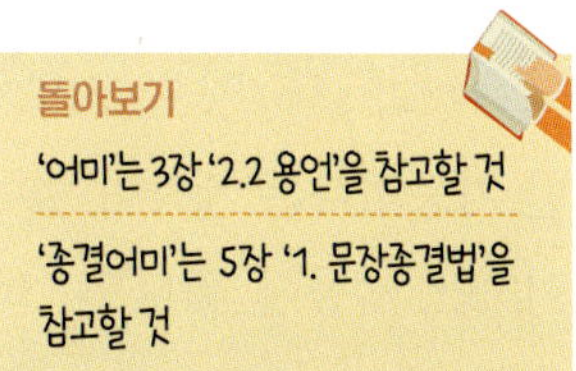

같이 선행절의 서술어에 붙어서 선행절과 후행절을 이어주는 문법 요소를 **연결어미**(連結語尾, connective ending)라고 한다.

한국어에는 다양한 연결어미가 있다. 연결어미는 선행절과 후행절을 형식적으로 연결해 줄 뿐만 아니라 선행절과 후행절의 의미 관계를 설정해 준다. (2ㄱ)의 연결어미 '-아서'는 선행절이 후행절의 '이유나 원인'이 됨을 표현한다. (2ㄴ)의 '-으면서'는 선행절과 후행절의 사건이 '동시'에 이루어진다는 것을 표현한다.

(3) ㄱ. 나는 텔레비전을 보**면서** 공부를 했다.

　　ㄴ. *나는 텔레비전을 보**면서** 내 친구는 공부를 했다.

　　ㄷ. 공부를 많이 못 **해서** 시험이 걱정된다.

　　ㄹ. *공부를 많이 못 했**어서** 시험이 걱정된다.

　　ㅁ. 날씨가 좋**아서** 공원에 갔다.

　　ㅂ. *날씨가 좋**아서** 공원에 가자.

　　ㅅ. 머리를 짧게 자르**러** 미용실에 갔다.

　　ㅇ. *머리가 짧**으러** 미용실에 갔다.

그런데 선행절과 후행절을 연결할 때 연결어미에 따라 여러 제약이 나타나기도 한다. 위에서 (3ㄱ)과 (3ㄴ)은 연결어미 '-(으)면서'의 주어 제약을 보여준다. '-(으)면서'는 선행절과 후행절의 주어가 같아야 한다는 제약이 있다. 따라서 선행절과 후행절의 주어가 모두 '나'인 (3ㄱ)은 옳은 문장이지만, 선행절과 후행절의 주어가 다른 (3ㄴ)은 틀린 문장이다.

(3ㄷ)과 (3ㄹ)은 연결어미 '-아서/어서'의 시제 제약을 보여준다. '-아서/어서'의 선행절은 과거에 일어난 일을 표현하더라도 '-았/었'과 같은 과거 표현을 사용할 수 없다. 따라서 선행절을 과거시제로 표현한 (3ㄹ)은 틀린 문장이다.

(3ㅁ)과 (3ㅂ)은 원인을 나타내는 연결어미 '-아서/어서'의 문장 유형 제약을 보여준다. 원인을 나타내는 연결어미 '-아서/어서'의 후행절에는 명령문과 청유문이 올 수 없다. 따라서 (3ㅂ)은 틀린 문장이 된다.

(3ㅅ)과 (3ㅇ)은 '-(으)러'의 서술어 제약을 보여준다. '-(으)러'는 선행절의 서술어로 동사만 가능하다는 제약이 있다. 따라서 선행절의 서술어가 동사 '자르다'인 (3ㅅ)은 옳은 문장이지만, 형용사 '짧다'인 (3ㅇ)은 틀린 문장이다.

🔍 돋보기

연결어미의 종류

의미	어미	예문
이유, 원인	-아서/어서, -(으)니까, -(으)므로, -느라고, -더니	시험이 쉬워서 평균 점수가 높아졌다.
나열	-고, -(으)며	빵도 먹고 과자도 먹고 과일도 먹었다.
동시	-(으)면서	친구와 집에 가면서 이야기를 많이 했다.
연속	-자, -자마자	오랜만에 부모님을 보자 눈물이 났다.
대조	-지만, -(으)나, -는데/(으)ㄴ데, -더니	일찍 출발했지만 지각을 하고 말았다.
순차	-고, -아서/어서	손 씻고 밥 먹어.
전환	-다가	집에 오다가 우연히 친구를 만났다.
조건, 가정	-(으)면, -거든	나중에 만나면 돌려줄게.
인정	-아도/어도, -되, -더라도	오랫동안 보지 못해도 나를 잊지 마.
목적, 의도	-(으)러, -(으)려고, -고자	오랜만에 영화를 보러 극장에 갔습니다.
선택	-거나, -든지	저는 주말에 집안일을 하거나 운동을 해요.
의무	-아야/어야	교통 카드를 사야 편하게 대중교통을 이용할 수 있어요.
배경	-는데/(으)ㄴ데	택시를 탔는데 택시 기사님이 참 친절하셨어요.
심화	-(으)ㄹ수록	이야기를 나눌수록 그 친구를 깊이 이해하게 되었다.

이어진문장

☑ 두 개 이상의 절이 앞뒤로 연결되어 만들어진 겹문장

연결어미

☑ 선행절의 서술어 어간에 붙어 선행절과 후행절을 이어주는 어미

2.2 대등하게 이어진문장과 종속적으로 이어진문장

핵심어 대등하게 이어진문장, 종속적으로 이어진문장

이어진문장은 선행절과 후행절의 의미 관계에 따라 대등하게 이어진문장과 종속적으로 이어진문장으로 구분할 수 있다.

대등하게 이어진문장

(4) ㄱ. 배가 아프고 / 열도 났다.

　　ㄴ. 내일은 친구를 만나거나 / 부모님 댁에 갈 것이다.

　　ㄷ. 나는 사과를 좋아하지만 / 내 친구는 배를 좋아한다.

(5) ㄱ. 열이 나고 / 배도 아팠다.

　　ㄴ. 내일은 부모님 댁에 가거나 / 친구를 만날 것이다.

　　ㄷ. 내 친구는 배를 좋아하지만 / 나는 사과를 좋아한다.

(4ㄱ)~(4ㄷ)의 예문들은 선행절과 후행절이 비슷한 구조로 되어 있다. 그리고 선행절과 후행절을 바꾸어 (5ㄱ)~(5ㄷ)과 같이 만들어도 의미에 별다른 차이가 없다. 이렇게 선행절과 후행절이 서로 대등한 관계로 이어진문장을 **대등하게 이어진문장**(對等하게 이어진文章, coordinating conjunctive sentence)이라고 한다.

종속적으로 이어진문장

(6) ㄱ. 배가 아파서 / 병원에 갔다.
　　 ㄴ. 눈이 오면 / 도서관 앞에서 만나자.

　(6ㄱ)에서 '배가 아프다'라는 선행절은 '병원에 갔다'라는
후행절의 이유를 나타낸다. (6ㄴ)의 경우 '눈이 오다'라는 선
행절은 '도서관 앞에서 만나자'라는 후행절의 조건을 나타
낸다. 이 두 문장은 모두 후행절이 문장의 중심적인 위치
에 있으며, 선행절과 후행절이 대등하다고 보기 어렵다. 이
러한 문장들은 문장에 포함된 두 절의 관계가 대등하지 않고 한 쪽이 다른 한 쪽에 종
속된다고 보아 **종속적으로 이어진문장**(從屬的으로 이어진文章, subordinating conjunctive
sentence)이라고 한다.

정리

대등하게 이어진문장
☑ 선행절과 후행절이 대등한 관계로 이어진문장

종속적으로 이어진문장
☑ 선행절이 후행절에 종속된 관계로 이어진문장

1 **다음의 문장을 선행절, 후행절, 연결어미로 분석해 보십시오.**

1) 나는 도서관에 가서 책을 빌렸다.

   선행절:

   후행절:

   연결어미:

2) 어제는 바람이 불고 비가 많이 왔다.

   선행절:

   후행절:

   연결어미:

3) 나이가 들수록 생각이 많아진다.

   선행절:

   후행절:

   연결어미:

4) 그 사람이 오거든 나에게 알려 주렴.

   선행절:

   후행절:

   연결어미:

5) 10분 전에는 배가 하나도 안 고프더니 지금은 갑자기 배가 고프네요.

   선행절:

   후행절:

   연결어미:

2 **대등하게 이어진문장이면 '대'에, 종속적으로 이어진문장이면 '종'에 표시하십시오.**

1) 오늘은 은행도 가고 장도 좀 보려고 한다. ☐ 대 ☐ 종

2) 창문을 열자 새소리가 들렸다. ☐ 대 ☐ 종

3) 나는 못 가더라도 너희들은 여행을 다녀와. ☐ 대 ☐ 종

4) 저쪽에는 그늘이 많은데 이쪽에는 그늘이 없어요. ☐ 대 ☐ 종

5) 선생님께 감사 인사를 드리고자 연락을 드렸습니다. ☐ 대 ☐ 종

6) 서류는 우편으로 보내거나 이메일로 제출하세요. ☐ 대 ☐ 종

3.1 안은문장과 안긴문장

> **핵심어** 안은문장, 안긴문장

(1) ㄱ. 그 애는 [혼자 놀기]를 더 좋아했다.
　　ㄴ. [빨간 옷을 입은] 사람이 미라예요.
　　ㄷ. 친구가 [연락도 없이] 왔다.
　　ㄹ. 나는 [자연이 좋다].
　　ㅁ. 민수가 [이 일을 내일까지 끝내겠다]고 했어요.

위의 (1ㄱ)~(1ㅁ)에는 두 개 이상의 절이 포함되어 있다. 그런데 이 문장들은 앞서 살펴본 이어진문장과 달리 하나의 절이 다른 절 안에 포함되어 있는 형식을 취하고 있다. (1ㄱ)에서는 '(그 애는) 혼자 놀다'라는 절이 '그 애는 더 좋아했다'라는 절의 목적어로 포함되어 있다. (1ㄴ)은 '(그) 사람이 빨간 옷을 입다'라는 절이 '(그) 사람이 미라예요'라는 절의 '사람'을 꾸며 주는 관형어로서 기능하고 있다. (1ㄷ)에서는 '연락도 없다'라는 절이 '친구가 왔다'라는 절의 서술어를 꾸며 주는 부사어로서 포함되어 있다. (1ㄹ)에서는 '자연이 좋다'라는 절이 '나는'이라는 주어에 대한 서술어로서 기능하고 있으며 (1ㅁ)에서는 '이 일을 내일까지 끝내겠다'라는 절이 '민수'가 말한 내용으로서 인용되어 있다.

이러한 (1ㄱ)~(1ㅁ)과 같은 문장은 마치 하나의 문장이 다른 문장을 안고 있는 모습과 비슷하다고 하여 **안은문장**(안은文章, embedding sentence)이라고 한다. 그리고 안은문장 안에 포함되어 있는 절을 **안긴문장**(안긴文章, embedded cluase)이라고 한다.

> **돌아보기**
> '목적어, 서술어'는 4장 '2.2 주성분'을 참고할 것
> '관형어, 부사어'는 4장 '2.3 부속성분'을 참고할 것

> **여기서 잠깐!!**
> '안긴문장'은 '내포절', '안은문장'은 '내포문'이라고도 한다.

그런데 (1ㄱ)~(1ㅁ)까지를 보면 안긴문장의 성분이나 기능이 다양함을 알 수 있다. 안긴문장은 안은문장 속에서의 성분이나 기능에 따라 명사절, 관형절, 부사절, 서술절, 인용절로 나뉜다. 이들에 대해서 하나하나 살펴보기로 한다.

안은문장

☑ 안긴문장을 포함한 문장

안긴문장

☑ 안은문장 안에 특정한 성분으로서 포함된 절

3.2 명사절을 안은문장

핵심어 **명사절, 명사절을 안은문장, 전성어미, 명사형 전성어미**

(2) ㄱ. [장난감 수집하기]가 내 취미다.
ㄴ. 그는 [가족들이 모두 행복하기]를 바랐다.
ㄷ. 나는 오늘도 [살아 있음]에 감사한다.

위의 (2ㄱ)~(2ㄷ)에서 안긴문장 '장난감을 수집하다', '가족들이 모두 행복하다', '살아 있다'는 마치 명사와 유사한 속성을 보이고 있다. 명사처럼 뒤에 조사가 붙어 있으며, 주어(2ㄱ), 목적어(2ㄴ), 부사어(2ㄷ)와 같은 문장성분으로서

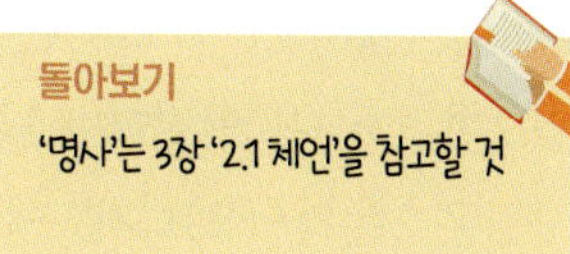

역할을 한다. 이렇게 마치 명사와 유사한 속성을 보이는 안긴문장을 **명사절**(名詞節, noun clause)이라고 한다. 그리고 이러한 명사절을 안고 있는 문장을 **명사절을 안은문장**(名詞節을 안은文章, noun clause embedding sentence)이라고 한다.

그런데 위의 (2ㄱ)~(2ㄷ)을 보면 명사절의 서술어 어간에 '-기'나 '-(으)ㅁ'과 같은 문법 요소가 붙어 있는 것을 볼 수 있다. 이러한 것들을 **명사형 전성어미**(名詞形 轉成語尾, noun derivational ending)라고 한다. **전성어미**(轉成語尾, transformative ending)는 용언이나 서술격조사 '이다' 뒤에 붙어서 그것이 포함된 절을 다른 품사나 문장성분의 자격을 갖도록 그 성격을 바꾸어 주는 어미를 말한다. 전성어미는 원래의 절을 무엇으로 바꾸어 주느냐에 따라서 다양한 유형으로 나뉘는데 위의 '-기'나 '-(으)ㅁ'은 용언이나 서술격조사 '이다' 뒤에 붙어서 그것이 포함된 절을 명사절로 바꾸어 주므로 명사형 전성어미라고한다.

돌아보기
'어미'는 3장 '2.2 용언'을 참고할 것

여기서 잠깐!!
'산책하는 것', '만난 것'과 같이 '-는 것', '-(으)ㄴ 것'이 결합된 것을 명사절로 보는 견해도 있다.

(3) ㄱ. [몇 시간을 일하<u>느냐</u>]는 중요하지 않다.

ㄴ. [얼마나 효율적<u>인가</u>]가 중요하다.

ㄷ. [그 친구를 언제 만<u>났는지</u>]를 기억하지 못한다.

명사절은 (3ㄱ)~(3ㄷ)과 같이 종결어미나 연결어미가 붙어 형성된 경우도 있다. 위에서 '몇 시간을 일하느냐', '얼마나 효율적인가', '그 친구를 언제 만났는지'는 모두 명사절이다. 여기에서 (3ㄱ), (3ㄴ)은 종결어미 '-느냐', '-ㄴ가'가 붙어 있으며, (3ㄷ)은 연결어미 '-는지'가 붙어 있다. 이와 같이 명사절은 '-는지/-(으)ㄴ지', '-는가/-(으)ㄴ가', '-느냐/-(으)냐'와 같은 어미가 결합되어 형성되기도 한다.

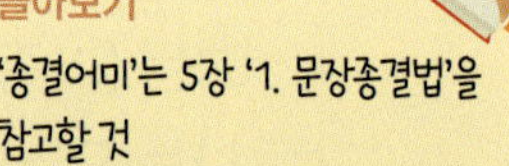

돌아보기
'종결어미'는 5장 '1. 문장종결법'을 참고할 것

'연결어미'는 6장 '2.1 이어진문장과 연결어미'를 참고할 것

정리

명사절
☑ 명사와 유사한 속성을 보이는 안긴문장

명사절을 안은문장
☑ 명사절을 포함한 문장

정리

전성어미

☑ 용언이나 서술격조사 '이다' 뒤에 붙어서 다른 품사의 기능을 수행하게 하는 어미

명사형 전성어미

☑ 용언이나 서술격조사 '이다' 뒤에 붙어서 명사의 기능을 수행하게 하는 전성어미

3.3 관형절을 안은문장

핵심어 관형절, 관형절을 안은문장, 관형사형 전성어미

(4) ㄱ. [친구가 많은] 그는 주말마다 바쁘다.

ㄴ. [분홍색 옷을 입고 있는] 사람을 찾았다.

ㄷ. [아름답던] 얼굴이 생각난다.

위의 (4ㄱ)~(4ㄷ)에서 '친구가 많은'과 '분홍색 옷을 입고 있는', '아름답던'은 마치 문장 안에서 관형사와 같은 역할을 하고 있다. 관형사처럼 뒤에 나오는 체언 '그'와 '사람', '얼굴'을 수식하는 역할을 하고 있는 것이다. 이렇게 주어와 서술어를 갖춘 절이면서도 문장 안에서 관형사와 같은 역할을 하는 것을 **관형절**(冠形節, determiner cluase)이라고 한다. 그리고 이러한 관형절을 안고 있는 문장을 **관형절을 안은문장**(冠形節을 안은文章, determiner cluase embedding sentence)이라고 한다.

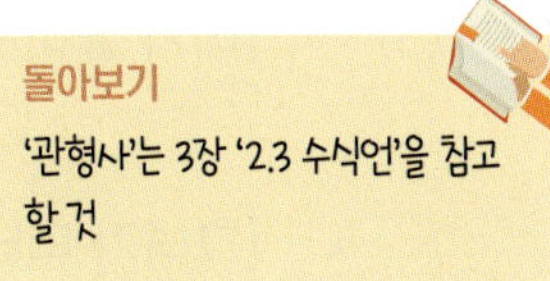

위의 (4ㄱ)~(4ㄷ)에서는 관형절의 서술어에 '-은', '-는', '-던'과 같은 문법 요소가 붙어 있는 것을 볼 수 있다. 이렇게 용언이나 서술격조사 '이다'의 뒤에 붙어서 그것이 포함된 절을 관형절로 만들어 주는 전성어미를 **관형사형 전성어미**(冠形詞形 轉成語尾, determiner derivational ending)라고 한다.

관형사형 전성어미는 앞에 나오는 서술어가 동사냐, 형용사냐, 서술격조사냐에 따라서 달라진다. 그리고 관형사형 전성어미는 앞에 나오는 절의 시제가 과거냐, 현재냐, 미래냐에 따라서도 달라진다.

🔍 돋보기

관형사형 전성어미

	과거		현재	미래
동사	-(으)ㄴ	-던	-는	-(으)ㄹ
형용사, '이다'			-(으)ㄴ	

한편 관형절은 크게 두 가지의 유형이 있다. 앞에서 살펴본 (4ㄱ)~(4ㄷ)은 뒤에 나오는 체언을 꾸며 준다. 이러한 관형절은 관계관형절이라고 한다.

(5) ㄱ. [네가 돌아왔다는] 소식을 들었다.

ㄴ. [그녀가 떠났다는] 사실을 인정하기 어려웠다.

관형절 중에는 관계관형절 외에도 뒤에 나오는 체언의 내용을 서술해 주는 (5)와 같은 관형절도 있다. 이러한 관형절은 동격관형절이라고 한다. (5ㄱ)에서 '네가 돌아왔다'는 뒤에 나오는 '소식'의 내용이며, (5ㄴ)의 '그녀가 떠났다'는 뒤에 나오는 '사실'의 내용이다. 동격관형절은 주로 '이야기, 내용, 소식, 소문, 이유, 질문, 생각' 등의 체언 앞에 나타나 그 내용을 서술해 준다.

(6) ㄱ. [내가 (컴퓨터를) 산] 컴퓨터가 아주 좋다.
　　　　주어　목적어　서술어

　　ㄴ. [내가 컴퓨터를 샀다는] 사실을 부모님께 말씀드렸다.
　　　　주어　목적어　서술어

관계관형절과 동격관형절은 그 형식에서도 차이가 있다. (6ㄱ)에서 관계관형절 '내가 컴퓨터를 샀다'의 목적어는 '컴퓨터'다. 다만 문장에서 수식을 받는 체언인 '컴퓨터'와 관형절 안의 목적어 '컴퓨터'가 반복되므로 관형절 안의 목적어가 생략된 것이다. 그러나 (6ㄴ)과 같은 동격관형절의 경우는 이러한 현상이 나타나지 않는다. 관형절 안의 성분과 수식을 받는 체언이 반복되지 않으므로 이렇게 생략되는 성분이 나타나지 않는 것이다.

정리

관형절
☑ 문장 속에서 관형사와 같은 역할을 하는 안긴문장

관형절을 안은문장
☑ 관형절을 포함한 문장

관형사형 전성어미
☑ 용언이나 서술격조사 '이다' 뒤에 붙어서 관형사의 기능을 수행하게 하는 전성어미

3.4 부사절을 안은문장

 부사절, 부사절을 안은문장, 부사형 전성어미

(7) ㄱ. 아이가 [예쁘게] 웃는다.

ㄴ. [소리도 없이] 눈이 내린다.

ㄷ. 눈이 [깃털이 날리듯이] 천천히 내려온다.

ㄹ. [날이 새도록] 수다를 떨었다.

(7ㄱ)~(7ㄹ)의 예문에서 '예쁘게', '소리도 없이', '깃털이 날리듯이', '날이 새도록'은 마치 안은문장에서 부사와 같은 역할을 하고 있다. 부사처럼 뒤에 나오는 용언을 꾸며 주는 역할을 하는 것이다. 이렇게 하나의 절이 문장 안에서 부사와 같은 역할을 하는 것을 **부사절**(副詞節, adverbial cluase)이라고 하며, 부사절을 안고 있는 문장을 **부사절을 안은문장**(副詞節을 안은文章, adverbial cluase embedding sentence)이라고 한다.

위의 부사절의 서술어 뒤에는 '-게', '-이', '-듯이', '-도록'과 같은 어미가 붙어 있다. 이와 같이 용언 뒤에 붙어서 그것이 포함된 절을 부사절로 만들어 주는 전성어미를 **부사형 전성어미**(副詞形 轉成語尾, adverb derivational ending)라고 한다.

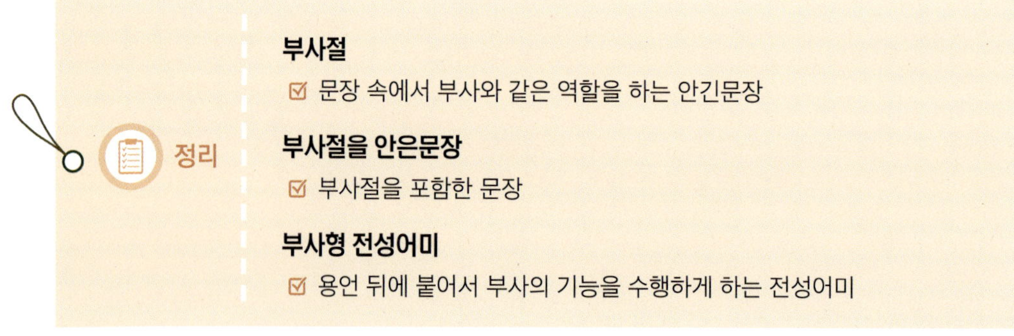

부사절
- ☑ 문장 속에서 부사와 같은 역할을 하는 안긴문장

부사절을 안은문장
- ☑ 부사절을 포함한 문장

부사형 전성어미
- ☑ 용언 뒤에 붙어서 부사의 기능을 수행하게 하는 전성어미

종속적으로 이어진문장? 부사절을 안은문장?

- 밤이 새도록 / 책을 읽었다.

- [밤이 새도록] 책을 읽었다.

위의 문장은 앞선 2.2에서 종속적으로 이어진문장의 예로 다루었던 문장이다. 그런데 종속적으로 이어진문장과 부사절을 안은문장의 경계는 모호하다. 위의 문장은 '밤이 새다'와 '책을 읽었다'가 이어진문장이라고 볼 수도 있지만, '밤이 새다'가 뒤에 나오는 '책을 읽었다'를 수식해 주는 부사절이라고 볼 수도 있기 때문이다.

3.5 서술절을 안은문장

핵심어 서술절, 서술절을 안은문장

(8) ㄱ. 내 친구는 [눈이 예쁘다].
　　 ㄴ. 나는 이 일에 [관심이 없다].

(8ㄱ)의 '눈이 예쁘다', (8ㄴ)의 '관심이 없다'는 전체 문장에서 서술어 역할을 한다고 분석할 수 있다. 따라서 이를 **서술절**(敍述節, predicate clause)이라고 한다. 그리고 위의 (8)과 같은 문장은 **서술절을 안은문장**(敍述節을 안은文章, predicate clause embedding sentence)이라고 한다.

서술절은 다른 절들과 달리 절을 만드는 표지가 없다. 예를 들어 명사절은 '-(으)ㅁ, -기',

관형절은 '-(으)ㄴ, -는, -던' 등의 표지가 있지만 서술절은 이러한 표지가 없이 절이 구성된다.

서술절
☑ 문장 속에서 서술어와 같은 역할을 하는 안긴문장

서술절을 안은문장
☑ 서술절을 포함한 문장

더 읽어 보기

서술절을 안은문장? 이중주어문? 주제문?

- 내 친구는 [눈이 예쁘다].
  　주어　　　서술어

- 내 친구는 눈이 예쁘다.
  　주어1　주어2 서술어

- 내 친구는 눈이 예쁘다.
  　주제어　주어　서술어

서술절을 안은문장에 대해서는 여러 논쟁이 있다. 위의 '내 친구는 눈이 예쁘다'에 대해 어떤 사람은 서술절을 안은문장으로 보기도 하지만, 어떤 사람은 주어가 두 개 있는 이중주어문이라고 분석하기도 한다. 그리고 어떤 사람은 주제어와 주어, 서술어로 이루어진 문장이라고 분석하기도 한다.

3.6 인용절을 안은문장

(9) ㄱ. 그는 [“나는 이제 출발해.”]라고 말했다.

　　ㄴ. 그는 [자기는 이제 출발한다]고 말했다.

위의 문장에서는 “나는 이제 출발해.”라는 ‘그’의 말을 인용하여 문장 안에 포함하고 있다. 이렇게 어떤 사람의 말이나 생각 등을 인용하였을 때 인용된 내용을 담고 있는 절을 **인용절**(引用節, quotative clause)이라고 한다. (9ㄱ)에서는 “나는 이제 출발해.”, (9ㄴ)에서는 ‘자기는 이제 출발한다’가 인용절에 해당한다. 이렇게 인용절이 포함되어 있는 문장을 **인용절을 안은문장**(引用節을 안은文章, quotative clause embedding sentence)이라고 한다. 인용절을 안은문장은 ‘말하다’, ‘생각하다’, 또는 이들을 포괄하는 ‘하다’ 등의 동사를 서술어로 하는 경우에 나타난다.

그런데 (9ㄱ)과 (9ㄴ)은 다소 차이가 있다. (9ㄱ)은 ‘그’의 말을 그대로 인용하여 표현하고 있고, (9ㄴ)은 ‘그’의 말을 말하는 사람의 입장에서 바꾸어서 표현하고 있다. (9ㄱ)의 인용절을 **직접인용절**(直接引用節, direct quotative clause), (9ㄴ)의 인용절을 **간접인용절**(間接引用節, indirect quotative clause)이라고 한다. 직접인용절은 인용절에 큰따옴표를 표시하고 조사 ‘라고’ 또는 인용을 나타내는 단어인 ‘하고’를 붙인다. 간접인용절은 인용절에 조사 ‘고’를 붙인다.

(10) ㄱ. 수영이는 “너에게 항상 고마워.”라고 말했다.

　　ㄴ. 수영이는 나에게 항상 고맙다고 말했다.

　　ㄷ. 민수는 “내가 그때 그랬어?”라고 물었다.

　　ㄹ. 민수는 자기가 그때 그랬냐고 물었다.

　　ㅁ. 경희는 “민수야. 네가 의자를 옮겨.”라고 말했다.

　　ㅂ. 경희는 민수에게 의자를 옮기라고 말했다.

간접인용절은 인용된 말이나 생각을 화자의 입장에서 해석해 표현하는 것이다 보니, 인용된 원래 문장에 변화를 주게 된다. (10ㄱ)과 (10ㄴ)에서 보듯이 "너에게 항상 고마워."라는 인용절은 간접인용절에서 '나에게 항상 고맙다'라고 변화했다. 또한 (10ㄷ)의 "내가 그때 그랬어?"라는 인용절은 (10ㄹ)의 간접인용절에서 '자기가 그때 그랬냐'로 변화되어 인용되었다. 인칭대명사 '너'는 '나'로, '나'는 '자기'로, 화자의 입장에서 부르는 말로 바뀐 것이다. 또한 (10ㅁ)에서 "민수야."와 같이 부르는 말은 (10ㅂ)에서 '민수에게'라고 바뀌어 간접 인용되었다.

(10ㄱ)에서 인용된 문장은 평서문이며, (10ㄷ)의 인용된 문장은 의문문, (10ㅁ)의 인용된 문장은 명령문이다. 이와 같은 평서문, 의문문, 명령문의 어미가 간접적으로 인용될 때에는 (10ㄴ), (10ㄹ), (10ㅂ)에서와 같이 각각 '-다', '-냐', '-라'와 같이 바뀌는 것도 특징적이다. 간접인용절에서의 종결어미는 다음과 같이 정리할 수 있다.

돌아보기
5장 '2 문장의 유형'을 참고할 것

🔍 돋보기

간접인용절의 종결어미

	동사	형용사	서술격조사
평서문	-는다/ㄴ다	-다	-라
의문문	-느냐/냐	-(으)냐	-냐
명령문	-(으)라		
청유문	-자		

정리

인용절
☑ 어떤 사람의 말이나 생각 등을 인용한 내용을 담은 안긴문장

인용절을 안은문장
☑ 인용절을 포함한 문장

직접인용절
☑ 어떤 사람의 말이나 생각을 그대로 인용한 절

간접인용절
☑ 어떤 사람의 말이나 생각을 화자의 입장에서 바꾸어 인용한 절

돋보기

홑문장과 겹문장

- 홑문장
- 겹문장
  - 이어진문장
    - 대등하게 이어진문장
    - 종속적으로 이어진문장
  - 안은문장
    - 명사절을 안은문장
    - 관형절을 안은문장
    - 부사절을 안은문장
    - 서술절을 안은문장
    - 인용절을 안은문장

1 **다음의 문장에서 안긴문장에 [   ] 표시를 하십시오.**

1) 나는 아침에 일찍 일어나기가 힘들어요.

2) 사이가 좋지 않던 두 사람이 지금은 단짝이 되었다.

3) 이 사실을 다른 사람들은 모르게 해 주십시오.

4) 오늘은 무척 기분이 좋네요.

5) 사무실 직원은 내일까지 보고서를 제출해야 한다고 말했다.

6) 누구에게 이것을 물어봐야 할지 모르겠다.

2 **다음의 문장들을 분류하여 번호를 쓰십시오.**

① 지금은 시간이 너무 늦었다.
② 이제 자주 만나기가 어렵겠다.
③ 사람들은 그가 천재라고 했다.
④ 내가 대학생이 되었음을 실감했다.
⑤ 지도 없이 길을 찾아 왔다.
⑥ 이 친구는 기타 연주 실력이 아주 좋다.
⑦ 젊은이는 노인이 길을 건너도록 도와줬다.
⑧ 아직 투표를 하지 않은 사람은 많지 않다.
⑨ 사람들은 그가 금메달을 땄다는 소식에 환호했다.
⑩ 나는 부모님께 이제 독립을 하겠다고 말씀드렸다.

1) 명사절을 안은문장: ....

2) 관형절을 안은문장: ....

3) 부사절을 안은문장: ....

4) 서술절을 안은문장: ....

5) 인용절을 안은문장: ....

종합 문제

1 이어진문장은 '이'에, 안은문장은 '안'에 표시하십시오.

1) 산불이 나자 경보가 울렸다.　　　　　　　　□ 이　　□ 안

2) 숙소 주인 덕분에 큰 불편 없이 지냈다.　　　□ 이　　□ 안

3) 집 앞에 있는 놀이터에서 아이들이 놀고 있다.　□ 이　　□ 안

4) 저녁에 집에 가면 택배가 와 있을 거야.　　　□ 이　　□ 안

5) 내가 보기에는 파란색이 더 좋은 것 같아.　　□ 이　　□ 안

6) 잠을 자다가 소음 때문에 깼다.　　　　　　　□ 이　　□ 안

2 다음의 문장에 대한 설명이 옳으면 O에, 틀리면 X에 표시하십시오.

> 문제를 다시 풀어 보니까 내가 무엇 때문에 틀렸는지를 알게 되었다.

1) 명사절이 포함되어 있다.　　　　　　□ O　　□ X

2) '-니까'는 연결어미다.　　　　　　　□ O　　□ X

3) 대등하게 이어진문장이다.　　　　　□ O　　□ X

4) '-는지'는 명사형 전성어미다.　　　□ O　　□ X

한국어의 문법 범주(1)

　　한국어에서는 시간을 과거, 현재, 미래로 나누어 나타낸다. 그림에서 남자와 여자는 제주도의 날씨에 대해 이야기하고 있다. 남자는 어제 날씨를 이야기하면서 '맑다'를 '맑았어요'로 바꾸어 표현했다. 반면 지금 날씨를 이야기할 때는 '비가 오다'를 '와요'로 표현했다. '맑았어요'에서 '-았-'은 과거를 나타낸다. 그렇지만 현재를 나타낼 때는 아무것도 사용하지 않는다. 이 장에서는 이렇게 '시간'과 관련된 표현에 대해 살펴보자.

1.1 시제

> **핵심어**   시제, 선어말어미, 현재시제, 과거시제, 미래시제

시제와 선어말어미

시제(時制, tense)는 말하는 사람이 문장을 말하는 때를 기준으로 어떤 동작 및 상태가 나타난 시간적 위치를 표시하는 문법 범주다. 여기서 말하는 사람이 문장을 말하는 때는 '발화시'라고 한다. 그리고 어떤 동작이 발생하거나 상태가 나타나는 때를 '사건시'라고 한다. 즉, 시제는 발화시를 중심으로 사건시의 선후 관계를 나타내는 문법 범주라고 할 수 있다.

(1) ㄱ. 지금 비가 온다. → 현재시제

ㄴ. 어제 비가 왔다. → 과거시제

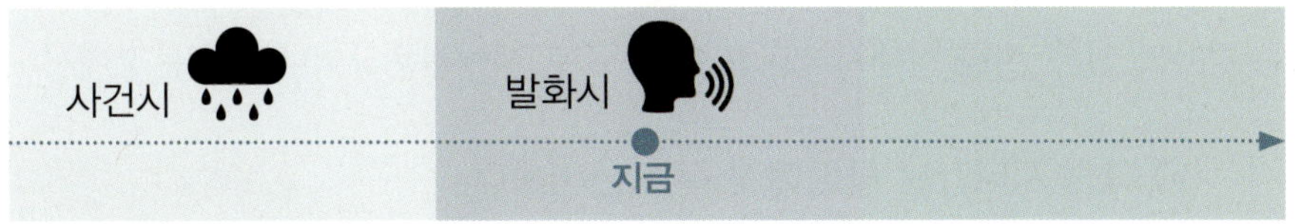

ㄷ. 내일 비가 오겠다. → 미래시제

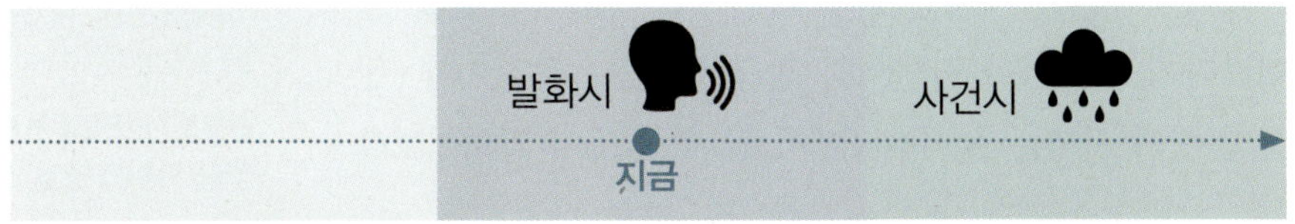

한국어의 시제는 과거, 현재, 미래로 나뉜다. 시제를 구분할 때는 일반적으로 말을 하는 때인 발화시를 기준으로 한다. 하지만 때로는 동작이 일어나는 때인 사건시를 기준으로 하기도 한다. 이러한 시제는 어미의 변화뿐만 아니라 '어제, 오늘, 내일'과 같은 시간 부사를 통해서도 표현된다.

(1ㄱ)~(1ㄷ)은 각각 그림이 나타내는 시제를 문장으로 표현한 것이다. 위의 예에서 사건시는 비가 오는 일이 발생한 때를 가리킨다. 먼저 (1ㄱ)은 비가 오는 시간이 발화시인 지금과 같다는 것을 나타내는 현재시제 문장이다. (1ㄴ)은 '어제' 비가 온 일을 지금 말하고 있다. 이처럼 사건시의 위치가 발화시보다 앞에 있는 경우에는 과거시제로 나타낸다. (1ㄷ)은 비가 오는 일이 발생하는 때가 시간 부사 '내일'로 표현된 것처럼 발화시보다 나중이기 때문에 미래시제로 표현되었다.

이러한 한국어의 시제는 주로 선어말어미를 통해 실현된다. **선어말어미**(先語末語尾, pre-final ending)란 단어의 맨 끝에 오는 어말어미의 바로 앞에 위치하는 어미를 말한다. (1ㄱ)~(1ㄷ)에서 어말어미는 '-다'로 모두 같다. 그러나 문장이 나타내는 시제가 다르기 때문에 각각 다른 선어말어미가 사용되었다. (1ㄱ)에서는 현재시제 선어말어미 '-ㄴ-'이 사용되었고, (1ㄴ)에서는 과거시제 선어말어미 '-았-'이 사용되었다. 마지막으로 (1ㄷ)에는 선어말어미 '-겠-'을 통해 미래시제가 표시되었다. 이처럼 발화시를 기준으로 결정되는 시제를 '절대시제'라고 한다.

그런데 발화시가 아닌 사건시를 기준으로 시제가 결정되는 경우도 있다. 이를 '상대시제'라고 하며, 주로 이어진문장이나 안은문장에서 나타난다.

돌아보기

'어미'는 3장 '2.2 용언'을 참고할 것

여기서 잠깐!!

어미의 유형은 그것이 나타나는 위치에 따라 '선어말어미'와 '어말어미'로 구분된다. '선어말어미'는 어말어미 앞에 위치하는 어미로, 시제나 높임 등을 표현한다. '어말어미'는 단어의 끝에 오는 어미로, 종결어미나 연결어미, 전성어미 등이 포함된다.

(2) 나는 <u>지나가는</u> 사람에게 길을 물어봤다.

(2)는 '사람이 지나갔다'와 '나는 그 사람에게 길을 물어봤다'가 결합하여 만들어진 관형절을 안은문장이다. 전체 문장의 시제는 '물어봤다'에서 알 수 있듯이 발화시보다

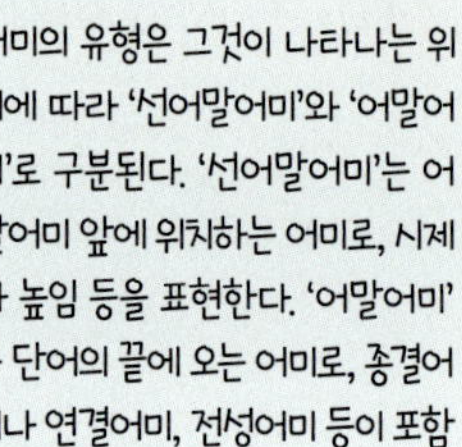

돌아보기

'이어진문장'은 3장 '2.1 이어진문장과 연결어미'를 참고할 것

'안은문장'은 3장 '3.1 안은문장과 안긴문장'을 참고할 것

'관형절을 안은문장'는 6장 '3.3 관형절을 안은문장'을 참고할 것

사건이 먼저 일어난 과거다. 그런데 '지나가는'에 현재시제를 나타내는 관형사형 전성어미 '-는'이 쓰였다. 이는 사람이 '지나가는' 순간에 '길을 물어보았기' 때문이다. 즉, '길을 물어보는' 일이 발생한 시간에 사람이 '지나가는' 일이 동시에 일어나고 있었으므로, 안은문장을 현재형으로 표현한 것이다.

현재시제

현재시제(現在時制, present tense)는 어떤 사건이 일어난 때인 사건시와 말하는 때인 발화시가 일치하는 시제를 말한다. 현재시제는 선어말어미 '-는/ㄴ-'이나 영형태(Ø), 관형사형 전성어미 '-는/(으)ㄴ', 시간 부사어 '지금, 요즘' 등을 통해 실현된다.

(3) ㄱ. 정민이가 공항에 <u>간다</u>.
    ↳ 가- + -ㄴ- + -다

ㄴ. 민영이는 요즘 시험 준비로 <u>바쁘다</u>.
    ↳ 바쁘- + -다

ㄷ. 공원에서 <u>운동하는</u> 사람들이 많다.
    ↳ 운동하- + -는

ㄹ. 우리 반 <u>반장인</u> 준호는 성실하다.
    ↳ 이- + -ㄴ

먼저 문장의 종결형에서 현재시제는 선어말어미를 통해 표시된다. (3ㄱ)에서는 동사 어간에 선어말어미 '-ㄴ-'이 붙었다. 그러나 (3ㄴ)에는 형용사가 있기 때문에 선어말어미 자리에 별도의 형태가 나타나지 않는 영형태(Ø)를 통해 현재시제가 실현되었다.

다음으로 관형사형에서는 전성어미 '-는/(으)ㄴ'을 통해 현재시제가 표현된다. (3ㄷ)은 동사 어간에 관형사형 전성어미 '-는'이 결합하는 것을 보여주는 예다. 또한 (3ㄹ)에는 서술격 조사에 관형사형 전성어미 '-ㄴ'이 붙어 현재시제가 표시되었다.

한편 현재시제는 보편적인 사실이나 습관적으로 반복되는 일을 나타낼 때에도 사용된다. 또한 미래에 일어날 것으로 예정된 일도 현재시제로 표현될 수 있다.

(4) ㄱ. 지구는 둥글다.

    ㄴ. 우리 가족은 일주일에 한 번 외식을 한다.

    ㄷ. 다음 주면 방학이 시작된다.

(4ㄱ)에서 '지구가 둥글다'는 것은 누구나 알고 있으며 변하지 않는 보편적인 사실이기 때문에 현재시제가 사용되었다. 또한 (4ㄴ)은 현재시제를 사용하여 우리 가족의 외식이 일주일에 한 번씩 반복적으로 발생한다는 것을 나타내고 있다. 마지막으로 (4ㄷ)에서 방학이 다음 주에 시작한다는 것은 이미 정해진 일정이다. 이와 같이 현재시제 형태를 사용해 앞으로 예정된 일을 표현할 수 있다.

과거시제

과거시제(過去時制, past tense)는 어떤 사건이 일어난 때인 사건시가 문장을 말하는 때인 발화시보다 앞선 것을 나타내는 시제를 말한다. 과거시제는 주로 선어말어미 '-았/었-', '-더-', 관형사형 전성어미 '-(으)ㄴ, -던', 시간 부사어 '어제, 지난, 예전' 등을 통해 실현된다.

(5) ㄱ. 지난 주말에 본 영화는 정말 재미있었다.
        ↳ 재미있- + -었- + -다

    ㄴ. 점심에 먹은 음식이 소화가 잘 안 된다.
        ↳ 먹- + -은

먼저 문장의 종결형에서 과거시제는 주로 선어말어미 '-았/었-'을 통해 실현된다. (5ㄱ)에서 보는 바와 같이 용언의 어간에 선어말어미 '-었-'이 붙어 과거시제를 표시하고 있다. 다음으로 관형사형에서는 관형사형 전성어미 '-(으)ㄴ' 등을 사용한다. (5ㄴ)에서 '음식을 먹은' 일은 '소화가 잘 안 되는' 일보다 과거에 발생한 일이다. 그러므로 동사 어간에 과거시제를 나타내는 관형사형 전성어미 '-은'이 결합하여 과거가 표현되었다.

한편 과거시제는 '-았었-', '-었었-'과 같이 '-았/었-'을 중복 사용하여 나타내기도 한다.

(6) ㄱ. 예전에는 이곳에도 물고기가 <u>살았었다</u>.
　　　　　　　　↳ 살- + -았- + -었- + -다

　　ㄴ. 나도 어릴 때는 꿈이 <u>많았었다</u>.
　　　　　　　　↳ 많- + -았- + -었- + -다

(6ㄱ)은 '살았다'가 아닌 '살았었다'를 사용함으로써 '예전에는 이곳에 물고기가 살았지만 지금은 그렇지 않다'는 것을 표현하고 있다. 또한 너무 오래전에 일어난 일이라 현재와 시간적인 거리가 멀어 단절된 상황을 표현할 때도 '-았었/었었-'이 사용된다. (6ㄴ)은 '많았었다'를 통해 꿈이 많았던 어린 시절과 현재 사이에 존재하는 큰 거리감을 나타내고 있다.

'-더-' 또한 과거시제를 나타내는 선어말어미다. '-았/었-'이 단순히 사건이 일어난 때가 과거임을 나타내는 반면 '-더-'는 말하는 사람이 과거에 직접 보고 듣고 느끼고 경험한 것을 지금 회상하여 다른 사람에게 전달할 때 사용한다.

(7) ㄱ. 마이클은 매일 같은 옷만 입더라.
　　ㄴ. *내가 어제 학교에 가더라.
　　ㄷ. 교복 입은 학생들을 보니 나도 옛날 생각이 나더라.
　　ㄹ. 친구의 합격 소식을 들으니 내가 기분이 좋더라.

'-더-'는 문장 안에서 다양한 형태로 나타난다. 먼저 '-더라, -더군'과 같이 문장을 끝맺는 종결형으로 쓰이는 경우가 있다. 또한 '-더니'(연결어미)나 '-던'(관형사형 전성어미)과 같이 문장을 연결하거나 명사를 꾸며 주는 어미 속에서도 '-더-'의 형태와 의미를 찾아볼 수 있다. '-더-'는 문장 안에서 다양한 형태로 나타난다. 먼저 '-더라, -더군'과 같이 문장을 끝맺는 종결형으로 쓰이는 경우가 있다. 또한 '-더니'(연결어미)나 '-던'(관형사형 전성어미)과 같이 문장을 연결하거나 명사를 꾸며 주는 어미 속에서도 '-더-'의 형태와 의미를 찾아볼 수 있다.

(7ㄱ)에서 말하는 사람은 '마이클은 매일 같은 옷만 입는다'는 사실을 듣는 사람에게 전달하고 있다. 이때 '마이클이 매일 같은 옷만 입는다'는 것은 말하는 사람이 과거에 직접 본 사실이다. 그리고 지금 그 사실을 다시 떠올리면서 듣는 사람에게 전달하고 있기 때문에 '-더-'를 사용한 것이다.

그런데 (7ㄴ)에서처럼 '-더-'는 문장의 주어가 1인칭 '나' 또는 '우리'인 경우에는 사용할 수 없다. '-더-'는 자신이 직접 보고 듣고 느낀 경험에 대한 회상을 나타낸다. 그런데 (7ㄴ)의 '어제 학교에 간' 일처럼 말하는 사람 자신의 과거 행동은 감각을 통해 경험할 수 있는 일이 아니다. 따라서 '-더-'는 1인칭 주어가 올 때 사용할 수 없다.

그러나 (7ㄷ)~(7ㄹ)처럼 주어가 1인칭이라도 '-더-'를 사용할 수 있는 경우가 있다. 먼저 (7ㄷ)은 '나'가 교복을 입은 학생들을 보고 자신의 학창시절 모습을 회상하는 내용의 문장이다. 이처럼 말하는 사람이 잊어버린 과거의 사실이나 모르고 있다가 알게 된 자신의 행동을 다른 사람에게 객관적으로 전달하는 경우에는 '-더-'를 사용해도 된다. 또한 (7ㄹ)은 친구의 소식을 듣고 난 후에 느꼈던 '내' 기분을 표현하고 있다. 이 경우 자신이 과거에 직접 느낀 심리 상태를 회상하여 이야기하는 것이기 때문에 1인칭 주어와 '-더-'를 함께 사용할 수 있다.

'-던'은 관형사형 전성어미로 '-더-'와 마찬가지로 회상의 의미를 지닌다.

(8) ㄱ. 아무 걱정 없던 어린 시절로 돌아가고 싶다.

　　ㄴ. 내가 읽던 책을 여기에 뒀는데 없어졌다.

동사에는 과거시제를 나타내는 관형사형인 '-(으)ㄴ'과 '-던'을 모두 사용할 수 있다. 그러나 (8ㄱ)과 같이 형용사에는 '-던'만 사용할 수 있다. 또한 (8ㄴ)에서처럼 '-던'은 '-더-'와 다르게 주어가 1인칭일 때도 자유롭게 사용할 수 있다.

미래시제

미래시제(未來時制, future tense)는 어떤 사건이 일어난 때인 사건시가 문장을 말하는 때인 발화시보다 이후인 시제를 말한다. 미래시제는 주로 선어말어미 '-겠-', '-(으)리-', 관형사형 전성어미 '-(으)ㄹ', 관형사형 전성어미와 의존명사, 서술격조사의 결합형인 '-(으)ㄹ 것이-'를 통해 실현된다. 시간 부사어 '내일, 앞으로' 등을 사용해 미래시제를 나타내기도 한다.

(9) ㄱ. 차가 막혀서 약속 시간에 늦겠다.
　　　　↳ 늦- + -겠- + -다

　　ㄴ. 다음 주면 결과를 알게 되리라.
　　　　↳ 되- + -리- + -라

ㄷ. 마리아는 내일 아침에 <u>먹을</u> 샌드위치를 만들었다.
  ↳ 먹- + -을

ㄹ. 잠시 후에 선수들이 경기장에 <u>입장할 것이다.</u>
  ↳ 입장하- + -ㄹ + 것 + 이- + -다

선어말어미 '-겠-'은 미래시제를 표시하는 데 쓰이기도 한다. (9ㄱ)에서는 문장을 말하고 있는 때보다 나중에 약속 시간에 늦는 일이 발생할 것임을 나타내기 위해 '-겠-'을 사용하였다. (9ㄴ)의 '-(으)리-'도 미래시제를 나타내는 선어말어미다.

미래시제를 표시하는 관형사형 전성어미에는 '-(으)ㄹ'이 있다. (9ㄷ)에서 사건시는 '마리아가 샌드위치를 먹는' 일이 일어난 때다. 그런데 이 사건은 '마리아가 샌드위치를 만든' 일 이후에 발생할 일이기 때문에 관형사형 전성어미 '-(으)ㄹ'을 사용해 미래시제로 표현하였다.

또한 '-(으)ㄹ'은 의존명사 '것', 서술격조사 '이-'와 결합하여 '-(으)ㄹ 것이-'의 형태로 주로 사용된다. (9ㄹ)은 선수들이 경기장으로 입장하는 사건이 잠시 후에 발생할 것임을 '-(으)ㄹ 것이-'를 통해 나타내고 있다. 이처럼 '-(으)ㄹ 것이-'는 '-겠-'과 마찬가지로 미래시제를 나타낸다.

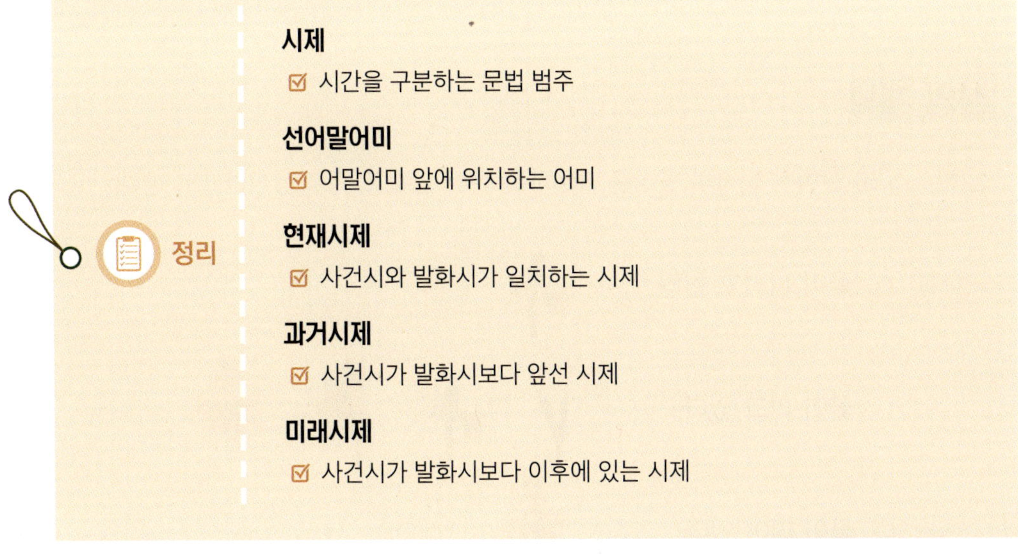

한국어의 시제를 나타내는 선어말어미와 관형사형 전성어미를 정리하면 다음과 같다.

시제를 나타내는 어미

| | 과거시제 | | 현재시제 | | 미래시제 |
	동사	형용사, 서술격조사	동사	형용사, 서술격조사	
선어말어미	-았/었-, -았었/었었-, -더-		-는/ㄴ-	-∅-	-겠-, -(으)리-
관형사형 전성어미	-(으)ㄴ, -던	-던	-는	-(으)ㄴ	-(으)ㄹ

1.2 상

핵심어   상, 진행상, 완료상, 예정상

상의 개념

상(相, aspect)은 어떤 동작의 양상을 표현하는 문법 범주로, 동작상이라고도 한다.

(11) ㄱ. 꽃이 피려고 한다.

ㄴ. 꽃이 피고 있다.

ㄷ. 꽃이 피어 있다.

(11ㄱ)은 앞으로 꽃이 피는 동작이 발생할 예정임을 나타내는 문장이다. (11ㄴ)에서는 꽃이 피는 동작이 진행되고 있음을 표현하고 있다. (11ㄷ)은 꽃이 피는 동작이 끝나 완료되었음을 표시한다. 이처럼 상은 시간의 흐름 속에서 어떤 동작이 보이는 양상을 나타낸다. 한국어에서 상은 주로 보조적 연결어미와 보조용언의 결합 또는 연결어미에 의해 표시된다.

상은 동작의 양상에 따라 진행상, 완료상, 예정상 등으로 나눌 수 있다. 먼저 **진행상**(進行相, progressive aspect)은 어떤 동작이 진행되고 있음을 표시한다.

(12) ㄱ. 경찰이 도망가는 범인을 **쫓고 있다**.

ㄴ. 이번 달 용돈을 다 **써 간다**.

ㄷ. 핸드폰을 **보면서** 걸어가다가 넘어졌다.

(12ㄱ)은 '-고 있다', (12ㄴ)은 '-어 가다'와 같은 보조적 연결어미와 보조용언을 통해 동작이 진행되고 있음을 나타낸다. 이밖에도 (12ㄷ)과 같이 연결어미 '-면서'를 통해 '핸드폰을 보는' 동작이 진행 중임을 표현한다.

완료상(完了相, perfective aspect)은 어떤 동작이 이미 끝나 완료되었음을 표시한다.

(13) ㄱ. 사람들이 모두 의자에 **앉아 있다**.

ㄴ. 이번 달 용돈을 다 **써 버렸다**.

ㄷ. 영진이는 끊임없는 노력으로 장애를 **이겨 냈다**.

ㄹ. 출장에 필요한 서류를 모두 **준비해 두었다**.

ㅁ. 늦잠을 자는 바람에 수업에 **지각하고 말았다**.

ㅂ. 합격 소식을 **듣고서** 소리를 질렀다.

(13ㄱ)~(13ㅁ)은 '-아 있다, -어 버리다, -어 내다, -여 두다, -고 말다'를 통해 동작이 이미

끝났음을 표시한다. (13ㅂ)은 연결어미 '-고서'가 붙어서 앞 절의 '합격 소식을 듣는' 동작이 완료된 후 뒤 절의 '소리를 지르는' 동작이 시작됨을 나타낸다.

마지막으로 **예정상**(豫定相, prospective aspect)은 앞으로 발생할 어떤 동작을 나타낸다.

> (14) ㄱ. 교통사고로 다리가 부러져서 수술을 **받게 되었다**.
>
> ㄴ. 이제 막 콘서트가 **시작되려고 한다**.

(14ㄱ)에는 '-게 되다'가, (14ㄴ)에는 '-려고 하다'가 쓰여 예정상을 나타내고 있다.

상은 시제와는 별개의 범주다. 따라서 상은 시제와 상관없이 과거, 현재, 미래 등의 모든 시제에서 표시될 수 있다.

> (15) ㄱ. 마리아는 **어제 이 시간에** 공항에 **가고 있었다**.
>
> ㄴ. 마리아는 **지금** 공항에 **가고 있다**.
>
> ㄷ. 마리아는 **내일 이 시간이면** 공항에 **가고 있겠다**.

(15ㄱ)~(15ㄷ)은 모두 '-고 있다'가 사용되어 진행상을 나타내고 있으나 시제는 각각 다르다. (15ㄱ)은 과거시제 선어말어미 '-았-'과 결합하여 과거 진행상을 나타낸다. (15ㄴ)의 경우 지금 일어나고 있는 일을 현재 진행상으로 나타내는 문장이며, (15ㄷ)에는 '-겠-'이 쓰여 미래 진행상을 나타낸다.

 **정리**

상
- ☑ 어떤 동작의 양상을 나타내는 문법 범주
- ☑ 진행상, 완료상, 예정상 등으로 나눌 수 있음.

진행상
- ☑ 어떤 동작이 진행되고 있음을 표시하는 상

완료상
- ☑ 어떤 동작이 이미 끝나 완료되었음을 표시하는 상

예정상
- ☑ 앞으로 발생할 동작을 표시하는 상

어미의 유형

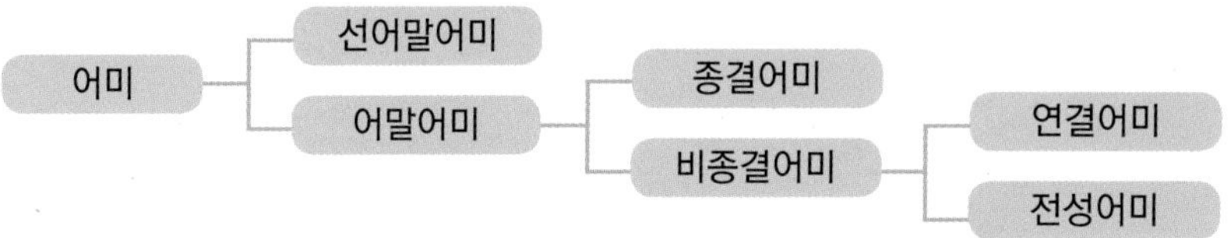

- 선어말어미 : 어말어미 앞에 오는 어미. 시제, 양태, 높임 등을 표현함.

  예 가시다, 먹었다, 먹는다, 먹겠다, 가시었겠지?

- 종결어미 : 문장을 끝맺는 어미

평서형 종결어미	예 준이는 착하다.
감탄형 종결어미	예 빵이 맛있구나!
의문형 종결어미	예 어디에 가니?
명령형 종결어미	예 열심히 공부해라.
청유형 종결어미	예 시간을 아껴서 쓰자.

- 연결어미 : 다음 말에 연결하는 역할을 하는 어미

대등적 연결어미	예 나는 청소를 하고 동생은 요리를 해요.
	바람은 불지만, 춥지는 않다.
종속적 연결어미	예 영화를 좋아해서 자주 극장에 가요.
보조적 연결어미	예 지금 뭐 하고 있어요?

- 전성어미 : 용언이 문장에서 다른 문장성분으로 쓰일 수 있게 하는 어미

명사형 전성어미	예 요즘 공부하기가 힘들어.
	오늘도 살아 있음에 감사한다.
관형사형 전성어미	예 새로 산 코트가 마음에 든다.
	거기는 내가 예전에 자주 가던 공원이다.
부사형 전성어미	예 국이 차갑게 식어버렸네.
	입이 아프도록 말했는데, 잊어버렸다니!

1 **다음 문장을 읽고 각 문장이 나타내는 시제를 선택해 보십시오.**

1) 오늘 약속이 있어서 좀 늦을 거야.   ☐ 현재　☐ 과거　☐ 미래

2) 어제 일이 잘 기억나지 않는다.   ☐ 현재　☐ 과거　☐ 미래

3) 저는 나중에 한국 회사에 다니고 싶습니다.   ☐ 현재　☐ 과거　☐ 미래

4) 놀이공원에 놀러 온 사람들이 많더라.   ☐ 현재　☐ 과거　☐ 미래

2 **다음 문장을 진행상, 완료상, 예정상으로 분류해 보십시오.**

㉠ 그 많은 걸 전부 먹어 버렸어?
㉡ 기차가 지금 막 떠나려고 해요.
㉢ 내일 시험 준비는 다 해 놓았니?
㉣ 너무 놀라서 소리를 지르고 말았다.
㉤ 약속 장소에 다 와 갑니다.

1) 진행상: ....

2) 완료상: ....

3) 예정상: ....

2 양태표현

2.1 양태의 개념

사람들은 같은 사실에 대해서 다른 태도를 가질 수 있다. **양태**(樣態, modality)는 문장이 나타내는 사실 또는 행위에 대한 화자의 주관적 태도, 판단, 느낌 등을 표현하는 문법 범주다.

> (1) ㄱ. 밤새 눈이 많이 쌓였**다**.
>   ㄴ. 밤새 눈이 많이 쌓였**네**.
>   ㄷ. 밤새 눈이 많이 쌓였**지**?
>   ㄹ. 밤새 눈이 많이 쌓였**구나**.

(1ㄱ)~(1ㄹ)은 모두 '밤새 눈이 많이 쌓였다'는 사실을 표현하는 문장이다. 그런데 (1ㄴ)~(1ㄹ)의 '쌓였네, 쌓였지, 쌓였구나'에는 말하는 사람의 주관적인 태도가 반영되어 있다. 먼저 (1ㄴ)의 '쌓였네'는 눈이 많이 쌓인 것을 알아차리고 그것을 즉각적으로 표현한 것이다. 또한 (1ㄷ)의 '쌓였지'는 말하는 사람이 아는 사실을 듣는 사람도 안다고 생각하고, 이를 듣는 사람에게 다시 한번 확인하는 것이다. 마지막으로 (1ㄹ)의 '쌓였구나'는 말하는 사람이 밤사이에 눈이 많이 쌓였다는 사실을 몰랐다가 알게 되었다는 것을 표현한다. 이렇게 양태는 어떤 사실에 대해 말하는 사람의 주관적 태도를 나타내는 문법 범주다.

한국어에서 양태는 종결어미, 선어말어미, 연결어미, 전성어미, 보조사, 통사적 구성 등 다양한 방식을 통해 표현된다.

> **여기서 잠깐!!**
> '통사적 구성'은 한국어의 양태 표현 중에서 보조적 연결어미와 보조 용언이 결합한 형태 또는 관형어와 의존명사, 서술격조사 같은 것등이 복합적으로 결합한 형태로, '우언적 구성'이라고도 한다. 학문 분야에 따라 '복합 표현', '결합 표현', '구문' 등의 다양한 용어로 나타난다.

(2) ㄱ. 지금 출발하면 점심때쯤이면 도착하겠다.

ㄴ. 노트북을 사려고 돈을 모으는 중이다.

ㄷ. 어렸을 때 친하게 지냈던 친구에게서 전화가 왔다.

ㄹ. 방학이 일주일밖에 안 남았다.

ㅁ. 이번 신제품은 잘 팔릴 것 같다.

(2ㄱ)에서 선어말어미 '-겠-'은 미래시제를 나타낼 뿐만 아니라 추측의 의미도 함께 표현하고 있다. 이처럼 '-겠-'은 시제와 양태 두 범주를 모두 나타내는 복합적인 문법 요소다. (2ㄴ)에 쓰인 연결어미 '-려고'는 말하는 사람의 돈을 모으는 목적이 노트북을 사기 위한 것임을 나타낸다. (2ㄷ)에서는 '-었던'을 통해 문장에서 나타내는 정보가 말하는 사람이 과거에 직접 경험한 사실이며, 그러한 사실이 과거에 반복되다가 완료되었음을 표현하고 있다. (2ㄹ)은 방학이 일주일 남은 사실에 대한 아쉬움이 보조사 '밖에'를 통해 드러나고 있다. 마지막으로 (2ㅁ)은 '-ㄹ 것 같다'와 같은 통사적 구성을 사용해 말하는 사람의 추측을 표현한다.

양태

☑ 문장이 나타내는 사실 또는 행위에 대한 화자의 주관적 태도, 판단, 느낌 등을 표현하는 문법 범주

2.2 양태표현의 유형

핵심어 　인식양태, 행위양태

양태표현은 보통 인식양태와 행위양태 등으로 분류한다. 문장에서 나타내는 사실에 대해 말하는 사람이 가지고 있는 주관적 판단이나 믿음과 관련된 표현은 '인식양태'에 속한다. 또한 문장 속 주어의 행위에 대한 말하는 사람의 주관적 태도를 나타내는 표현은 '행

위양태'라고 한다. 지금부터는 각각의 범주에 속하는 대표적인 양태표현을 알아본다.

인식양태

인식양태(認識樣態, epistemic modality)는 문장이 나타내는 사실에 대한 말하는 사람의 판단이나 믿음의 정도를 나타낸다.

인식양태에 속하는 표현에는 앞서 살펴본 종결어미 '-지, -네, -는구나/구나'와 함께 선어말어미 '-겠-', 통사적 구성 '-(으)ㄹ 것이다', '-(으)ㄹ 수 있다' 등이 있다.

> (3) ㄱ. 오늘 미나가 발표하지?
> ㄴ. 오늘 미나가 발표하네.
> ㄷ. 오늘 미나가 발표하는구나.

(3ㄱ)~(3ㄷ)의 종결어미 '-지, -네, -는구나'는 '오늘 미나가 발표한다'는 사실에 대한 말하는 사람의 주관적인 인식을 보여준다. (3ㄱ)의 '-지'는 말하는 사람이 어떤 사실에 대해 이미 확실히 알고 있음을 표현한다. 다음으로 (3ㄴ)의 '-네'는 '지금 새로 알게 된 사실'을 즉각적으로 나타내는 표현이다. (3ㄷ)의 '-는구나' 역시 지금 새로 알게 된 사실을 나타낸다.

이처럼 인식양태는 문장에서 나타내는 내용이 확실한 사실인 경우(확실성), 확실하지는 않지만 그럴 가능성이 꽤 높은 경우(추측), 사실일 가능성이 높은 경우(개연성), 사실일 가능성이 어느 정도 있는 경우(가능성) 등을 표현한다.

선어말어미 '-겠-'과 통사적 구성인 '-(으)ㄹ 것이다'는 미래시제를 나타냄과 동시에 '추측'의 양태를 표현한다.

> (4) ㄱ. 다음 주쯤에는 단풍이 아름답게 물들겠다.
> ㄴ. 다음 주쯤에는 단풍이 아름답게 물들 것이다.

(4ㄱ)~(4ㄴ)에서 '-겠-'과 '-(으)ㄹ 것이다'는 모두 말하는 사람의 '추측'을 표현한다. 이밖에도 추측의 의미를 나타내는 양태표현에는 '-(으)ㄴ/는/(으)ㄹ 것 같다'가 있다.

(5) ㄱ. 누가 온 것 같다.

　　 ㄴ. 누가 오는 것 같다.

　　 ㄷ. 누가 올 것 같다.

(5ㄱ)~(5ㄷ)의 예문은 모두 '누가 오다'라는 사실을 추측하는 문장이다. 그러나 '것 같다' 앞에 오는 관형사형 전성어미에 따라 추측되는 사실이 발생한 때가 달라진다. (5ㄱ)은 어떤 사람이 여기에 '이미 와 있다'는 사실을 추측하는 문장이다. (5ㄴ)은 밖에서 나는 발걸음 소리 등의 단서를 바탕으로 어떤 사람이 지금 여기로 '오고 있다'는 것을 추측할 때 말할 수 있다. (8ㄷ)은 어떤 사람이 '앞으로 올 것'이라는 사실을 추측한다. 이렇게 '-(으)니/는/(으)ㄹ 것 같다'는 직접적인 근거가 있어서 사실일 가능성이 높다고 생각되는 경우, 즉 '개연성'이 높은 사실을 추측할 때 사용한다.

마지막으로 '-(으)ㄹ 수 있다'는 문장이 나타내는 내용이 사실일 가능성이 어느 정도 있을 때 사용하는 표현이다.

(6) 너무 무리하면 쓰러질 수도 있다.

(6)의 문장은 무리하게 일을 하거나 운동을 하면 쓰러질 가능성이 있음을 나타낸다. 이처럼 '-(으)ㄹ 수 있다'가 어떤 사건이나 행위의 발생 가능성을 표현할 때는 '-(으)ㄹ 수'에 보조사 '도'를 결합하여 사용하는 경우가 많다.

행위양태

행위양태(行爲樣態, act modality)는 주어의 행위에 대한 말하는 사람의 주관적 태도를 나타낸다. 여기에는 어떤 행위에 대한 의무, 허락, 금지를 나타내는 표현이나 행위를 하는 사람의 능력, 의지, 바람 등을 나타내는 표현이 속한다.

먼저 '-아야/어야 되다', '-아야/어야 하다'는 어떤 행위가 반드시 일어나야 한다는 '의무'의 태도를 표현한다.

(7) ㄱ. 남기지 말고 다 먹어야 된다.

　　 ㄴ. 수영을 하기 전에는 준비 운동을 해야 한다.

(7ㄱ)은 음식을 남기는 것 없이 전부 다 먹는 행위가 반드시 일어나야 한다고 보는 태도를 표현하고 있다. 또한 (7ㄴ)은 수영을 시작하기 전에 준비 운동 행위가 꼭 필요하다는 것을 표현한다. 이처럼 '-아야/어야 되다', '-아야/어야 하다'는 반드시 일어나야 한다고 생각하는 행위를 나타낼 때 사용한다.

다음으로 '-아도/어도 되다'는 어떤 행위를 하도록 '허락'한다는 것을 의미한다. 그리고 '-(으)면 안 되다'는 허락하지 않는다는 것, 즉 '금지'를 나타낸다. 따라서 두 표현은 서로 반대되는 의미를 지닌다고 볼 수 있다.

(8) ㄱ. 여기에서는 뛰어다녀**도 된다**.

ㄴ. 여기에서는 뛰어다니**면 안 된다**.

(8ㄱ)~(8ㄴ)은 모두 '뛰어다니다'라는 행위를 대상으로 하지만 말하는 사람의 태도는 다르게 나타난다. (8ㄱ)은 뛰어다니는 행위를 허락한다는 것을 의미하지만 (8ㄴ)은 뛰어다니는 행위를 허락하지 않는다는 것을 의미한다.

'-(으)ㄹ 수 있다'는 '능력'을 나타내기도 한다.

(9) ㄱ. 마일스 씨는 음악을 한 번만 듣고도 피아노로 **칠 수 있다**.

(9ㄱ)의 문장은 주어인 '마일스 씨'가 한 번 들은 음악도 피아노로 연주할 수 있는 능력을 지니고 있다는 것을 나타낸다.

또한 '-겠-'과 '-(으)ㄹ 것이다'는 상황에 따라 행위양태 표현으로 사용되기도 한다.

(10) ㄱ. 나는 이번 방학에 영어 공부를 열심히 하**겠**다.

ㄴ. 나는 이번 방학에 영어 공부를 열심히 **할 것이다**.

(10ㄱ)과 (10ㄴ)은 모두 주어인 '나'가 이번 방학에 영어 공부를 열심히 하려는 마음을 먹

여기서 잠깐!!
'-(으)ㄹ 수 있다'는 (6)에서와 같이 '가능성'의 의미를 나타낼 때에는 인식양태에 속하지만 (9)와 같이 '능력'의 의미를 표현할 때는 행위양태에 속한다.

여기서 잠깐!!
'-겠-'과 '-(으)ㄹ 것이다'는 (4)에서와 같이 '추측'의 의미를 나타낼 때에는 인식양태에 속하지만 (10)과 같이 '의지'의 의미를 표현할 때는 행위양태에 속한다.

었음을 나타내는 문장이다. (10ㄱ)~(10ㄴ)과 같이 주어가 1인칭인 문장에서 사용되는 '-겠-'
과 '-(으)ㄹ 것이다'는 말하는 사람의 '의지'를 나타내므로 행위양태에 속한다.

인식양태
- ☑ 문장이 나타내는 사실에 대한 말하는 사람의 판단이나 믿음의
  정도를 나타냄.

행위양태
- ☑ 주어의 행위에 대한 말하는 사람의 주관적 태도를 나타냄.

1 **다음 문장을 읽고 '-겠-'이 나타내는 의미를 알맞게 연결해 보십시오.**

1) 다음 주면 이사한 집에서 살고 있겠네요.　　　　　　　　•

2) 한 번만 저를 도와주신다면 이 은혜는 절대 잊지 않겠습니다.　•　　　　•　㉠ 추측

3) 지금 가면 늦지 않게 도착하겠는데?　　　　　　　　•　　　　•　㉡ 의지

4) 내일은 꼭 혜민이한테 좋아한다고 말하겠어요.　　　　•

2 **다음 문장을 읽고 밑줄 친 양태표현이 속하는 범주를 선택해 보십시오.**

1) 공공장소에서는 시끄럽게 떠들<u>**면 안 됩니다**</u>.　　☐ 인식양태　　☐ 행위양태

2) 월요일에는 백화점이 문을 안 연다고 했<u>**지**</u>?　　☐ 인식양태　　☐ 행위양태

3) 놀이공원에 사람이 많네. 아, 어린이날이라서 그렇<u>**구나**</u>.　☐ 인식양태　　☐ 행위양태

4) 두 사람이 아는 척도 안 하는 걸 보니까 싸<u>**운 것 같다**</u>.　☐ 인식양태　　☐ 행위양태

5) 쉬는 시간이니까 화장실에 다녀<u>**와도 돼요**</u>.　　☐ 인식양태　　☐ 행위양태

1 다음 각 문장에서 나타난 시제 표현을 쓰고 그것이 나타내는 시제를 알맞게 골라보십시오.

1) 기차는 10분 후면 도착할 거예요.

   시제 표현: _______________________ → 시제: (☐ 과거, ☐ 현재, ☐ 미래)

2) 몇 년 전만 해도 과일값이 이렇게 비싸지 않았었다.

   시제 표현: _______________________ → 시제: (☐ 과거, ☐ 현재, ☐ 미래)

3) 이게 오늘 로라 씨가 해야 할 일입니다.

   시제 표현: _______________________ → 시제: (☐ 과거, ☐ 현재, ☐ 미래)

4) 벌써 회의 준비가 다 끝났더라고요.

   시제 표현: _______________________ → 시제: (☐ 과거, ☐ 현재, ☐ 미래)

5) 아기는 지금 엄마 품에서 잠을 잔다.

   시제 표현: _______________________ → 시제: (☐ 과거, ☐ 현재, ☐ 미래)

2 다음 문장을 읽고 각 문장에서 사용된 양태표현을 인식양태와 행위양태로 분류해 보십시오.

> ㉠ 창문을 열어 놓고 자면 감기에 걸릴 수도 있어요.
> ㉡ 내일이 엄마 생신인 걸 완전히 잊어버리고 있었네.
> ㉢ 저는 이번 크리스마스를 가족들과 함께 보낼 거예요.
> ㉣ 민우가 친구들과의 오해 때문에 그동안 많이 힘들었겠다.
> ㉤ 한국에서는 집 안에 들어갈 때 신발을 벗고 들어가야 합니다.

1) 인식양태: ____

2) 행위양태: ____

한국어의 문법 범주(2)

1 높임표현
2 부정표현
3 피동표현
4 사동표현

그림에서 남자는 할아버지와 동생에게 서로 다른 높임표현을 사용하여 말하고 있다. 이처럼 한국어에서는 같은 의미의 단어를 서로 다른 방법으로 나타내어 듣는 사람을 높이거나 낮출 수 있다. 이 장에서는 이러한 높임표현과 함께 부정, 사동, 피동과 같은 한국어의 여러 문법 범주에 대해 살펴보자.

1 높임표현

1.1 높임표현의 개념

높임표현

한국어에서는 화자와 청자, 문장에 등장하는 사람들 사이의 관계에 따라 높임을 표현하는데 이를 **높임표현**(높임表現, honorifics)이라고 한다.

(1) ㄱ. 할아버지께서 신문을 보신다.

　　ㄴ. 선생님께 책을 드렸다.

　　ㄷ. 민수 씨, 밖에 비가 와요.

(1ㄱ)은 높임의 대상인 '할아버지'를 선어말어미 '-시-'와 조사 '께서'를 사용하여 높이고 있다. 이처럼 문장에서 주어를 높이는 방법을 주체높임이라고 한다. (1ㄴ)은 '선생님'을 높이기 위해 조사 '께'를 사용하였으며, '주다' 대신에 '드리다'라는 어휘를 사용하였다. 이와 같이 문장에서 목적어나 부사어를 높이는 방법을 객체높임이라고 한다. 또, (1ㄷ)은 화자가 청자인 '민수'와의 관계를 고려하여 '-아요'라는 종결어미를 사용하였는데, 이와 같이 청자에 맞게 적당한 종결어미를 선택하여 높임의 정도를 나타내는 방법을 상대높임이라고 한다. 이렇게 한국어의 높임표현은 화자가 문장의 주어나 문장 속의 대상, 청자를 고려하여 높임과 낮춤을 나타낸다.

> **돌아보기**
> '선어말어미'는 7장 '1.1 시제'를 참고할 것

높임표현
- ☑ 화자와 청자, 문장에 등장하는 사람들 사이의 관계에 따라 높임을 표현하는 방법
- ☑ 주체높임, 객체높임, 상대높임으로 구분함.

1.2 높임표현의 유형

핵심어 **주체높임, 객체높임, 상대높임**

주체높임

주체높임(主體높임, subject honorific)은 문장에서 행위의 주체, 즉 주어를 높여 표현하는 방법이다.

> (2) ㄱ. 동생이 왔습니다.
> ↳ 오- + -았- + -습니다
>
> ㄴ. 할아버지께서 오셨습니다.
> ↳ 오- + -시- + -었- + -습니다
>
> ㄷ. 할머니께서는 방에서 주무신다.
> ↳ 주무시- + -ㄴ- + -다

(2)에서 '동생'은 높임의 대상이 아니지만, '할아버지, 할머니'는 높임의 대상이다. 따라서 문장에서 각각 '오시다, 주무시다' 등으로 표현하였다. 이와 같이 주체높임은 보통 용언 및 서술격조사 '이다'의 어간 뒤에 높임을 나타내는 선어말어미 '-시-'를 붙여 표현한다. 여기에 (2ㄴ)과 (2ㄷ)처럼 높임의 주격조사 '께서'를 주어에 붙여 사용할 수 있다.

(2ㄷ)에서는 '자다'를 대신하여 그 행위의 주체를 높이는 단어인 '주무시다'를 사용하였다. 이처럼 일부 서술어는 특수한 어휘를 통해 높임을 표현할 수 있다. 주체를 높이는 데

에 사용되는 특수한 어휘에는 다음과 같은 것들이 있다.

주체를 높이는 데 사용하는 특수한 어휘

- 있다 → 계시다
- 먹다 → 드시다/잡수시다
- 아프다 → 편찮으시다

- 자다 → 주무시다
- 말하다 → 말씀하시다
- 죽다 → 돌아가시다

한편 주어와 밀접한 관계를 맺고 있는 대상을 통하여 주어를 간접적으로 높이는 방법도 있는데, 이를 간접높임이라고 한다.

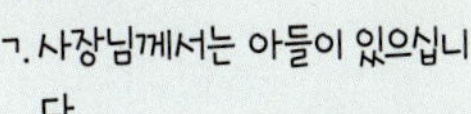

여기서 잠깐!!

ㄱ. 사장님께서는 아들이 있으십니다.

ㄴ. 선생님께서는 지금 연구실에 계십니다.

'있다'에 대한 높임을 나타내는 어휘는 '계시다'다. 그러나 ㄱ처럼 간접높임을 하는 경우에는 '계시다'가 아니라 '있다'에 선어말어미 '-으시-'를 사용한다.

> (3) ㄱ. 우리 할아버지는 키가 크십니다.
>
> ㄴ. 선생님은 책이 많으세요.

간접높임은 보통 주어의 소유물을 높이는 방식으로 나타난다. (3ㄱ)과 (3ㄴ)에서 '키, 책'은 높임의 직접적인 대상은 아니지만, 높임 대상인 '할아버지'와 '선생님'의 신체나 소유물이다. 이러한 '키, 책'을 높임으로써 간접적으로 '할아버지, 선생님'을 높이는 것이다.

객체높임

객체높임(客體높임, object honorific)은 문장의 목적어나 부사어가 지시하는 대상, 즉 서술의 객체를 높여 표현하는 방법이다.

> (4) ㄱ. 지우가 동생을 데리고 집으로 왔다.
>
> ㄴ. 지우가 동생에게 책을 주었다.

(5) ㄱ. 지우가 할아버지를 <u>모시고</u> 집으로 왔다.

    ㄴ. 지우가 할아버지<u>께</u> 책을 <u>드렸다</u>.

(4ㄱ)과 (4ㄴ)에서 '동생'은 높임의 대상이 아니기 때문에 '데리고'와 '주었다'를 사용하였다. 그러나 (5ㄱ)과 (5ㄴ)에서는 '할아버지'를 높이기 위해 '데리고'와 '주었다' 대신 '모시고'와 '드렸다'라는 어휘를 사용하였다. '할아버지'가 높임의 대상이기 때문에 높임을 나타내는 서술어를 사용한 것이다. 또한 (5ㄴ)처럼 부사어에 '에게' 대신 높임의 부사격조사 '께'를 사용하였다.

이처럼 객체높임은 조사 '께' 또는 높임을 표현하는 어휘를 통해 실현된다. 객체높임에 사용되는 특수한 어휘에는 다음과 같은 것들이 있다.

🔍 **돋보기**

객체를 높이는 데 사용하는 특수한 어휘

- 주다 → 드리다
- 만나다 → 뵙다
- 데리다 → 모시다
- 묻다 → 여쭙다

상대높임

상대높임(相對높임, addressee honorific)은 화자가 청자에 대하여 높임의 정도를 나타내는 방법이다. 상대높임은 종결어미를 사용하여 높임의 정도를 표현한다.

(6) ㄱ. (사회자가 청중에게) 여러분, 밖에 비가 옵니다.

    ㄴ. (손녀가 할아버지에게) 할아버지, 밖에 비가 와요.

    ㄷ. (내가 친구 유나에게) 유나야, 밖에 비가 와.

(6)의 세 문장은 '밖에 비가 온다'라는 의미를 전달하는 상황에서 청자에 따라 높임표현을 다르게 사용한 예를 보여준다. (6ㄱ)은 공식적 상황에서 사회자가 청중을 높이기 위해 종결어미 '-ㅂ니다'를 사용하여 '옵니다'라고 말하였고, (6ㄴ)은 손녀가 청자인 '할아버지'와

친근한 사이임을 고려하여 종결어미 '-아요'를 붙여 '와요'라고 말하였다. 반면에 (6ㄷ)에서는 친구인 '유나'에게 종결어미 '-아'를 붙여 '와'라고 말하였다. 이처럼 상대높임은 종결어미를 통해 표현된다.

상대높임은 격식체와 비격식체로 나눌 수 있다. 격식체는 회의나 연설, 발표, 토론 등과 같은 공식적인 자리에서, 또는 예의와 격식을 갖추어서 말해야 하는 상황에서 자주 사용되는 높임표현이다. 격식체는 높임 등급에 따라 '하십시오체(아주높임)', '하오체(예사높임)', '하게체(예사낮춤)' '해라체(아주낮춤)'의 네 등급으로 나눈다.

(7) ㄱ. 이쪽으로 오십시오. ➡ 하십시오체(아주높임)

ㄴ. 이쪽으로 오(시)오. ➡ 하오체(예사높임)

ㄷ. 이쪽으로 오게. ➡ 하게체(예사낮춤)

ㄹ. 이쪽으로 와라. ➡ 해라체(아주낮춤)

위의 예문은 모두 격식체로, 명령문에서 높임의 정도를 다르게 설정한 예다. (7ㄱ)은 '하십시오체'로 아주높임을 표현하였다. '하십시오체(아주높임)'는 공식적인 자리에서 상대를 높이기 위해 사용한다. (7ㄴ)은 '하오체'를 사용하여 예

사높임을 표현하였다. '하오체(예사높임)'는 화자와 청자가 나이가 비슷하거나 혹은 청자의 나이가 화자보다 약간 아래인 경우에 청자를 조금 높여 표현하는 방법이다. (7ㄷ)은 '하게체'를 사용하여 예사낮춤을 표현했다. '하게체(예사낮춤)'는 화자와 청자가 나이가 비슷하거나 혹은 청자의 나이가 약간 아래인 경우 청자를 조금 낮춰 표현하는 방법이다. (7ㄹ)은 '해라체'를 사용하여 아주낮춤을 표현하였다. '해라체(아주낮춤)'는 친한 친구 사이에 또는 청자가 화자에 비해 나이가 어린 경우에 낮추어 표현하는 방법이다.

반면 비격식체는 격식을 차리지 않아도 되는 일상적인 상황에서 편히 사용되는 높임표현이다. 비격식체는 '해요체(두루높임)'와 '해체(두루낮춤)'의 두 등급으로 나누어진다.

(8) ㄱ. 이쪽으로 와요. ➡ 해요체(두루높임)

ㄴ. 이쪽으로 와. ➡ 해체(두루낮춤)

(8)은 비격식체를 사용하여 상대높임을 나타낸 예다. (8ㄱ)은 '해요체'를 사용하여 청자

를 높인 반면, (8ㄴ)은 '해체'를 사용하여 청자를 낮추었다. 이처럼 비격식체는 '-요'를 붙이느냐 붙이지 않느냐로 높임과 낮춤을 구분한다.

일반적으로 상대높임을 표현할 때 회의나 연설, 발표 등과 같은 공식적인 자리에서는 '하십시오체'를, 일상적 대화에서는 '해요체'를 많이 사용한다. 또한 '하십시오체'와 '하오체'를 사용해야 하는 상황에서 '해요체'가 자주 사용되기도 하며, '하게체'와 '해라체'도 점차 '해체'가 대신하는 경향을 보인다. 이는 비격식체가 대화를 하는 사람들 사이에 친근감을 더하고 편안하게 사용할 수 있는 높임표현이기 때문이다.

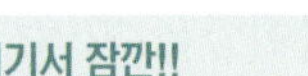

(9) ㄱ. 저는 이만 들어가겠습니다.　　　　(나 ➡ 저)
　　ㄴ. 선생님께는 직접 말씀을 드릴게요.　(말 ➡ 말씀)

이 외에도 한국어에는 화자가 자신이나 자신이 포함된 집단을 낮춤으로써 상대를 높이는 '겸양 표현'이 있다. (9ㄱ)은 청자를 높이기 위해 자신을 낮추어 '나' 대신 '저'를 사용하였고, (9ㄴ)은 '선생님'을 높이기 위해 '말'을 '말씀'으로 낮추어 표현했다.

한국어 상대 높임표현의 체계

높임 등급	격식체				비격식체	
	아주높임 (하십시오체)	예사높임 (하오체)	예사낮춤 (하게체)	아주낮춤 (해라체)	두루높임 (해요체)	두루낮춤 (해체)
평서문	-습니다/ ㅂ니다 예 갑니다	-(으)오 예 가오	-네 예 가네	-ㄴ다/는다/다 예 간다	-아요/어요 예 가(세)요	-아/어 예 가
의문문	-습니까/ ㅂ니까 예 갑니까	-(으)오 예 가오	-는가/(으) ㄴ가, -나 예 가는가, 가나	-느냐/(으)냐 예 가느냐		
명령문	-(으)십시오 예 가십시오	-(으)오 예 가오	-게 예 가게	-아라/어라 예 가라		
청유문	-(으)십시다, -(으)시지요 예 가십시다, 가시지요	-(으)ㅂ시다 예 갑시다	-(으)세 예 가세	-자 예 가자		
감탄문	–	-(으)오 예 가오	-네 예 가네	-는구나/구나 예 가는구나		

정리

주체높임
☑ 문장에서 행위의 주체, 즉 주어를 높여 표현하는 방법

객체높임
☑ 서술어의 동작이 미치는 대상, 즉 객체를 높여 표현하는 방법

상대높임
☑ 화자가 청자에 대하여 높임의 정도를 나타내는 방법
☑ 격식체와 비격식체로 나뉨.

한국어 높임표현의 유형

유형	목적	표현 방법	예
주체 높임	주체(문장의 주어)를 높임.	• 선어말어미 '-시-' • 높임을 표현하는 어휘 • 조사 '께서'	• 선생님께서 오신다. • 할아버지께서 방에서 주무신다.
객체 높임	객체(문장의 목적어나 부사어)를 높임.	• 높임을 표현하는 어휘 • 조사 '께'	• 민지가 할머니께 인사를 드렸다.
상대 높임	청자를 높이거나 낮춤.	• 종결어미	• 이쪽으로 오십시오. • 내가 그 일을 할게.

1 주체높임이 표현된 문장은 '주'에, 객체높임이 표현된 문장은 '객'에 표시하십시오.

1) 다음 주에 부모님께서 한국에 오신다. ☐ 주 ☐ 객

2) 이번 주말에 교수님을 뵈러 갈 것이다. ☐ 주 ☐ 객

3) 지우는 할아버지께 모자를 사 드렸다. ☐ 주 ☐ 객

4) 교수님의 머리가 희어지셨다. ☐ 주 ☐ 객

5) 지우야, 선생님께서 네 안부를 물으셨어. ☐ 주 ☐ 객

2 다음 문장을 높임표현에 맞게 바꿔 쓰십시오.

1) 교수님이 우리를 뵙고 싶어 합니다.

2) 이 문제는 네가 선생님께 직접 물어보는 게 어때?

3) 고객님, 이 상품은 세일 중이세요.

4) 민수야, 선생님이 너 오시래.

3 다음 문장의 높임 등급을 알맞게 연결하십시오.

1) 나 좀 도와줘.   ·　　　　　　·　하게체

2) 조용히 해 주세요.   ·　　　　　　·　해체

3) 이 일은 내일까지 끝내게. ·　　　　　·　하오체

4) 수업을 시작합시다.   ·　　　　　·　해라체

5) 공부 좀 해라.   ·　　　　　·　해요체

6) 어떻게 지내십니까?   ·　　　　　·　하십시오체

2 부정표현

2.1 부정표현의 개념

> **핵심어** 부정표현

부정표현

부정표현(否定表現, negation expressions)은 문장 내용의 일부나 전체의 의미를 부정하는 표현 방법이다.

> (1) ㄱ. 오늘 윤호를 만났다.
> ㄴ. 오늘 윤호를 **안** 만났다.

(1ㄱ)은 '오늘 윤호를 만난 일'을 설명하고 있는 긍정문이다. 반면 (1ㄴ)은 '안'이라는 부사어를 사용하여 '오늘 윤호를 만난 일'을 부정하는 부정문이다.

한국어의 부정표현은 부정부사 '안', '못'과 부정을 표현하는 용언 '아니하다', '못하다', '말다' 등을 통해 이루어진다.

> (2) ㄱ. 숙제를 **안** 한다.
> ㄴ. 숙제를 **못** 한다.
> ㄷ. 숙제를 하지 **마라**.

위의 예문에서 (2ㄱ)은 '안'을 이용해서, (2ㄴ)은 '못'을 이용해서 각각 부정을 표현하고 있다. 그리고 (2ㄷ)은 용언 '말다'를 통해 부정을 표현한다. 이와 같이 한국어에서는 여러 방식으로 부정을 표현할 수 있다.

  **정리**

부정표현
☑ 문장 내용의 일부나 전체의 의미를 부정하는 표현 방법

2.2 부정표현의 유형

 안 부정문, 못 부정문, 말다 부정문, 짧은부정문, 긴부정문

안 부정문

안 부정문(안 否定文, negation with 안)은 문장의 서술어 앞에 부정부사 '안'을 쓰거나 서술어에 '-지 않다'를 연결하여 만드는 부정문이다.

(3) ㄱ. 날씨가 **안** 춥다.　　(짧은부정문)

　　 ㄴ. 날씨가 춥**지 않다**. (긴부정문)

(3)의 문장은 모두 안 부정문이다. 이 중에서 (3ㄱ)은 부정부사 '안'에 의해 실현된 **짧은부정문**(짧은否定文, short negation)이다. (3ㄴ)은 보조적 연결어미 '-지'와 보조용언 '않다'가 결합된 '-지 않다'에 의해 실현된 **긴부정문**(긴否定文, long negation)이다.

(4) ㄱ. 영수는 학생**이다**.

　　 ㄴ. 영수는 학생**이 아니다**.

한편 서술격조사 '이다'가 사용된 문장의 경우에는 형용사 '아니다'를 사용해서 부정의 의미를 나타낸다. (4ㄱ)의 '영수는 학생이다'를 부정하기 위해 (4ㄴ)에서는 형용사 '아니다'를 사용하였다.

> **돌아보기**
> '서술격조사'는 3장 '2.4 관계언'을 참고할 것

못 부정문

못 부정문(못 否定文, negation with 못)은 문장의 서술어 앞에 부정부사 '못'을 쓰거나 서술어에 '-지 못하다'를 연결하여 만드는 부정문이다. 못 부정문도 안 부정문과 마찬가지로 '못'에 의해 실현된 짧은부정문과 '-지 못하다'에 의해 실현된 긴부정문으로 구분할 수 있다.

(5) ㄱ. 영수는 숙제를 **못** 끝냈다.　　　　(짧은부정문)

　　ㄴ. 영수는 숙제를 끝내**지 못했다**.　　(긴부정문)

(6) ㄱ. *날씨가 **못** 춥다.

　　ㄴ. *춥**지 못하다**.

위의 예문 (5)는 모두 못 부정문으로, 각각 짧은부정문과 긴부정문의 예를 보여준다. (5)에서 숙제를 끝내지 않은 것은 '영수'의 의지와 상관이 없이 '숙제를 끝낼 수 없다'라는 의미를 나타낸다. 이처럼 못 부정문은 주어의 의지가 아닌, 능력이나 외부 조건과 관련된 원인으로 인해 그 일이 불가능함을 나타낸다.

　못 부정문은 예문 (6)에서와 같이 형용사와 사용할 수 없다. '날씨'는 의지나 능력을 가진 주체가 아니기 때문에 '날씨가 안 춥다'나 '날씨가 춥지 않다'와 같은 안 부정문은 가능하지만 (6)과 같은 못 부정문은 불가능하다.

여기서 잠깐!!
'철수는 건강하지 못하다'와 같이 '못'이 형용사와 어울려 사용되는 경우도 있다. 이때는 '못'이 '화자의 기대에 미치지 못하여 아쉬워함'을 나타내며 긴부정문의 형태로 쓰인다.

말다 부정문

말다 부정문(말다 否定文, negation with 말다)은 명령문이나 청유문에 사용하는 부정문으로, 명령문에서는 서술어에 '-지 마라'를, 청유문에서는 서술어에 '-지 말자'를 붙여 부정문을 만든다.

(7) ㄱ. 이거 먹**지 마라**.

　　ㄴ. 이거 먹**지 말자**.

앞서 살펴본 안 부정문이나 못 부정문은 명령문, 청유문에 사용할 수 없다. 명령문과 청유문은 (7)에서처럼 '말다'를 이용하여 부정문을 만든다. 말다 부정문은 다른 사람에게 어떤 일을 금지하거나 중단하도록 하는 의미가 있다. 따라서 말다 부정문은 서술어가 동사인 문장에서 사용된다.

정리

안 부정문

☑ 문장의 서술어 앞에 부정부사 '안'을 쓰거나 서술어에 '-지 않다'를 연결하여 만드는 부정문

☑ 문장의 서술어에 서술격조사 '이다'가 사용된 경우에는 형용사 '아니다'를 사용함.

못 부정문

☑ 문장의 서술어 앞에 부정부사 '못'을 쓰거나 서술어에 '-지 못하다'를 연결하여 만드는 부정문

짧은부정문

☑ 서술어 앞에 부정부사 '안'이나 '못'을 사용하는 부정문

긴부정문

☑ 서술어에 보조용언 '-지 않다'나 '-지 못하다'를 연결하여 만드는 부정문

말다 부정문

☑ 서술어에 '-지 마라'와 '-지 말자'를 연결하여 만드는 부정문

☑ 명령문과 청유문에 사용함.

돋보기

한국어 부정표현의 유형

유형	의미	짧은부정문의 예	긴부정문의 예	사용 문장
안 부정문	단순· 의지 부정	예 고기를 안 먹는다. 고기를 안 먹는가? 고기를 안 먹는구나.	예 고기를 먹지 않는다. 고기를 먹지 않는가? 고기를 먹지 않는구나.	평서문 의문문 감탄문
못 부정문	능력 부정	예 아침밥을 못 먹었다. 아침밥을 못 먹었는가? 아침밥을 못 먹었구나.	예 아침밥을 먹지 못했다. 아침밥을 먹지 못했는가? 아침밥을 먹지 못했구나.	평서문 의문문 감탄문
말다 부정문	금지· 중단	예 급하게 먹지 마라. 급하게 먹지 말자.		명령문 청유문

1 긍정문은 '긍'에, 부정문은 '부'에 표시하십오.

1) 이제 그만 좀 놀고 공부하자. □ 긍 □ 부

2) 지우가 시험을 보지 않았다. □ 긍 □ 부

3) 그런 일을 하는 것은 시간 낭비다. □ 긍 □ 부

4) 오늘은 비가 오니 등산은 가지 말자. □ 긍 □ 부

2 안 부정문은 '안'에, 못 부정문은 '못'에, 말다 부정문은 '말다'에 표시하십시오.

1) 공부를 하려고 모임에 안 갔다. □ 안 □ 못 □ 말다

2) 놀지만 말고 공부 좀 열심히 해라. □ 안 □ 못 □ 말다

3) 늦잠을 자는 바람에 기차를 못 탔다. □ 안 □ 못 □ 말다

4) 알고 있는 내용이라서 메모를 하지 않았다. □ 안 □ 못 □ 말다

3 짧은부정문은 '짧'에, 긴부정문은 '긴'에 표시하십시오.

1) 요즘 날씨가 춥지 않다. □ 짧 □ 긴

2) 숙제를 아직 끝내지 못했다. □ 짧 □ 긴

3) 시간이 없어서 표를 아직 안 샀다. □ 짧 □ 긴

4) 평일이라 식당에 손님이 많지 않다. □ 짧 □ 긴

5) 출장 기간이라 참석을 못 할 듯싶다. □ 짧 □ 긴

3.1 피동표현의 개념

핵심어 능동, 피동, 피동표현

피동, 피동표현

주어가 스스로 동작이나 작용을 하지 않고, 다른 대상에 의해서 동작이나 작용을 당하는 것을 **피동**(被動, passive)이라고 한다. 그리고 이러한 피동을 표현하는 방법을 **피동표현**(被動表現, passive expressions)이라고 한다.

(1) ㄱ. 고양이가 쥐를 잡았다.　　(능동문)

　　 ㄴ. 쥐가 고양이에게 잡혔다.　(피동문)

(1ㄱ)에서 주어 '고양이'는 서술어 '잡다'라는 행위를 한 주체다. (1ㄱ)처럼 주어가 스스로의 힘으로 동작을 하는 것을 **능동**(能動, active)이라고 하고, 능동을 나타내는 문장을 능동문이라고 한다. 반면 (1ㄴ)에서는 주어 '쥐'가 스스로 어떤 행위를 한 것이 아니라 '고양이'에게 동작을 당하였다. 즉, '쥐'가 다른 주체가 하는 동작의 대상이 된 것이다. 이렇게 주어가 동작이나 작용의 대상이 되는 것을 피동이라고 하고, 피동을 나타내는 문장을 피동문이라고 한다.

(2) ㄱ. 지영이가 소문을 들었다.　　(능동문)

　　 ㄴ. *소문이 지영이에게 들렸다.　(피동문)

(3) ㄱ. *나뭇가지가 모자를 걸었다.　(능동문)

　　 ㄴ. 모자가 나뭇가지에 걸렸다.　(피동문)

(2ㄱ)에서 '지영이'는 소문을 듣는 주체로 이 문장은 능동문이다. 그러나 이 문장을

(2ㄴ)과 같이 피동문으로 바꾸면 어색한 문장이 된다. 반면 (3ㄴ)에서처럼 피동문은 자연스러운데 이에 대응되는 능동문 (3ㄱ)은 어색한 문장이 되는 경우도 있다. (3ㄱ)에서 '나뭇가지'는 동작을 스스로 할 수 있는 주체가 아니므로 능동문으로 표현할 수 없다. 이처럼 능동문과 피동문은 서로 관련이 있지만 모든 피동문이 능동문과 대응쌍을 이루는 것은 아니다.

한편 한국어에서는 '되다', '당하다', '받다', '맞다' 등과 같이 피동적 의미가 담긴 어휘를 사용하여 피동을 나타내는 경우도 있다. 따라서 '오늘 길에서 나쁜 일을 당했다', '그 일로 마음의 상처를 받았다' 등과 같은 문장을 피동표현으로 보기도 한다.

정리

능동
- ☑ 주어가 스스로의 힘으로 동작을 하는 것

피동
- ☑ 주어가 다른 대상에 의해서 동작이나 작용을 당하는 것

피동표현
- ☑ 피동을 표현하는 방법

3.2 피동표현의 유형

핵심어 파생적피동, 통사적피동

파생적피동, 통사적피동

한국어 피동표현을 만드는 방식은 여러 가지가 있다.

(4) ㄱ. 아기가 엄마에게 <u>안겼다</u>.
     ↳ 피동사 '안기다': 안- + -기- + -다

ㄴ. 소나무가 바람에 **뽑혔다.**

     ↳ 피동사 '뽑히다': 뽑- + -히- + -다

(5) ㄱ. 홍수로 인해 많은 사람들이 **희생되었다.**

     ↳ 피동사 '희생되다': 희생- + -되- + -다

ㄴ. 국어 학자들에 의해 피동표현이 **연구되었다.**

     ↳ 피동사 '연구되다': 연구- + -되- + -다

(4ㄱ)에서는 '안다'의 어근 '안-'에 접미사 '-기-'를 붙여서 '안기다'라는 동사를 만들었다. (4ㄴ)에서는 '뽑다'의 어근 '뽑-'에 접미사 '-히-'를 붙여 '뽑히다'라는 동사를 만들었다. 또 (5)는 '희생'과 '연구'에 각각 '-되다'를 붙여 '희생되다', '연구되다'라는 동사를 만들었다.

돌아보기

'접미사'는 2장 '2.1 단어의 구성 요소'를 참고할 것

'파생어'는 2장 '2.2 단어의 유형'을 참고할 것

여기에서 동사 어근이나 명사에 접미사가 붙어 만들어진 '안기다', '뽑히다', '희생되다', '연구되다'를 피동사라고 한다. 피동사는 보통 동사 어근에 피동접미사 '-이-, -히-, -리-, -기-'를 붙이거나, 명사에 피동접미사 '-되다'를 붙여 만든다. 이와 같이 파생어인 피동사를 사용하여 피동문을 만드는 방법을 **파생적피동**(派生的被動, derivational passive)이라고 한다.

(6) ㄱ. <u>엄마가</u> <u>아기를</u> <u>안았다.</u>　　(능동문)

ㄴ. <u>아기가</u> <u>엄마에게</u> <u>안겼다.</u>　(피동문)

한편 (4ㄱ)에 대응하는 능동문은 (6ㄱ)의 '엄마가 아기를 안았다'로 볼 수 있다. 이때 동사 '안았다'는 '아기를'이라는 목적어를 갖는다. 이 목적어가 피동문에서는 주어인 '아기가'로 바뀌었다. 이처럼 능동문의 목적어가 파생적피동문에서는 주어가 된다.

피동사는 동사에 피동을 나타내는 접미사가 붙어 만들어진다. 그런데 이렇게 피동사를 만들 수 있는 동사의 수는 많지 않다. 그리고 하나의 동사에 여러 종류의 피동접미사가 자유롭게 결합할 수 있는 것이 아니라 특정한 동사에 결합할 수 있는 피동접미사가 정해져 있어 주의가 필요하다.

피동접미사의 결합으로 만들어지는 피동사의 예

접미사	능동사 및 명사		피동사	예
'-이-'	놓다, 보다, 묶다, 섞다, 쌓다, 쓰다, 파다,	→	놓이다, 보이다, 묶이다, 섞이다, 쌓이다, 쓰이다, 파이다	태풍으로 도로가 파이다
'-히-'	닫다, 먹다, 묻다, 박다, 밟다, 엎다, 잡다,		닫히다, 먹히다, 묻히다, 박히다, 밟히다, 엎히다, 잡히다	쥐가 고양이에게 잡히다
'-리-'	누르다, 듣다, 물다, 밀다, 풀다,		눌리다, 들리다, 물리다, 밀리다, 풀리다	문제의 실마리가 풀리다
'-기-'	감다, 끊다, 안다, 찢다,		감기다, 끊기다, 안기다, 찢기다	대화가 끊기다
'-되다'	점령, 복구, 연구, 개발, 발표, 개시,……		점령되다, 복구되다, 연구되다, 개발되다, 발표되다, 개시되다	무너진 건물이 복구되다

앞에서 살펴본 파생적피동 외에도 피동문을 만들 수 있는 방법이 있다.

(7) 말을 할 수 있는 로봇이 <u>만들어졌다</u>.

　　　↳ 만들- + -어지- + -었- + -다

(8) 현주는 결국 회사를 <u>그만두게 되었다</u>.

　　　↳ 그만두- + -게 되- + -었- + -다

(7)과 (8)은 '로봇'이나 '현주'가 어떤 다른 대상에 의해 행위나 작용을 당함을 나타내는 피동문이다. (7)에서는 용언 '만들다'에 '-아지다/어지다'를, (8)에서는 '그만두다'에 '-게 되다'를 연결해 피동문을 만들었다. 이와 같이 용언에 '-아지다/어지다', '-게 되다'를 연결하여 피동문을 만드는 방법을 **통사적피동**(統辭的被動, syntactic passive)이라고 한다.

(9) 지영이가 <u>예뻐졌다</u>.

↳ 예쁘- + -어지- + -었- + -다

(9)는 '예쁘다'에 '-어지다'를 연결해서 피동문을 만든 예다. 앞서 파생적피동이 동사에 접미사를 붙여 피동사를 만드는 것과 달리, 통사적피동은 형용사를 이용해 피동문을 만들 수 있다. 이렇게 형용사에 '-아지다/어지다'가 붙어 통사적피동문이 만들어지는 경우에는 '변화의 과정'의 의미가 더욱 뚜렷하다.

이처럼 통사적피동은 형용사와도 결합이 가능하고, 파생적피동처럼 특정 서술어에 특정 접사가 붙는 제한적인 방식이 아니기 때문에 훨씬 많은 문장을 피동문으로 바꿀 수 있게 해준다.

정리

파생적피동
☑ 피동사를 사용하여 피동문을 만드는 방법

통사적피동
☑ 용언에 '-아지다/어지다', '-게 되다'를 연결하여 피동문을 만드는 방법

돋보기

한국어 피동표현의 유형

	서술어의 형태	예
파생적피동	• 타동사 어근 + 피동접미사	• 물고기가 어부에게 잡혔다.
	• 명사 + 피동접미사 '–되다'	• 전쟁 때 불탄 문화재가 최근에 다시 복원되었다.
통사적피동	• 용언 어간 + '-아지다/어지다' • 용언 어간 + '–게 되다'	• 전쟁으로 인해 국토가 갈라졌다. • 범인은 결국 감옥에 가게 되었다.

1 **능동문은 '능'에, 피동문은 '피'에 표시하십시오.**

1) 진실을 밝혀야 한다.   ☐ 능   ☐ 피

2) 김 대리는 그 일로 퇴사하게 되었다.   ☐ 능   ☐ 피

3) 그 부자는 금덩어리를 땅에 묻었다.   ☐ 능   ☐ 피

4) 내가 그린 그림이 벽에 걸렸다.   ☐ 능   ☐ 피

5) 그 사람이 대통령으로 선출되었다.   ☐ 능   ☐ 피

2 **다음 능동문을 피동문으로 바꾸십시오.**

1) 경찰이 범인을 현장에서 잡았다.

2) 그릇에 밥을 가득 담았다.

3) 인부들이 나뭇가지를 잘랐다.

4) 그 문화재를 복원했다.

5) 네티즌들은 그를 최고의 가수로 뽑았다.

4.1 사동표현의 개념

핵심어   사동, 사동표현

사동, 사동표현

주어가 동작이나 행위를 다른 대상에게 시키는 것을 **사동**(使動, causative)이라고 한다. 그리고 이러한 사동을 표현하는 방법을 **사동표현**(使動表現, causative expressions)이라고 한다.

(1) ㄱ. 현수가 책을 **읽었다**.   (주동문)
   ㄴ. **선생님이** 현수에게 책을 **읽혔다**.   (사동문)

(1)의 두 문장은 모두 '현수가 책을 읽은 행위'를 나타내는데, (1ㄱ)은 '현수'가 직접 책을 읽는 행위를 했고 (1ㄴ)은 '선생님'이 현수에게 책을 읽는 행위를 하게 시켰다는 의미가 있다. (1ㄱ)처럼 일반적으로 주어가 직접 동작이나 행위를 하는 것을 **주동**(主動, active)이라고 하고, 주동을 나타내는 문장을 주동문이라고 한다. (1ㄴ)은 '선생님'이 현수에게 읽는 행위를 시키는 것을 표현하는 사동문이다.

사동은 명령하거나 시키는 것 외에 다른 대상에게 영향을 주어 상태가 변하게 하는 것도 포함한다.

(2) ㄱ. 길이 **넓다**.
   ㄴ. **사람들이** 길을 **넓혔다**.   (사동문)

(3) ㄱ. 물이 **끓는다**.
   ㄴ. **민우가** 물을 **끓인다**.   (사동문)

(2ㄱ)은 단순히 현재의 '길이 넓은' 상태를 표현한다. 이에 반해 사동문 (2ㄴ)은 '사람들'이 '길을 넓은 상태로 만들었음'을 나타낸다. (3ㄴ)은 '민우'라는 주체가 '물'에 영향을 주어 '물의 상태를 변화시킨 것'을 나타낸다.

정리

주동
- ☑ 주어가 직접 동작이나 행위를 하는 것

사동
- ☑ 주어가 동작이나 행위를 다른 대상에게 시키거나 영향을 주어 상태게 변하게 하는 것

사동표현
- ☑ 사동을 표현하는 방법

4.2 사동표현의 유형

핵심어 파생적사동, 통사적사동

파생적사동, 통사적사동

피동문을 만드는 방법에 파생적피동과 통사적피동이 있는 것처럼, 사동문을 만드는 방법도 파생적사동과 통사적사동으로 나뉜다.

돌아보기
'파생적피동'과 '통사적피동'은 8장 '3.2 피동표현의 유형'을 참고할 것

(4) ㄱ. 친구가 그 사실을 알았다.

ㄴ. 내가 친구에게 그 사실을 알렸다.

↳ 사동사 '알리다': 알- ＋ -리- ＋ -다

(5) ㄱ. 얼음이 녹는다.

ㄴ. 현우가 얼음을 녹인다.

↳ 사동사 '녹이다': 녹- ＋ -이- ＋ -다

(6) ㄱ. 아들이 훈련했다.

　　ㄴ. **아버지**는 아들을 <u>훈련시켰다</u>.

↳ 사동사 '훈련시키다': 훈련 + -시키- + -다

사동문 (4ㄴ), (5ㄴ), (6ㄴ)은 주동문 (4ㄱ), (5ㄱ), (6ㄱ)의 서술어 '알다', '녹다', '훈련하다'에 각각 접미사 '-리-', '-이-', '-시키다'를 붙여 '알리다', '녹이다', '훈련시키다'라는 동사를 만들었다.

이와 같이 용언의 어근에 접미사를 붙여 만들어진 '알리다', '녹이다', '훈련시키다'를 사동사라고 한다. 그리고 파생어인 사동사를 사용하여 사동문을 만드는 방법을 **파생적사동**(派生的使動, derivational causative)이라고 한다.

한편 사동은 '다른 대상에게 무엇인가를 시키다'라는 의미가 있다. 따라서 사동문에서는 주동문의 주어가 그대로 사용되지 않고 '무엇인가를 시키는 주체'가 새로운 주어로 나타난다. 위의 예문에서도 사동문 (4ㄴ), (5ㄴ), (6ㄴ)에서 각각 '나', '현우', '아버지'가 새로운 주어로 나타났다.

파생적사동에 사용되는 사동사는 용언의 어근에 사동을 나타내는 접미사 '-이-, -하-, -리-, -기-, -우-, -구-, -추-'를 붙이거나 명사에 '-시키다'를 붙여서 만든다. 사동접미사 역시 피동접미사와 마찬가지로 특정 어근에 특정 접미사만 연결되는 제한적인 방식으로 결합하며, 용언 중에는 사동접미사가 붙을 수 없는 것도 많다.

🔍 **돋보기**

사동접미사의 결합으로 만들어지는 사동사의 예

	접미사	주동사 및 명사		사동사	예
자동사	'-이-'	끓다, 녹다, 속다, 죽다	→	끓이다, 녹이다, 속이다, 죽이다	물을 끓이다
	'-히-'	눕다, 앉다		눕히다, 앉히다	아이를 의자에 앉히다
	'-리-'	돌다, 울다		돌리다, 울리다	동생을 울리다
	'-기-'	남다, 웃다, 숨다		남기다, 웃기다, 숨기다	물건을 숨기다
	'-우-'	깨다, 비다		깨우다, 비우다	그릇을 비우다

	접미사	주동사 및 명사		사동사	예
타동사	'-이-'	먹다, 보다		먹이다, 보이다	우유를 먹이다
	'-히-'	입다, 읽다		입히다, 읽히다	책을 읽히다
	'-리-'	알다, 물다		알리다, 물리다	소식을 알리다
	'-기-'	감다, 뜯다, 맡다, 벗다, 안다		감기다, 뜯기다, 맡기다, 벗기다, 안기다	일을 맡기다
	'-우-'	지다, 차다		지우다, 채우다	책임을 지우다
형용사	'-이-'	높다		높이다	건물을 높이다
	'-히-'	넓다, 좁다, 밝다		넓히다, 좁히다, 밝히다	길을 넓히다
	'-추-'	낮다, 늦다		낮추다, 늦추다	약속 시간을 늦추다
명사	'-시키-'	공부, 운동, 정지, 훈련, 독립,……		공부시키다, 운동시키다, 정지시키다, 훈련시키다. 독립시키다	경찰이 범인의 차를 정지시키다

능동문의 서술어에 '-게 하다'를 붙여 사동문을 만드는 방법을 **통사적사동**(統辭的使動, syntactic causative)이라고 한다.

(7) ㄱ. 선생님이 기뻤다.

    ㄴ. 제자들이 선생님을 <u>기쁘게 했다.</u>

         ↳ 기쁘- + -게 하다

(7)은 서술어 '기쁘다'에 보조용언 '-게 하다'를 연결하여 구성한 통사적사동의 예다. 파생적사동문과 마찬가지로 이 문장에서도 '제자들이'라는 새로운 주어가 사동문의 주어로 나타났다.

(8) ㄱ. 현수가 신발을 신었다.   (주동문)

    ㄴ. 엄마가 현수에게 신발을 신겼다.   (파생적사동문)

    ㄷ. 엄마가 현수에게 신발을 신게 하였다.   (통사적사동문)

(8)은 주동문 (8ㄱ)과 이에 대응하는 두 종류의 사동문을 차례로 보여준다. (8ㄴ)은 사

동사 '신기다'를 사용하여 만든 파생적사동문이고, (8ㄷ)은 서술어에 보조용언 '-게 하다'를 연결하여 만든 통사적사동문이다. 이 두 문장은 모두 '현수'에게 '신발을 신게 한다'는 점에서 동일하게 사동의 의미를 갖는다. 그러나 두 문장의 의미를 살펴보면, (8ㄴ)은 '엄마가 현수에게 직접 신발을 신긴다'는 의미가 강하다. (8ㄷ)은 '현수가 스스로 신발을 신도록 엄마가 지시했다'는 의미가 강하다. 이처럼 파생적사동문은 직접 사동의 의미가, 통사적사동문은 간접 사동의 의미가 상대적으로 강하다.

그리고 파생적사동문을 만들 때 사동접미사의 결합이 제한적인 것과 달리, 통사적사동문을 만들 때는 제약이 상대적으로 적다. 따라서, 통사적사동문에서는 대부분의 용언을 사용할 수 있다.

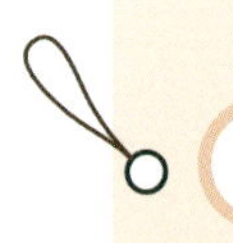  정리

파생적사동

☑ 용언의 어근에 사동접미사를 붙여 사동문을 만드는 방법

통사적사동

☑ 서술어에 '-게 하다'를 붙여 사동문을 만드는 방법

여기서 잠깐!!

파생적사동을 단형사동으로, 피동문의 길이가 상대적으로 긴 통사적사동을 장형사동으로 부르기도 한다.

 **돋보기**

한국어 사동표현의 예

	서술어의 형태	예
파생적사동	• 용언 어근 + 사동접미사	• 엄마가 아이에게 우유를 먹였다. • 사람들이 길을 넓혔다. • 영수에게 그 일을 맡겼다.
	• 명사 + 사동접미사 '-시키다'	• 부모가 자식을 공부시켰다. • 조교가 학생들을 연습시켰다.
통사적사동	• 용언 어간 + '-게 하다'	• 선생님이 학생에게 책을 읽게 하셨다. • 그 일이 나를 화나게 했다.

1 주동문은 '주'에, 사동문은 '사'에 표시하십시오.

1) 수미는 그곳에 가지 않았다. ☐ 주 ☐ 사

2) 선생님이 학생들을 공부하게 했다. ☐ 주 ☐ 사

3) 누군가가 피아노를 연주하고 있네. ☐ 주 ☐ 사

4) 인부들이 건물을 높였다. ☐ 주 ☐ 사

2 다음 파생적사동문을 통사적사동문으로 바꾸십시오.

1) 어머니가 아이에게 책을 읽히셨다.

2) 부장님이 민수 씨에게 그 일을 맡기셨다.

3) 규철이가 기호에게 운동시켰다.

4) 배우가 명연기로 관객들을 울렸다.

종합 문제

1 다음 중 높임표현이 바르게 사용된 문장에 표시(O)하십시오.

1) (손자가 할머니에게) "할머니, 제가 할아버지 데리고 올게요."　　　　(　　　)

2) (제자가 친구에게) "우리 교수님은 올해 57세셔."　　　　(　　　)

3) (직원이 손님에게) "주문하신 커피 나오셨습니다."　　　　(　　　)

4) (직원이 상사에게) 과장님, 부장님도 올 거세요."　　　　(　　　)

5) (민수가 친구에게) "그 일은 제가 선생님께 직접 물어볼게."　　　　(　　　)

2 다음 문장을 올바른 표현으로 바꾸십시오.

1) 새로 산 옷이 못 예쁘다.

2) 오늘은 피곤해서 공부하겠지 못하다.

3) 열심히는 하되, 너무 무리하지는 않아라!

3 다음 문장을 읽고 피동문은 '피'에, 사동문에는 '사'에 표시하십시오.

1) 산불이 나자 경보가 울렸다.　　　　☐ 피　☐ 사

2) 나의 죽음을 적군에게 알리지 마라.　　　　☐ 피　☐ 사

3) 말을 할 수 있는 로봇이 만들어졌다.　　　　☐ 피　☐ 사

4) 거리의 많은 나무가 거센 바람에 뽑혔다.　　　　☐ 피　☐ 사

5) 어서 물을 끓여라.　　　　☐ 피　☐ 사

6) 선수들의 금메달 소식이 온 국민을 기쁘게 했다.　　　　☐ 피　☐ 사

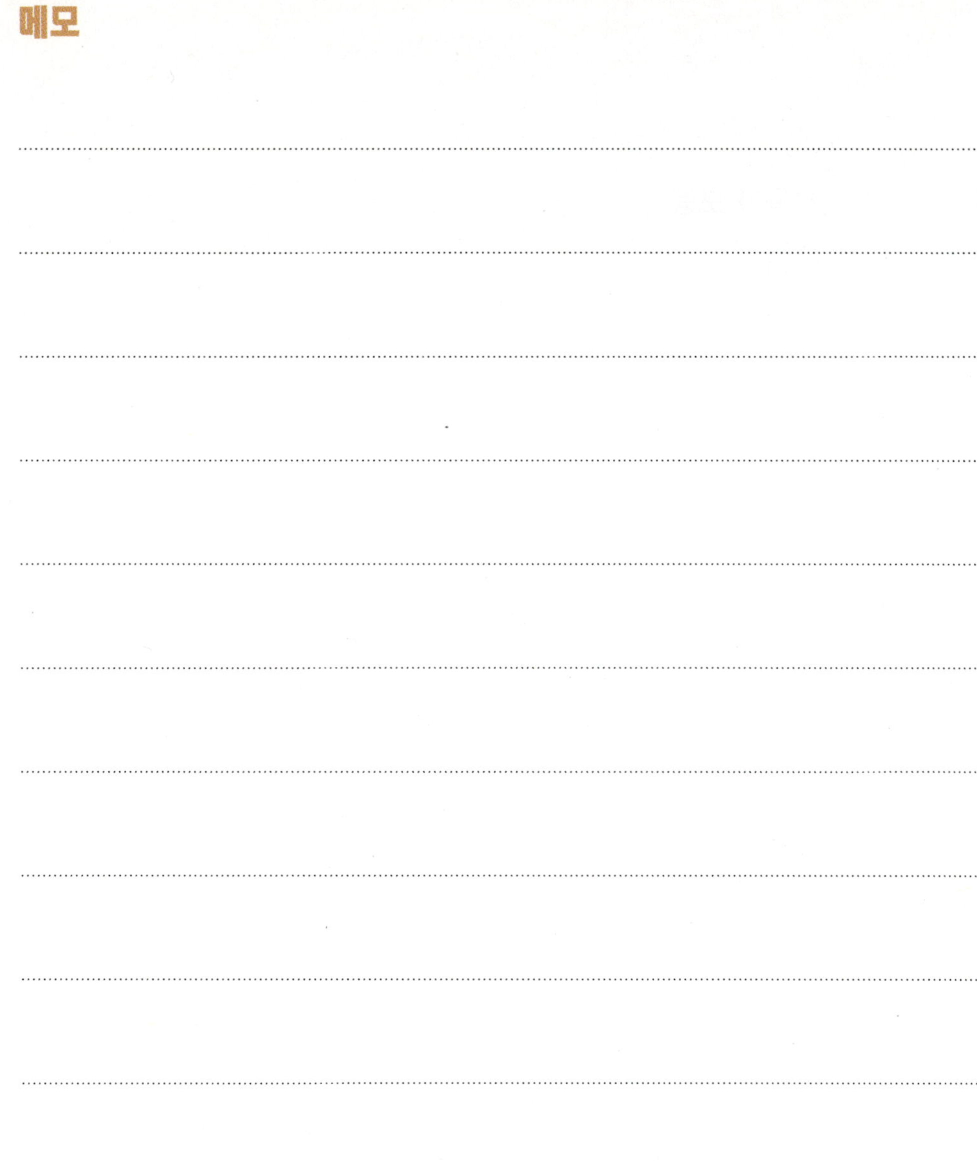

메모

9 장

한국어의 소리

1 자음과 모음

2 음절

3 운율

4 음운변동

　　위의 대화에서 왜 딸은 엄마의 "밤 먹을래?"라는 질문을 "밥 먹을래?"로 이해했을까? 한국어에는 '밥 먹을래'가 [밤 머글래]로 발음되는 현상이 있기 때문이다. 그렇다면 왜 한국 사람들은 [밥 머글래]로 발음하지 않고 [밤 머글래]로 발음하는 것일까? 여기에는 한국어 소리에 관한 원리와 규칙이 존재하기 때문이다. 이 장에서는 한국어의 자음과 모음이 어떤 체계를 가지고 있으며, 이들 소리가 조합될 때에는 어떤 원리와 규칙이 적용되는지, 말을 할 때 자음, 모음과 함께 실현되는 소리의 높낮이나 길이, 마디 등의 운율적 특징은 무엇인지 알아보자.

1 자음과 모음

1.1 자음체계

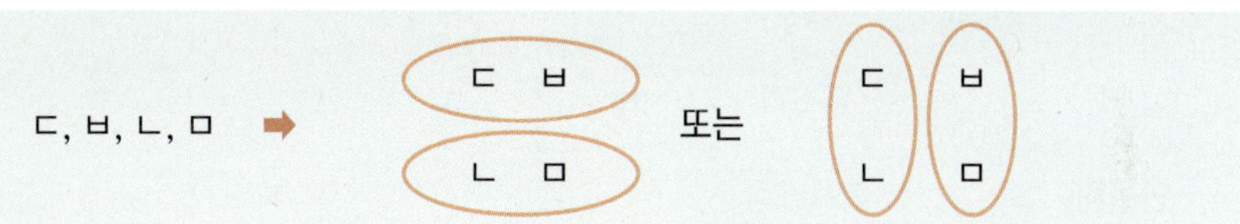

자음 /ㄷ, ㅂ, ㄴ, ㅁ/를 두 그룹으로 나눈다면 /ㄷ, ㅂ/와 /ㄴ, ㅁ/로 구분하거나 /ㄷ, ㄴ/와 /ㅂ, ㅁ/로 구분할 수 있다. 이처럼 자음들은 어떤 기준에 따라 같은 그룹으로 묶이기도 하고 그렇지 않기도 하다. 이와 같은 자음들 간의 관계를 구조화한 것을 **자음체계**(子音體系, system of consonants)라고 한다.

자음은 소리가 만들어지는 위치와 방법, 소리가 만들어질 때 성대의 상태에 따라 구분한다. **조음위치**(調音位置, place of articulation)를 기준으로 한국어의 자음은 입술소리, 잇몸소리, (잇몸)센입천장소리, 여린입천장소리, 목청소리로 구분된다. **조음방법**(調音方法, manner of articulation)에 따라서는 파열음, 마찰음, 파찰음, 비음, 유음으로 구분된다. 마지막으로 소리가 만들어질 때 성대의 상태, 즉 발성 유형에 따라 예사소리, 거센소리, 된소리로 구분된다.

여기서 잠깐!!
'파열음'은 '폐쇄음'이라고도 한다. 파열음은 기류를 막았다가, 즉 폐쇄했다가 터트려서, 즉 파열함으로써 내는 소리기 때문이다.

여기서 잠깐!!
'예사소리, 거센소리, 된소리'를 '평음, 격음, 경음'이라고도 한다.

 **돋보기**

한국어의 자음체계

조음방법 \ 조음위치			입술소리	잇몸소리	(잇몸)센입천장소리	여린입천장소리	목청소리
안울림소리 (장애음)	파열음	예사소리	ㅂ	ㄷ		ㄱ	
		거센소리	ㅍ	ㅌ		ㅋ	
		된소리	ㅃ	ㄸ		ㄲ	
	파찰음	예사소리			ㅈ		
		거센소리			ㅊ		
		된소리			ㅉ		
	마찰음	예사소리		ㅅ			ㅎ
		된소리		ㅆ			
울림소리 (공명음)	비음		ㅁ	ㄴ		ㅇ	
	유음			ㄹ			

 **정리**

자음체계
☑ 자음들 간의 관계를 구조화한 것

조음위치
☑ 소리가 만들어지는 위치

조음방법
☑ 소리가 만들어지는 방법

1.2 모음체계

  모음체계, 단모음, 이중모음, 활음

자음과 마찬가지로 모음의 특성을 기준으로 모음을 분류할 수 있다. 이처럼 모음들 간의 관계를 구조화한 것을 **모음체계**(母音體系, system of vowels)라고 한다. 모음은 단모음과 이중모음으로 나뉜다.

단모음

단모음(單母音, monothong)은 모음을 발음하는 동안 처음부터 끝까지 같은 음이 유지되는 소리를 의미한다. 한국어의 단모음은 모두 7개이며, 혀의 전후 위치, 혀의 높낮이, 입술 모양을 기준으로 구분된다.

여기서 잠깐!!

표준발음법에서는 /ㅔ/와 /ㅐ/를 구별되는 소리로 규정하고, /ㅟ/와 /ㅚ/를 단모음으로 규정하여, 단모음이 모두 10개로 되어 있다.

🔍 돋보기

한국어의 단모음 체계

혀의 전후 입술 모양 혀의 높낮이	전설모음	후설모음	
	평순	평순	원순
고모음	ㅣ	ㅡ	ㅜ
중모음	ㅔ	ㅓ	ㅗ
저모음		ㅏ	

이중모음

　이중모음(二重母音, diphthong)은 단모음과 달리 시작 부분과 끝 부분의 음이 달라지는 것을 의미하며, 한국어의 경우 활음과 모음의 결합으로 이중모음이 만들어진다. 활음(滑音, glide)은 모음과 유사한 소리이나 원래의 발음을 유지하지 못하고 바로 미끄러지듯이 다른 음으로 변하는 소리를 의미한다. 한국어 활음으로는 /j/, /w/, /ɰ/가 있으며, 이는 각각 모음 /ㅣ/, /ㅜ, ㅗ/, /ㅡ/와 비슷한 특성을 갖는다. 활음과 모음이 결합해 만들어지는 한국어의 이중모음은 모두 10개다.

🔍 돋보기

한국어의 이중모음 체계

활음 ＼ 단모음	ㅣ	ㅔ	ㅡ	ㅓ	ㅏ	ㅜ	ㅗ
j	*	ㅖ	*	ㅕ	ㅑ	ㅠ	ㅛ
w	ㅟ	ㅞ	*	ㅝ	ㅘ	*	*
ɰ	ㅢ	*	*	*	*	*	*

정리

모음체계

☑ 모음들 간의 관계를 구조화한 것

단모음

☑ 처음과 끝이 같은 소리를 유지하는 모음

이중모음

☑ 처음과 끝이 다른 소리로 나는 모음

활음

☑ 모음과 함께 결합해서 소리가 나며 조음 시작과 동시에 다른 음으로 변화하는 소리

1 다음 단어에 사용된 소리의 종류와 개수를 〈보기〉와 같이 쓰십시오.

	단어	자음	모음	활음
보기	형	2개	1개	1개
1)	책			
2)	사과			
3)	결심			
4)	할아버지			
5)	여유			

2 다음 자음의 특징을 〈보기〉와 같이 쓰십시오.

	자음	조음위치	조음방법
보기	ㅂ	입술소리	파열음
1)	ㄹ		
2)	ㄴ		
3)	ㅊ		
4)	ㄲ		
5)	ㅎ		

3 다음 모음의 특징을 〈보기〉와 같이 쓰십시오.

	모음	혀의 전후	입술 모양	혀의 높낮이
보기	ㅓ	후설	평순	중
1)	ㅔ			
2)	ㅜ			
3)	ㅏ			
4)	ㅣ			
5)	ㅡ			

2 음절

2.1 음절 구조

자음과 모음이 결합해서 '이, 귀, 눈' 등과 같이 다양한 소리를 만들어낸다. '이, 귀, 눈'을 구성하고 있는 자음과 모음의 개수는 다르지만 우리는 모두 이것을 하나의 단위로 인식하고 있다. 이처럼 자음과 모음의 결합으로 만들어지는 최소의 소리 단위를 음절(音節, syllable)이라고 한다.

음절이 만들어지려면 반드시 모음이 있어야 한다. 그래서 모음을 음절핵 또는 중성(中聲, nucleus)이라고 한다. 모음을 중심으로 앞에 오는 소리를 음절 초성(初聲, onset)이라고 하고, 뒤에 오는 소리를 종성(終聲, coda)이라고 한다.

(1) 음절 구조 유형

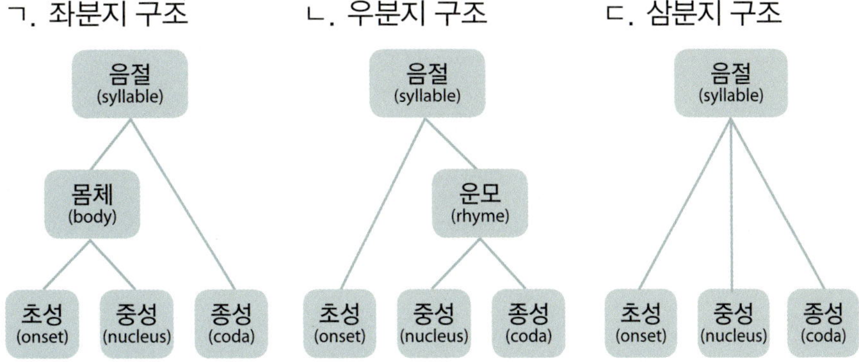

음절을 구성하는 세 가지 요소의 관계에 따라 음절 구조를 유형화할 수 있는데, 음절의 중성과 초성이 먼저 결합하고 여기에 종성이 결합하는 좌분지 구조와 중성과 종성이

먼저 결합하고 여기에 초성이 결합하는 우분지 구조, 세 가지 요소가 수평적인 관계를 가진 것으로 보는 삼분지 구조가 일반적이다. 한국어의 경우 좌분지 구조로 볼 수 있는 근거와 우분지 구조로 볼 수 있는 근거가 모두 존재해 한국어의 음절 구조를 삼분지 구조로 보는 견해가 많다.

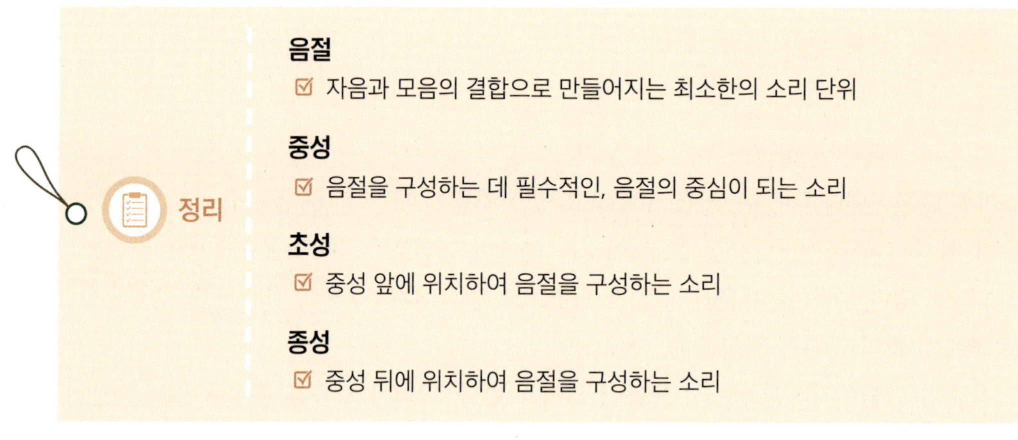

정리

음절
☑ 자음과 모음의 결합으로 만들어지는 최소한의 소리 단위

중성
☑ 음절을 구성하는 데 필수적인, 음절의 중심이 되는 소리

초성
☑ 중성 앞에 위치하여 음절을 구성하는 소리

종성
☑ 중성 뒤에 위치하여 음절을 구성하는 소리

2.2 음절 구조 제약

> 핵심어 **음절 구조 제약**

자음과 모음은 음절 단위로 결합해 소리를 만든다. 이때 음절의 초성, 중성, 종성 위치에 올 수 있는 자음이나 모음의 개수와 종류가 제한되어 있다. 한국어의 **음절 구조 제약**(音節 構造 制約, syllable structure constraints)으로는 먼저 초성과 종성 위치에 여러 개의 자음이 올 수 없다는 제약이 있다. 즉 한국어는 음절 초성과 종성에 한 개의 자음만 올 수 있다. 또 초성 위치에는 19개의 자음 중 'ㅇ/ŋ/을 제외하고 모든 자음이 올 수 있지만 종성 위치에는 /ㄱ, ㄴ, ㄷ, ㄹ, ㅁ, ㅂ, ㅇ/ 7개의 자음만 올 수 있다는 제약이 있다.

이런 음절 구조 제약으로 인해 /빗/, /빚/, /빛/은 모두 [빋]으로 발음되고, /값/은 [갑]과 같이 한 개의 자음만 발음된다. 결국 한국어의 음절 유형은 모음(V) 하나로만 이루어진 음절, 모음 앞에 초성 자음(C) 한 개가 있는 경우, 모음 뒤에 종성 자음 한 개가 있는 경우, 모음의 앞뒤에 자음이 하나씩 있는 경우 모두 네 가지가 된다. 이때 음절의 중성은 단모음으로 구성될 수 있고, 이중모음, 즉 '활음(G)+모음(V)'으로 구성될 수도 있다.

돋보기

한국어의 음절 유형

음절 유형	(G)V	C(G)V	(G)VC	C(G)VC
예	아, 이	차, 구	안, 일	산, 빵
	야, 와	쇼, 뭐	영, 원	형, 관

정리

음절 구조 제약

☑ 음절을 구성하는 초성, 중성, 종성 자리에 올 수 있는 자음이나 모음의 개수와 종류에 관한 제약

1 다음 단어의 음절 구조를 〈보기〉와 같이 쓰십시오.

	단어	초성	중성	종성
보기	꽃	ㄲ	ㅗ	ㄷ
1)	애			
2)	잎			
3)	양			
4)	쥐			
5)	턱			

2 〈보기〉의 단어들을 음절 유형별로 분류하십시오.

보기					
	요	자	약	이	끼
	곰	은	창	채	끝

1) (G)V :

2) C(G)V :

3) (G)VC :

4) C(G)VC :

3 운율

3.1 운율 단위

자음과 모음과 같은 소리의 최소 단위를 음소(音素, phoneme)라고 한다. '나무'와 '너무'가 다른 의미를 갖는 것처럼, 음소의 차이는 의미의 차이를 만든다. 음소는 연속적인 말소리로부터 분리할 수 있는 음이라는 의미로 분절음(分節音, segment)이라고 한다. 그런데 말을 할 때 음소의 차이 외에도 의미의 차이를 만드는 것이 있다. '배고파'라는 문장을 말할 때 끝을 올리면서 말하면 의문문이 되고, 끝을 내리면서 말하면 평서문이 된다. 이처럼 발화의 의미 차이를 만드는 음소 이외의 소리 특징을 운율(韻律, prosody)이라고 한다. 운율적 요소에 속하는 것으로는 소리의 높낮이, 크기, 길이, 끊어 말하기, 휴지, 발화 속도 등 억양을 만드는 여러 가지 특징들이 있다. 운율은 음소처럼 분리되지 않고 분절음에 얹혀서 실현되는 소리이므로 초분절음(超分節音, supra-segment)이라고도 한다.

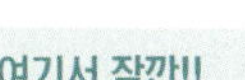

여기서 잠깐!!
'음소'는 '음운'이라고도 한다.

여기서 잠깐!!
'초분절음'은 '비분절음'이라고도 한다.

(1) ㄱ. 할머니//가죽을/드신다
　　 ㄴ. 할머니가//죽을/드신다

위의 (1ㄱ)과 (1ㄴ)처럼 문장을 끊어서 말하는 위치에 따라 의미가 크게 달라지는 것을 알 수 있다.

한편 위의 문장은 모두 두 번의 휴지를 두었는데, 이 중 첫 번째 휴지가 두 번째 휴지보다 더 길다. 이처럼 문장을

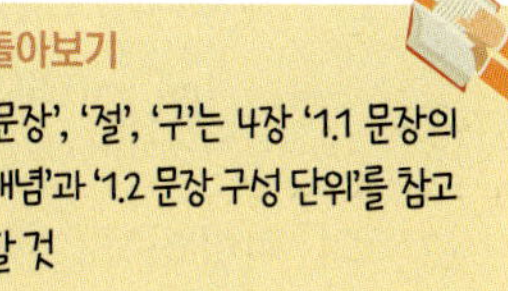

돌아보기
'문장', '절', '구'는 4장 '1.1 문장의 개념'과 '1.2 문장 구성 단위'를 참고할 것

몇 개의 절이나 구, 단어 등의 문법론적 단위로 구분하는 것처럼 발화도 몇 개의 운율 단위로 구분할 수 있다.

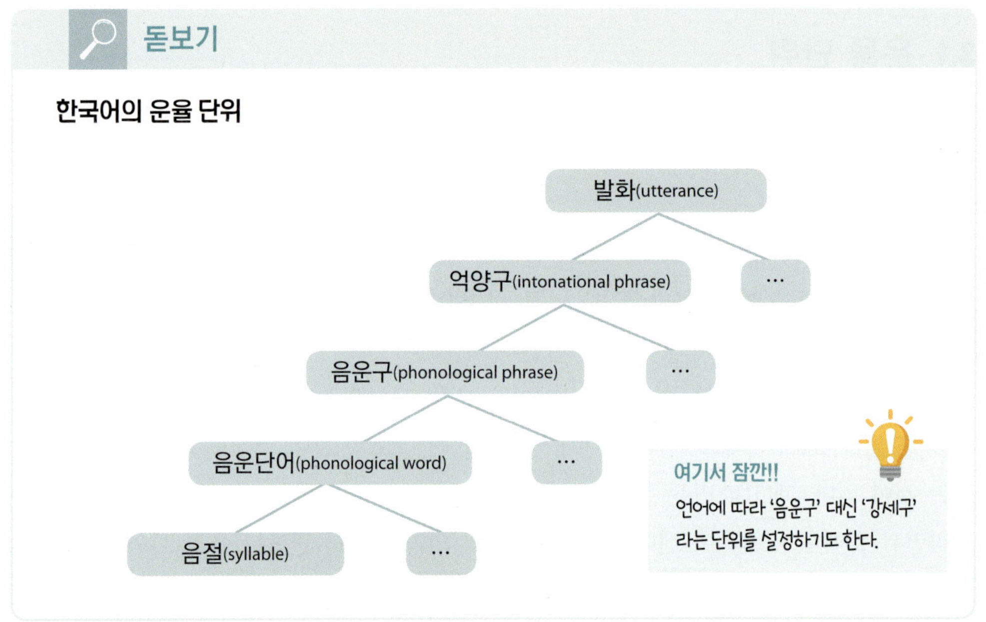

음운단어(音韻單語, phonological word)는 하나 이상의 음절로 구성된 운율 단위로, 내부에 어떤 휴지도 둘 수 없다는 특징이 있다. 음운구(音韻句, phonological phrase)는 하나 이상의 음운단어로 구성된 운율 단위로, 억양이 실현되는 최소 단위다. 즉 음운구를 단위로 억양 패턴이 반복되면서 말의 리듬이 만들어진다. 억양구(抑揚句, intonational phrase)는 발화 중간이나 발화를 마친 후 숨을 쉬는 단위, 즉 뚜렷한 휴지로 구분되는 단위로서 문장의 의미, 화자의 의도나 태도를 나타내는 억양이 실현된다.

(2) ㄱ. ω(비) ω(합리적), ω(할 수) ω(있다)
　　ㄴ. ip[p(내일은)] ip[p(눈이) p(올 거예요)]

돌아보기
(2)에서 'ω'는 음운단어를, 'p'는 음운구를, 'ip'는 억양구를 의미한다.

(2ㄱ)의 '비합리적'은 형태론적으로는 하나의 단어이지만, 음운론적으로는 두 개의 음운단어로 구성되었으며, '할 수'는 형태론적으로 두 개의 단어지만, 음운론적으로는 한 개의

음운단어다. (2ㄴ)은 세 개의 음운구, 두 개의 억양구로 실현된 발화다.

정리

3.2 억양

핵심어 **억양 유형, 경계성조**

한국어의 운율 단위 중에서 억양이 실현되는 단위는 음운구와 억양구다. 음운구 단위에서 실현되는 억양과 억양구 단위에서 실현되는 억양은 차이가 있다.

(3) ㄱ. 영진이가 전화해요. 미영이도 전화해요.
    ㄴ. 영진이한테 전화해요. 어머니한테 전화해요.
    ㄷ. 영진이한테도 전화해요. 아버지한테도 전화해요.
    ㄹ. 영진이한테까지 전화해요. 막내한테까지도 전화해요.

(3)에 제시한 문장은 첫 번째 음운구의 음절 수가 4음절에서부터 7음절까지로 차이가 나고, 단어도 다양하게 사용되었다. 그러나 여기에 일정한 **억양 유형**(抑揚 類型, intonation pattern)이 나타나고 있음을 알 수 있다. 즉 첫 번째 음절이 낮고 두 번째 음절이 높은 음으로 실현된다. 또 끝에서 두 번째 음절이 낮아졌다가 마지막 음절이 다시 올라가는 억양 유형, 즉 LH-LH 유형을 보인다.

여기서 잠깐!!
'L'은 low tone을, 'H'는 high tone 을 의미한다.

(4) ㄱ. 철민이가 전화해요.
    ㄴ. 할머니한테 전화해요.
    ㄷ. 사촌동생한테 전화해요.
    ㄹ. 똘똘이한테까지 전화해요.

(4)의 문장은 (3)에 제시된 문장과 마찬가지로 첫 번째 음운구가 4음절에서 7음절로 구성되어 있다. 그러나 억양은 LH-LH 유형이 아니라 HH-LH 유형으로 실현되었다. HH-LH 유형은 (4)의 문장처럼 음운구의 첫 자음이 격음, 경음, 마찰음일 때 실현된다.

(5) ㄱ. 영미가 전화해요. 수미도 전화해요.
    ㄴ. 내가 전화해요. 처음 전화해요.
    ㄷ. 난 전화해요. 또 전화해요.

음운구의 두 가지 억양 LH-LH, HH-LH 유형은 음운구의 음절 수가 많아지거나 줄어들어도 동일하게 나타난다. (5)에서 제시한 바와 같이 음운구의 처음 두 음절에 LH 또는 HH 억양이 배당되고, 음운구의 마지막 두 음절에 LH 억양이 배당된다. 이때 3음절이나

1음절로 구성된 음운구는 한 음절에 L 억양과 H 억양이 동시에 배당되는데 이때는 일반
적으로 H 억양이 선택된다.

억양구 억양

(6) ㄱ. ip[오전에는 비가 오고,] ip[오후에는 맑겠습니다.]
    ㄴ. ip[오전에는 비가 오고,] ip[오후에는 맑겠습니다.]
    ㄷ. ip[오전에는 비가 오고,] ip[오후에는 맑겠습니다.]
(7) ㄱ. ip[불고기를 먹었어요?]
    ㄴ. ip[어느 식당에서 먹었어요?]

(6ㄱ)~(6ㄷ)은 문장 중간에 숨을 쉼으로써 두 개의 억양구로 실현한 발화다. 억양구의
억양 유형은 억양구의 끝음절에 나타나기 때문에 이를 **경계성조**(經界聲調, boundary tone)
라고 한다. 위의 예에서 보듯이 문장 중간의 억양구 경계성조는 마지막 음절을 올리며 발
음하는 (6ㄱ)의 H% 유형, 끝음절을 내리며 발음하는 (6ㄴ)의 L% 유형, 끝음절을 올렸다 내
리며 발음하는 (6ㄷ)의 HL% 유형의 세 가지가 나타난다.

한편 문장 끝의 억양구 경계성조는 (6)처럼 평서문일 때
는 L% 유형이 실현되고, (7ㄱ)처럼 판정의문문일 때는 H%
유형이 실현되고, (7ㄴ)처럼 설명의문문일 때는 끝음절에서
억양이 내려갔다가 올라오는 LH% 유형이 실현되는 것이
일반적이다.

돌아보기
'평서문', '판정의문문'과 '설명의문
문'은 5장 '2. 문장의 유형'을 참고
할 것

억양 유형
☑ 억양 단위에서 실현되는 억양의 종류

경계성조
☑ 억양구 경계에서 실현되는 억양 유형

정리

1 다음 음운구의 억양이 LH-LH 유형인지, HH-LH 유형인지 쓰십시오.

1) 어제부터

2) 카메라하고

3) 할머니께서는

4) 자전거를 타면

5) 선생님들과 같이

2 다음 문장에 [보기]와 같이 억양 곡선을 그리십시오.

> **보기** 어머니는 / 백화점에서 / 빵을 사요.

1) 미영이는 / 학교에서 / 공부를 해요.

2) 오늘도 / 도서관에서 / 책을 읽어요.

3) 어디에서 / 선생님을 / 만나기로 했어요?

4) 다음 주말에는 / 바다에 가서 / 수영할까요?

5) 전 / 주말에 / 좀 / 바빠요.

4 음운변동

핵심어 **변이음, 음운변동, 음운규칙**

(1) ㄱ. 꽃이 [꼬치]
ㄴ. 꽃나무 [꼰나무]
ㄷ. 꽃 [꼳]

(1)의 예에서 보듯이 '꽃'의 음절말음 /ㅊ/는 실제 발화에서 [ㅊ], [ㄴ], [ㄷ]으로 다양하게 발음된다. 이처럼 하나의 음소가 환경에 따라 달리 발음되는 소리를 **변이음**(變異音, allophone)이라고 한다. 그리고 하나의 음소가 환경에 따라 다양한 변이음으로 변화하는 것을 **음운변동**(音韻變動, phonological process)이라고 하며, 음운변동 과정에 적용되는 것이 바로 **음운규칙**(音韻規則, phonological rule)이다. 한국인들은 누구나 한국어 음운변동에 대한 지식을 가지고 있기 때문에 [꼰나무]라는 발음을 듣고도 '꼰+나무'가 아니라 '꽃+나무'로 해석해 낼 수 있다.

한국어에는 다양한 음운변동이 존재하는데, 음운변동의 종류를 변동의 양상에 따라 교체, 탈락, 첨가, 축약으로 나눌 수 있다.

(2) 음운변동의 유형
ㄱ. 교체 : ○△□ → ○▲□ (예 /먹는/ → [멍는])
ㄴ. 탈락 : ○▲□ → ○□ (예 /좋아/ → [조아])
ㄷ. 첨가 : ○□ → ○▲□ (예 /한여름/ → [한녀름])
ㄹ. 축약 : ○□ → ◉ (예 /입학/ → [이팍])

(2ㄱ)처럼 하나의 음소가 다른 음소로 바뀌는 것을 교체라고 하는데, 음운변동 중에서 교체가 가장 일반적인 유형이다. 교체의 예로 제시한 /먹는/은 앞 음절의 종성이 안울

돌아보기
'어간', '어미'는 3장 '2.2. 용언'을 참고할 것

림소리고 뒤 음절의 초성이 울림소리일 때 종성 자음이 비음이 되는 '비음화' 규칙이 적용되어 [멍는]으로 발음되는 것이다. (2ㄴ)처럼 음소가 탈락하는 음운변동의 예로 제시한 /좋아/는 /ㅎ/로 끝나는 용언 어간이 모음으로 시작하는 어미와 결합할 때 /ㅎ/가 탈락하는 'ㅎ 탈락' 규칙이 적용되어 [조아]로 발음된다. (2ㄷ)처럼 음소가 추가되는 음운변동의 예로 제시한 /한여름/은 파생어나 합성어 경계에서 앞 단어나 접두사가 자음으로 끝나고 뒤의 단어나 접미사의 첫음절이 '이, 야, 여, 요, 유'일 때 사이에 /ㄴ/가 삽입되는 'ㄴ 첨가' 규칙이 적용되어 [한녀름]으로 발음된다. (2ㄹ)처럼 두 음소가 하나로 축약되는 음운변동의 예로 제시한 /입학/은 /ㅎ/의 앞이나 뒤에 예사소리 /ㄱ, ㄷ, ㅂ, ㅈ/가 올 때 두 소리가 합쳐져 거센소리 [ㅋ, ㅌ, ㅍ, ㅊ]가 되는 '거센소리되기' 규칙이 적용되어 [이팍]으로 발음되는 것이다.

돌아보기
'합성어', '파생어'는 2장 '2.2. 단어의 유형'을 참고할 것. '접두사', '접미사'는 2장 '2.1. 단어의 구성 요소'를 참고할 것

이처럼 음운규칙은 특정한 환경에서 적용되는데, 음운규칙이 적용되는 환경에 따라 음운변동의 종류를 구분하기도 한다.

(3) 음운변동이 일어나는 조건
    ㄱ. 음운론적 조건 : /학생/ → [학쌩]
    ㄴ. 형태론적 조건 : /실수/ → [실쑤]

(3ㄱ)과 (3ㄴ)은 모두 /ㅅ/가 [ㅆ]로 발음되는 '된소리되기' 현상이다. 그런데 (3ㄱ)의 /학생/이 [학쌩]으로 발음되는 것은 /ㄱ, ㄷ, ㅂ/에 예사소리 /ㄱ, ㄷ, ㅂ, ㅅ, ㅈ/가 연결될 때 나타나는 현상이며, (3ㄴ)은 한자어에서 /ㄹ/ 뒤에 /ㄷ, ㅅ, ㅈ/가 있을 때 나타나는 현상이다. 이처럼 (3ㄱ)은 '/ㄱ, ㄷ, ㅂ/ 뒤에 예사소리가 있을 때'와 같이 음운론적인 조건이 부합할 때 음운변동이 일어난다. 그러나 (3ㄴ)은 '/ㄹ/ 뒤에 /ㄷ, ㅅ, ㅈ/가 있을 때'라는 음운론적인 조건뿐만 아니라 '한자어에서'라는 형태론적 조건까지 부합해야 음운변동이 일어난다.

(4) 음운변동의 필수성

　　ㄱ. 필수적 : /달님/ → [달림]

　　ㄴ. 수의적 : /안방/ → [안빵], /사랑방/ → [사랑방]

　　　　　　 /공부방/ → [공부빵], /노래방/ → [노래방]

　(4ㄱ)에 제시된 /달님/은 /ㄹ/ 뒤에 연결되는 /ㄴ/는 [리]로 발음되는 '유음화' 규칙의 적용을 받아 [달림]이 되는데, 이처럼 /ㄹㄴ/는 예외없이 항상 [ㄹㄹ]로 발음된다. 그러나 (4ㄴ)은 흔히 사잇소리 현상, 즉 합성어에서 앞말이 울림소리로 끝나고 뒷말의 초성이 예사소리일 때 뒷말의 초성이 된소리로 발음되는 현상이다. 그러나 (4ㄴ)에 제시한 예를 통해서 알 수 있듯이 사잇소리 현상은 필수적으로 나타나는 것은 아니다.

정리

변이음

☑ 하나의 음소가 환경에 따라 달리 발음되는 소리

음운변동

☑ 하나의 음소가 환경에 따라 다른 음으로 바뀌는 현상

음운규칙

☑ 하나의 음소가 변이음으로 변화하는 과정에 적용되는 규칙

음운론적 조건에 따른 음운변동

이름	규칙 내용	규칙 적용 예
장애음의 비음화	앞 음절의 종성 /ㅂ, ㄷ, ㄱ/은 뒤 음절의 초성이 울림소리일 때 비음 [ㅁ, ㄴ, ㅇ]이 된다.	십만 [심만], 꽃님 [꼰님], 국물 [궁물], 국립 [궁닙]
자음 뒤 유음의 비음화	자음(/ㄹ/, /ㄴ/ 제외) 뒤에 오는 /ㄹ/는 비음 [ㄴ]가 된다.	종로 [종노], 심리 [심니], 독립 [동닙], 협력 [혐녁]
장애음의 경음화	앞 음절의 종성 /ㅂ, ㄷ, ㄱ/ 뒤에 이어 나오는 평음은 경음이 된다.	먹보 [먹뽀], 믿다 [믿따], 입고[입꼬], 입술 [입쑬], 잡자 [잡짜]
동일 조음위치 장애음 탈락	앞 음절의 종성 /ㅂ, ㄷ, ㄱ/은 동일한 조음위치를 가진 장애음 앞에서 탈락한다. /ㅂ/은 /ㅂ, ㅍ, ㅃ/ 앞에서, /ㄷ/은 /ㄷ, ㅌ, ㄸ, ㅅ, ㅆ, ㅈ, ㅊ, ㅉ/ 앞에서, /ㄱ/은 /ㄱ, ㅋ, ㄲ/ 앞에서 탈락한다.	납부 [납뿌] → [나뿌], 맡다 [맏따] → [마따], 첫사랑 [첟싸랑]→[처싸랑], 웃자 [욷짜] → [우짜], 먹고 [먹꼬] → [머꼬]
유음화	/ㄴ/는 /ㄹ/ 뒤에서 유음 [ㄹ]가 된다.	달나라 [달라라], 오늘 내일 [오늘 래일]
격음화	/ㅎ/의 앞이나 뒤에 /ㅂ, ㄷ, ㄱ, ㅈ/가 오면 두 자음이 합쳐져 [ㅍ, ㅌ, ㅋ, ㅊ]가 된다.	입학 [이팍], 좋다 [조타], 박하 [바카]
활음 j 탈락	/ㅈ, ㅊ, ㅉ/ 뒤의 활음 /j/는 탈락한다.	져서 [저서], 쳐라 [처라], 쪄야 [쩌야]
조음위치 동화	두 자음이 연쇄할 때, 선행하는 자음이 후행하는 자음과 동일한 조음위치로 이동하여 발음될 수 있다. 이때 동화는 '잇몸소리<입술소리<여린입천장소리'의 방향으로 일어난다. 잇몸소리는 입술소리나 여린입천장소리로 바뀔 수 있고, 입술소리는 여린입천장소리로 바뀔 수 있다. (수의적)	신문 [심문], 한국어 [항구거], 감기 [강기], 팥빙수[팝삥수]→[파삥수], 입고 벗기 [익꼬 벅끼]→[이꼬 버끼]
ㅎ 약화	공명음 사이의 /ㅎ/는 탈락 또는 약화될 수 있다. (수의적)	전화 [저놔], 공항 [공앙], 불행 [부랭], 대학 [대악]
활음 w 탈락	자음 뒤 활음 /w/는 탈락할 수 있다. (수의적)	봐라 [바라], 줘요 [조요], 꿈 꿨어 [꿈 꺼써]
활음 첨가	/ㅣ/나 /ㅗ, ㅜ/ 모음 뒤에 모음이 연쇄할 때, 두 모음 사이에 활음 /j/나 /w/가 첨가되어 후행 모음이 이중모음으로 발음될 수 있다. (수의적)	이어서 [이여서], 기어서 [기여서], 보아 [보와], 주어 [주워]

 돋보기

형태론적 조건에 따른 음운변동

이름	규칙 내용	규칙 적용 예
어간말 비음 뒤 경음화	비음 /ㄴ, ㅁ/로 끝나는 어간 뒤에 평음 /ㄱ, ㄷ, ㅅ, ㅈ/로 시작하는 어미가 오면, 평음이 경음으로 발음된다.	안다 [안따], 안고 [안꼬], 안지 [안찌], 안습니다 [안씀니다] *비교: 안기다 [안기다], 안다고 [안다고]
관형형 어미 '-(으)ㄹ' 뒤 경음화	관형형 어미 '-(으)ㄹ' 뒤에 평음 /ㄱ, ㄷ, ㅂ, ㅅ, ㅈ/가 오는 경우, 중간에 휴지(pause)가 없으면 평음은 경음이 된다.	할 수 [할 쑤], 갈 사람 [갈 싸람], 먹을 밥 [머글 빱]
한자어 ㄹ 뒤 경음화	한자 단어 내부에서 /ㄹ/ 뒤에 /ㄷ, ㅅ, ㅈ/가 오면, 평음은 경음이 된다.	발달 [발딸], 발설 [발썰], 발전 [발쩐] *비교: 발견 [발견], 발발 [발발]
구개음화 (입천장소리 되기)	형태소 경계에서 /ㄷ, ㅌ/가 /ㅣ/로 시작하는 의존 형태소(조사, 어미, 접사)와 연쇄하는 경우 /ㄷ, ㅌ/는 구개음화되어 [ㅈ, ㅊ]가 된다.	같이 [가치], 굳이 [구지] *비교: 밭에 [바테], 밭으로 [바트로]
단어 내 유음화	단일어 내부에서 /ㄴ/ 뒤에 /ㄹ/가 올 경우, 선행하는 /ㄴ/는 [ㄹ]가 된다.	신라 [실라], 난로 [날로], 근로자 [글로자], 한라산[할라산]
유음의 비음화	단어 경계에서 /ㄴ/ 뒤에 /ㄹ/가 올 경우, 후행하는 /ㄹ/는 [ㄴ]가 된다.	신라면 [신나면], 인촌로 [인촌노], 판단력 [판단녁]
ㅎ 탈락	/ㅎ/로 끝나는 용언 어간 뒤에 모음으로 시작하는 어미가 올 경우 /ㅎ/는 탈락한다.	좋아 [조아], 좋은[조은], 낳으면 [나으면], 싫어요 [시러요]
합성어의 경음화	합성어에서 앞 단어가 울림소리고 끝나고 뒤 단어가 평음으로 시작할 때 평음은 경음으로 발음될 수 있다. (수의적)	잠자리 [잠짜리], 밤길 [밤낄] *비교: 꿈자리 [꿈자리], 노래방 [노래방], 효과 [효과/효꽈]
ㄴ 첨가	합성어의 앞 단어가 자음으로 끝나고 뒤 단어가 모음 /ㅣ/나 활음 /j/로 시작할 때, 그 사이에 /ㄴ/가 첨가될 수 있다. (수의적)	서울역 [서울력], 꽃잎 [꼰닙], 할 일 [할릴] *비교: 그럼요 [그럼뇨], 금융 [그뮹/금늉]

1 다음 단어의 발음에 해당하는 음운변동의 유형을 연결하십시오.

1) 책장 [책짱]   •

                               • 교체

2) 빨갛게 [빨가케]   •

                               • 탈락

3) 생일날 [생일랄]   •

                               • 첨가

4) 영화 [영와]   •

                               • 축약

5) 할 일 [할릴]   •

2 다음 단어에 나타난 음운변동의 성격을 〈보기〉와 같이 표시하십시오.

	단어	음운변동의 조건	음운변동의 필수성
보기	신발 [심발]	☑ 음운록적 ☐ 형태론적	☐ 필수적 ☑ 수의적
1)	기숙사 [기숙싸]	☐ 음운록적 ☐ 형태론적	☐ 필수적 ☐ 수의적
2)	좋아요 [조아요]	☐ 음운록적 ☐ 형태론적	☐ 필수적 ☐ 수의적
3)	공부방 [공부빵]	☐ 음운록적 ☐ 형태론적	☐ 필수적 ☐ 수의적
4)	갈 거야 [갈 꺼야]	☐ 음운록적 ☐ 형태론적	☐ 필수적 ☐ 수의적
5)	책이에요 [채기예요]	☐ 음운록적 ☐ 형태론적	☐ 필수적 ☐ 수의적

1 다음 문장은 한국어 자음과 모음에 대한 설명입니다. 빈칸에 알맞은 말을 써 보십시오.

1) 한국어 폐쇄음과 파찰음은 발성 유형에 따라 ...., ..., ... 으로 나뉜다.

2) 한국어 단모음의 수를 표준발음법에서 10개로 정하고 있지만 실제로는 모두 ....(이)다.

3) 한국어의 활음으로는 ...., ..., ... 가 있다.

4) 한국어는 음절 초성 위치에 .... 개의 자음이 올 수 있다.

5) 단어 '낫', '낮', '낯'을 발음하면 모두 .... 으로 소리 난다.

6) 한국어의 경우 활음은 음절 구조에서 .... 에 포함된다.

2 다음의 발화에 대한 설명이 옳으면 O에, 틀리면 X에 표시하십시오.

> 한국 사람들은 // 참 // 친절한 것 같아요.

1) 14개의 음절로 구성되어 있다.   □ O   □ X

2) 세 개의 음운구로 실현되었다.   □ O   □ X

3) 다섯 개의 억양구로 실현되었다.   □ O   □ X

4) HH-LH 유형의 억양만 실현되었다.   □ O   □ X

5) 억양구 경계성조는 실현되지 않았다.   □ O   □ X

한국어의 의미

1 의미의 정의와 유형
2 단어의 의미
3 문장의 의미

　　'먹다'는 '음식을 먹다'처럼 기본적인 의미로 사용될 때도 있고 '골을 먹다' 처럼 확장된 의미로 사용될 때도 있다. 이와 같이 같은 표현이라도 그 의미는 여러 가지로 해석될 수 있다. 성공적인 의사소통을 위해서는 이처럼 한국어의 의미를 정확하게 이해하고, 적절하게 사용하는 것이 중요하다. 이 장에서는 의미가 무엇인지 그 내용과 특징을 파악하고, 의미를 중심으로 언어 표현들이 어떤 관계를 맺고 있는지를 살펴보자.

1.1 의미의 정의

> **핵심어** 의미, 지시설, 개념설, 용법설

의미

지금까지 우리는 언어의 형식적인 부분인 소리와 형태에 대해 알아보았다. 그런데 언어에는 형식만 있는 것이 아니라, 형식이 담고 있는 내용도 있다. 그것이 바로 의미(意味, meaning)다.

(1) 나무 ┌ 형식: [나무], 'ㄴ', 'ㅏ', 'ㅁ', 'ㅜ'
       └ 내용: 식물의 한 종류로 가구를 만들거나 집을 지을 때 사용하는 재료

(1)의 '나무'라는 단어를 살펴보면, [namu]로 발음되는 소리와 'ㄴ', 'ㅏ', 'ㅁ', 'ㅜ'로 쓰인 형태가 그 형식에 해당한다. 그리고 이러한 형식이 나타내는 '식물의 한 종류로 가구를 만들거나 집을 지을 때 사용하는 재료'라는 것이 바로 언어의 의미에 해당한다.

이와 같이 언어는 형식과 의미로 구성되어 있다. 그런데 형식과 달리 의미는 귀로 들을 수도, 눈으로 볼 수도 없다. 의미는 우리의 머릿속에 추상적으로 존재하는 것이다. 그렇기 때문에 의미가 무엇인지, 의미를 어떻게 정의할 수 있는지 알아내기가 쉽지 않다.

예를 들어 '행복', '나무', '먹다'의 의미를 어떻게 정의할 수 있을지 생각해 보자. '행복'의 구체적인 의미를 떠올릴 수 있는가? 여러분들이 떠올린 '나무'는 실제 세계에 존재하는 나무와 같은가? '밥을 먹다'와 '마음을 먹다'와 같이 다양한 의미로 나타나는 '먹다'의 의미는 어떻게 정의할 수 있을까?

이렇게 의미는 그 실체를 파악하기가 쉽지 않다. 이러한 '의미의 의미'를 설명하기 위해 여러 사람들이 다양한 견해로 의미를 설명해 왔다. 그 가운데 대표적인 것으로 지시설, 개

넘설, 용법설이 있다. 여기에서는 지시설, 개념설, 용법설을 알아보도록 하자.

(2) 나무의 의미는? ➡ 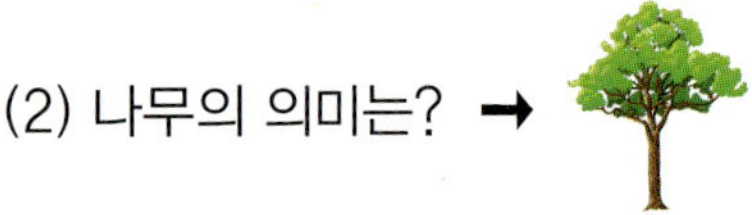

　먼저 지시설을 살펴보자. (2)와 같이 **지시설**(指示說, referential theory)은 단어의 의미를 그 단어가 지시하는 지시물이라고 여긴다. 즉 단어가 지시하는 실제 사물이 그 단어의 의미가 된다는 것이다. 예를 들어 '책상'이라는 단어의 의미는 이것이 지시하는 지시물인 ⵍ이 되며, '나무'라는 단어의 의미는 ⵍ가 된다.

　이러한 지시설은 고유명사의 의미를 설명할 때에도 유용하다. 예를 들어 '남대문'의 의미는 이 표현이 지시하는 실제 세계의 ⵍ이 되고, '세종대왕'의 의미는 실제 ⵍ이 된다. 이처럼 지시설은 실제 존재하는 지시물의 의미를 설명하기에 유용하다.

그러나 이러한 지시설로는 설명하기 어려운 단어들이 존재한다. 추상적인 단어인 '행복', '생각', '경험' 등의 의미는 지시설로 설명할 수는 없다. '너무', '그리고'와 같은 부사와 접속어도 지시물이 존재하지 않으므로 지시설로는 그 의미를 설명할 수 없다. 이뿐 아니라 지시설로는 실제 세계에 존재하지 않는 '도깨비'나 '귀신'과 같은 단어들의 의미도 설명하지 못한다는 한계가 있다.

개념설에서는 이와 같이 지시물만으로는 의미를 설명할 수 없으므로 개념을 활용하여 의미를 설명해야 한다고 본다. **개념설**(槪念說, conceptual theory)은 언어 표현이 바로 지시물과 연결된다고 보는 지시설과 다르게, 언어표현과 지시물 사이에 개념이라는 것이 존재한다고 본다. 개념설에서 의미는 지시물 자체가 아니라 사람의 머릿속에 떠오르는 심리적 영상이다. 이러한 개념설의 견해는 다음과 같은 그림으로 설명할 수 있다.

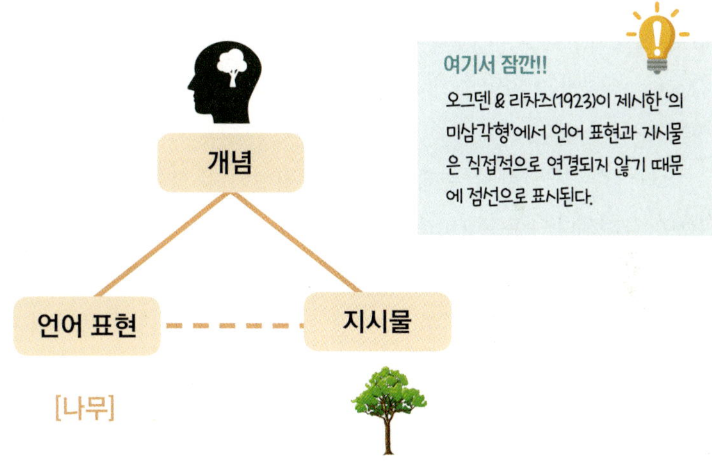

'의미삼각형'에서는 기호인 '언어 표현'과 실제적 대상인 '지시물', 그리고 머릿속에 존재하는 사고인 '개념'을 나타낸다. 즉, 사람들이 '나무'의 의미를 이해할 때, '나무'라는 언어 표현인 기호와 실제 🌳를 직접 연결하여 이해하는 것이 아니라, 머릿속에 존재하는 추상화된 개념을 통해 '나무'의 의미를 이해한다고 보는 것이다. 이와 같이 개념설에서는 '나무'라는 소리를 듣고 머릿속에 떠올리는 '나무'라는 개념을 의미로 본다.

이처럼 의미를 머릿속 개념으로 설명할 수 있다는 점에서 실제 존재하는 지시물이 없어도 그 의미를 파악할 수 있다는 것이 개념설의 장점이라고 할 수 있다. 그러나 사람들이 어떤 표현을 접할 때 떠올리는 영상이나 이미지가 모두 같은 것은 아니다.

위 그림에서 볼 수 있는 것과 같이 사람마다 어떤 대상에 대해서 떠올리는 개념이 다를 수 있다. 이처럼 개념으로도 어떤 대상의 의미를 명확하게 정의하기 어렵다는 점이 개념설의 한계다. 또한 '너무'와 같은 부사나 '그리고'와 같은 접속어와 '이/가'와 같은 조사 등의 기능을 나타내는 의미는 구체적인 영상이 떠오르지 않기 때문에 개념설로는 그 의미를 설명하기 쉽지 않다.

이와 같은 개념설의 문제로 인해 용법설이 등장했다. 용법설은 그 단어의 용법을 의미로 보는 견해다. **용법설**(用法說, use theory)에서는 단어가 가지고 있는 의미는 일정하지 않고, 단어가 사용되는 맥락에서의 용법이 의미가 된다고 본다. 즉 의미는 구체적인 맥락 속에서 설명될 수 있는 것이며, 문장을 구성하는 다른 항목들과의 관계와 화용적 상황 속에서 결정되는 것이다.

(3) ㄱ. 멀리 있는 산을 봤다.

ㄴ. 재미있는 영화를 봤다. (감상하다)

ㄷ. 매일 신문을 본다. (읽다)

ㄹ. 이익을 많이 봤다. (가지다)

ㅁ. 의사가 환자를 본다. (치료하다)

'보다'는 (3ㄱ)에서처럼 '눈으로 대상을 인식한다'는 기본적인 의미를 가지고 있다. 그런데 (3ㄴ)~(3ㅁ)에서의 '보다'는 이와 같은 기본적인 의미가 아닌 다른 의미로 사용되고 있다. (3ㄴ)~(3ㅁ)에서 '보다'는 '감상하다, 읽다, 가지다, 치료하다'의 의미로 이해될 수 있다.

이와 같이 단어의 의미는 실제 단어가 사용되는 문장과 발화되는 상황에 따라 달라진다. 용법설은 이러한 용법에 의해 단어의 의미를 정의해야 한다고 보는 것이다. 그러나 단어의 모든 용법을 찾는 것은 사실상 불가능하며, 그 용법들 속에서 본질적 의미가 무엇인지를 알기 어렵다는 점에서 용법설 역시 한계를 가지고 있다.

지금까지 의미를 정의하는 대표적인 견해인 지시설, 개념설, 용법설을 살펴보았다. 이를 통해 의미가 무엇인지를 밝혀내는 것은 쉽지 않은 일임을 알 수 있었다. 어떤 하나의 견해로는 의미가 무엇인지를 정확히 규정할 수 없다는 것도 알 수 있었다. 따라서 지시설, 개념설, 용법설에서 이야기하는 의미의 특성을 모두 고려하여 포괄적으로 의미를 정의하고 바라보는 것이 필요할 것이다.

1.2 의미의 유형

핵심어 개념적 의미, 연상적 의미, 주제적 의미

(4) ㄱ. 아버지, 안녕히 주무세요.

　　ㄴ. 음악의 아버지는 누구일까요?

　　ㄷ. 아버지께 기도합니다.

의미는 바라보는 관점에 따라 다르게 분류될 수 있다. 위의 세 문장에서 사용된 '아버지'라는 단어의 의미가 모두 동일하다고 할 수는 없다. (4ㄱ)의 '아버지'는 '자기를 낳아준 남성'을 의미하고, (4ㄴ)의 '아버지'는 '어떤 일을 처음 이루거나 완성한 사람'을 의미하며, (4ㄷ)은 종교적 상황에서 '신'을 친근하게 부르는 말이다. 이처럼 같은 단어라도 그 의미는 조금씩 다르게 해석될 수 있다. 따라서 상황에 따라 적절하게 그 의미를 파악하기 위해서는 먼저 의미의 유형에 대해 알고 있어야 한다.

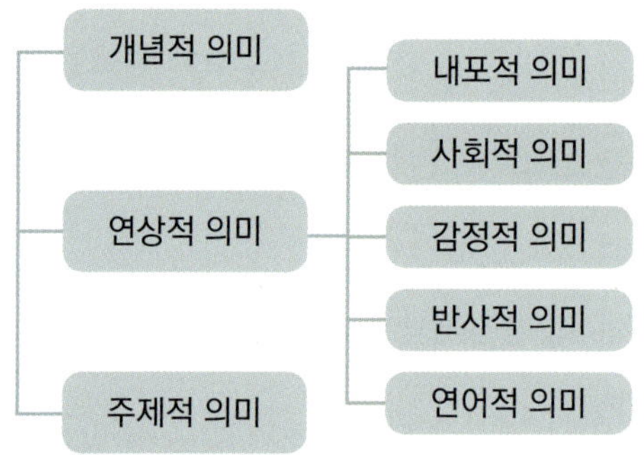

리치(Leech, 1974)는 위와 같이 의미의 유형을 크게 개념적 의미와 연상적 의미, 주제적 의미로 분류하였다. 그리고 연상적 의미를 다시 내포적 의미, 사회적 의미, 감정적 의미, 반사적 의미, 연어적 의미로 분류하여 총 일곱 가지 유형으로 나누었다.

개념적 의미

개념적 의미는 언어를 사용하는 상황이나 사용자에 관계없이 언제나 일정한 의미다. **개념적 의미**(槪念的 意味, conceptual meaning)는 가장 보편적이고 핵심이 되는 기본 의미다. 개념적 의미는 사전에서 일차적으로 제시하고 있는 의미이므로 사전적 의미라고 할 수 있다.

(5) 사전에서의 '나무'의 의미
　　줄기나 가지가 목질(木質)로 된 여러해살이 식물

예를 들어 사전에 나와 있는 '나무'의 의미를 바탕으로 그 개념적 의미를 살펴보면 '동물이 아님', '줄기나 가지가 목질로 되어 있음', '여러해살이 식물'로 설명할 수 있다. '나무'라고 지시할 수 있는 대상이라면 이러한 특성을 모두 가져야 하는 것이다. 이처럼 '나무'라는 말을 다른 말과 구분하기 위해 꼭 필요한 내용이 개념적 의미가 된다.

연상적 의미

연상적 의미(聯想的 意味, associative meaning)는 기본 의미로부터 연상되는 의미를 말한다. 연상적 의미는 일반적으로 떠올리는 개념적 의미와 다르게 개인의 경험에 따라 달라질 수 있다. 연상적 의미에는 내포적 의미, 사회적 의미, 감정적 의미, 반사적 의미, 연어적 의미가 있다.

가. 내포적 의미

내포적 의미는 보편적인 개념적 의미에 붙어 추가적으로 나타날 수 있는 주변적인 의미다. 이 의미는 개인의 경험과 사회·문화적인 배경을 반영하여 나타난다.

> (6) ㄱ. 마음의 고향
> ㄴ. 음악의 아버지

예를 들어 '고향'은 '자기가 태어나서 자란 곳'이라는 보편적인 의미를 지니지만, (6ㄱ)과 같은 표현에서는 '따뜻함', '그리움', '어떤 사건이 시작된 곳'이라는 내포적 의미를 지닌다. (6ㄴ)의 '아버지'는 '어떤 일을 처음 이루거나 완성한 사람'이라는 내포적 의미를 지닌다.

나. 사회적 의미

사회적 환경에 따라 다르게 연상될 수 있는 의미를 사회적 의미라고 한다. 사회적 환경을 나타내는 요인으로는 나이, 성별, 직업, 종교, 지역, 사회적 지위 등이 있다.

> (7) ㄱ. 아빠, 용돈 주세요.
> ㄴ. 아버님, 진지 드세요.

(7)의 '아빠', '아버님' 등의 단어들의 경우 개념적 의미는 동일하다고 할 수 있지만, 그 사회적 의미가 동일하다고 볼 수는 없다. 이 경우 일반적으로 (7ㄱ)과 같이 '아빠'라고 말하는 사람의 나이는 어린 편에 속한다거나, '아빠'라고 불리는 사람은 어린 자녀를 둔 남성임을 연상하게 된다. 또한 (7ㄴ)의 '아버님'이라는 단어는 많은 경우에 장성한 자녀를 둔 남성을 연상시키기 때문에, '아버님'이라고 말하는 사람과 '아버님'이라고 불리는 사람의 관계를 추정할 수 있다.

다. 감정적 의미

감정적 의미는 말하는 사람의 개인적인 감정이나 태도가 언어에 반영되어 나타나는 의미다. 감정적 의미는 소리의 고저, 강세, 길이, 억양 등을 통해 나타낼 수 있다.

(8) ㄱ. 아~~~~~~주 잘 했어.
ㄴ. 아주 잘~~~~~~했어.

예를 들면 (8ㄱ), (8ㄴ)과 같이 '아주 잘 했어'라고 말할 때, '아주'나 '잘'을 길고 강하게 발음하여 강조하려는 감정을 표현할 수 있다.

라. 반사적 의미

단어에 여러 의미가 있을 때, 그중 하나의 의미가 매우 강한 연상적 이미지를 가지고 있어서, 다른 의미를 말해도 그 이미지가 먼저 떠오르는 것을 반사적 의미(反射的 意味, reflected meaning)라고 한다.

(9) 커피에 중독됐다.

예를 들면, (9)에서의 '중독'에 대해 말하는 사람은 커피를 너무 '좋아한다'는 의미로 사용했지만 듣는 사람은 '병'을 떠올려 부정적으로 생각할 수 있다. 말하는 사람이 원래 의도한 의미와 다른 의미를 연상할 수 있는데 이러한 의미를 반사적 의미라고 할 수 있다.

마. 연어적 의미

연어적 의미는 배열적 의미라고도 하는데, 함께 배열된 단어들과의 관계 속에서 연상할 수 있는 의미다.

> (10) ㄱ. 착한 어린이, 착한 사람
> ㄴ. ?착한 가격, ?착한 기업

예를 들면 (10ㄱ)의 '착한 어린이'는 자연스러운 표현이지만, 이에 비해 (10ㄴ)의 '착한 가격', '착한 기업'과 같은 표현은 문자 그대로의 의미로는 어색하다. '착한 가격'과 '착한 사람'에서의 '착한'은 일반적인 의미의 '착하다'로 해석된다. 그러나 '가격'이나 '기업'은 '어린이'나 '사람'과는 달리 인간의 성품을 나타내는 '착하다'의 일반적 의미와 직접적인 관련성이 없다. 이 경우 '가격'이나 '기업'과 같은 특정 명사군과 결합하여, '착하다'라는 형용사가 '부담이 적다', '윤리적이다'와 같은 비유적 의미로 해석된다. 이처럼 연어적 의미는 결합하는 단어로 인해 발생하는 의미다.

주제적 의미

주제적 의미(主題的 意味, thematic meaning)는 의도 의미라고도 하는데, 말하는 사람이 어순이나 초점, 강조 등을 통해 의도를 나타냄으로써 표현되는 의미다.

> (11) ㄱ. 나 한국 음식 좋아해.
> ㄴ. 한국 음식은 나도 좋아해.

> (12) ㄱ. 한국어 공부는 어렵지만 재미있다.
> ㄴ. 한국어 공부는 재미있지만 어렵다.

위에서 (11ㄱ)과 (11ㄴ), (12ㄱ)과 (12ㄴ)의 의미는 개념적 의미의 측면에서는 차이가 없다. 그렇지만 이들 문장은 어순의 차이 때문에 말하는 사람이 강조하고자 하는 의미에 차이가 생겼다. (11ㄴ)은 한국 음식을 강조하기 위해 일반적인 어순과 달리 목적어 '한국 음식

'을'을 가장 뒤에 배치했다. (12ㄱ)과 (12ㄴ)의 예문 역시 말하는 사람이 초점을 두고자 하는 의도에 따라 어순을 다르게 구성할 수 있음을 나타낸다. 이렇게 말하는 사람이 언어 표현을 통해 나타내고자 하는 주제 또는 의도를 주제적 의미라고 한다.

정리

개념적 의미
- ☑ 가장 보편적이고 핵심이 되는 기본 의미

연상적 의미
- ☑ 기본 의미로부터 연상되는 가변적이며 주변적인 의미

주제적 의미
- ☑ 말하는 사람이 어순이나 초점, 강조 등을 통해 의도를 나타냄으로써 표현되는 의미

참고 자료

Leech, G.(1974), *Semantics*, Middlesex: Penguin Books.

Ogden, C. K. & Richards, I. A.(1923), *The Meaning of meaning*, London: Kegan Paul.

1 다음의 빈칸을 채워 보십시오.

1) '꽃'의 의미를 실제 '꽃'으로 보는 견해는 [   ]에 해당한다.

2) '나무'의 의미를 실제 세계의 나무가 아니라 생각 속의 '나무', 즉 [   ] (으)로 보는 의견이 있다.

3) 단어가 사용되는 맥락에서 발생하는 의미, 즉 단어의 [   ]을/를 의미로 보는 의견이 있다.

2 다음 문장에서 설명하는 의미 유형을 찾아보십시오.

개념적 의미	내포적 의미	사회적 의미
반사적 의미	주제적 의미	연어적 의미

1) 과학 영역에서는 '소금'을 '염화나트륨'이라고 말한다. [   ]

2) '집'이라는 단어는 '따뜻함', '안정감', '가족이 함께 있는', '편안함' 등의 의미를 지닌다. [   ]

3) '집'이라는 단어는 '사람이 거주하는 건물', '생활 공간', '주거 시설' 등이 그 의미다. [   ]

4) '일이 많지만 행복해요'와 '행복하지만 일이 많아요'라는 두 문장의 의미는 다르다. [   ]

5) 책상의 '다리'가 부러졌다. 얼마 전에 어머니께서 '다리'를 다치신 일이 생각났다. [   ]

6) '착한 가방', '착한 신발'처럼 '어떤 물건의 가격이 품질에 비해서 싸다'라는 의미로 '착하다'라는 말을 쓰기도 한다. [   ]

<table><tr><td>**2**</td><td></td></tr></table>

단어의 의미

2.1 단어의 의미 분석

의미성분

단어의 의미를 그것을 구성하고 있는 더 작은 단위로 나누어 분석하는 것을 성분분석이라고 한다. 이때 단어의 의미를 이루는 작은 단위의 구성요소를 **의미성분**(또는 의미자질)(意味成分, semantic component)이라고 한다.

> 동물: [생명체] [움직임]
> 식물: [생명체] [움직이지 못함]

위에서 보는 것처럼 단어의 의미성분을 이용하여 그 의미를 분석할 수 있다. 위에서 [ ]로 표현된 것이 바로 의미성분이다. '동물'은 [생명체]이면서 [움직임]이 있는 것으로 분석할 수 있으며, '식물'은 '동물'과 달리 [생명체]이면서 [움직이지 못함]이라는 의미성분을 가지는 것으로 분석할 수 있다.

> 동물: [+생명체] [+움직임]
> 식물: [+생명체] [−움직임]

의미성분은 위에서처럼 '+'와 '−'를 사용하여 표시할 수도 있다. 이때 '+'는 그러한 속성을 가지고 있다는 뜻이고, '−'는 가지고 있지 않다는 뜻이다.

위의 '동물'과 '식물'의 예에서와 같이 단어들이 공유하고 있는 [생명체]와 같은 의미성분을 공통성분이라고 한다. 그리고 동물과 식물을 구별해 주는 [움직임]과 같은 성분을 시차성분이라고 한다.

의미성분
☑ 단어의 의미를 이루고 있는 구성요소

2.2 단어의 의미관계

핵심어 유의관계, 반의관계, 상하관계, 다의관계, 동음이의관계

단어의 의미는 서로 관계를 맺고 있다. 비슷한 의미관계를 이루는 단어들도 있고, 서로 반대되는 의미 관계를 가지는 단어들도 있으며, 상하 계층의 관계를 이루는 단어들도 있다. 단어의 의미가 다의관계나 동음이의관계를 이루는 경우도 있다.

유의관계

유의관계(類義關係, synonymy)는 비슷한 의미를 가지고 있는 둘 이상의 단어들의 의미관계를 말한다.

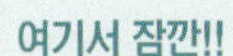

(1) ㄱ. 영희는 항상 일찍 일어난다.
　　ㄴ. 영희는 언제나 일찍 일어난다.
　　ㄷ. 영희는 늘 일찍 일어난다.

(1ㄱ)에서 '항상'은 '언제나', '늘' 등과 비슷한 의미를 가지고 있고, '항상'을 (1ㄴ)~(1ㄷ)처럼 '언제나', '늘'로 바꾸어도 의미에 큰 차이가 없다. 이렇게 '항상', '언제나', '늘'은 서로 유의관계에 있다. 그리고 이렇게 유의관계에 있는 단어를 유의어라고 한다.

(1)에서는 유의관계에 있는 단어들은 서로 바꾸어 써도 의미에 큰 차이가 없었다. 그러나 (2)에서와 같이 유의관계에 있다고 하더라도 서로 바꿔서 쓸 수 없는 경우가 있다.

(2) ㄱ. 그런 일은 생각도 못 했다.

ㄴ. 그런 일은 *사고도 못 했다.

'생각'과 '사고'는 유의관계에 있는 말이지만 어떤 문맥에서는 서로 바꿔서 쓸 수 없다. 이처럼 의미가 비슷해도 사용되는 상황과 의미가 표현하는 대상의 범위가 미세하게 다른 경우가 있다. 따라서 유의관계에 있다고 해서 그 의미가 완전히 같다거나, 언제나 서로 바꾸어 사용할 수 있다고 할 수는 없다.

반의관계

반의관계(反義關係, antonymy)는 서로 반대되거나 대립되는 의미를 가지고 있는 둘 이상의 단어들의 의미관계를 말한다. 그리고 반의관계에 있는 단어들을 반의어라고 한다.

(3) ㄱ. 할머니 — 할아버지

할머니 : [인간] [나이 든 세대] [여성]
할아버지: [인간] [나이 든 세대] [남성]

ㄴ. 할머니 — 소년

할머니: [인간] [나이 든 세대] [여성]
소년 : [인간] [어린 세대] [남성]

(3ㄱ)의 '할머니'와 '할아버지'는 반의관계에 있다. '할머니'와 '할아버지'는 [인간]이라는 점과 [나이 든 세대]라는 점에서 동질성을 가지고 있다. 그러나 성별에서 '할머니'는 [여성], '할아버지'는 [남성]으로 의미성분의 차이를 가지고 있기 때문이다.

그런데 (3ㄴ)의 '할머니'와 '소년'은 [인간]이라는 점만 공통되고, 세대와 성별이라는 두 측면에서 서로 다른 의미성분을 가진다. 이러한 '할머니'와 '소년'은 반의관계에 있다고 볼 수 없다. 이와 같이 반의관계에 있는 단어들은 의미성분 가운데 한 가지에서 차이를 가지는 관계다.

반의어는 상보반의어, 정도반의어, 방향반의어로 분류된다.

(4) 상보반의어: 살다 — 죽다, 있다 — 없다, 열다 — 닫다

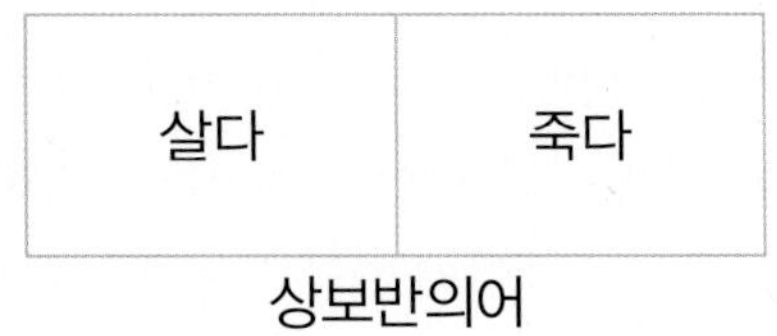

상보반의어는 (4)와 같이 의미적으로 중간 지역이 없는 상호배타적인 특성을 지닌다. 즉 '살지도 죽지도 않는다'거나, '있지도 없지도 않다'거나, 또는 '열려 있지도 닫혀 있지도 않다'거나 하는 중간적인 의미가 없다는 것이다.

(5) 정도반의어: 크다 — 작다, 춥다 — 덥다, 높다 — 낮다

이에 비해 정도반의어에는 의미적 중간 지역이 존재한다. (5)는 정도반의어의 예인데, 이 경우는 '크지도 작지도 않다'거나 '춥지도 덥지도 않다'거나, 또는 '높지도 낮지도 않다'거나 하는 중간적인 의미가 존재한다.

(6) 방향반의어: 위 — 아래, 앞 — 뒤, 오다 — 가다

(6)은 방향의 대립을 나타내는 방향반의어에 해당한다.
한 단어와 반의관계에 있는 단어는 두 개 이상이 될 수도 있다.

(7) ㄱ. 코트를 벗다 ⟷ 코트를 입다
    ㄴ. 양말을 벗다 ⟷ 양말을 신다
    ㄷ. 모자를 벗다 ⟷ 모자를 쓰다

(7)의 '벗다'의 반의어는 (7ㄱ)의 '입다', (7ㄴ)의 '신다', (7ㄷ)의 '쓰다'처럼 다양하게 나타날 수 있다. '벗다'의 세부 의미에 따라 대립되는 반의어가 달라지는 것이다.

상하관계

한 단어의 의미가 다른 단어의 의미를 포함할 때, 이들 단어의 의미관계를 **상하관계**(上下關係, hyponymy)라고 한다. 이때 다른 단어의 의미를 포함하는 단어는 상의어, 의미가 포함되는 단어는 하의어라고 한다. 상의어와 하의어는 계층적인 관계를 가지고 있다.

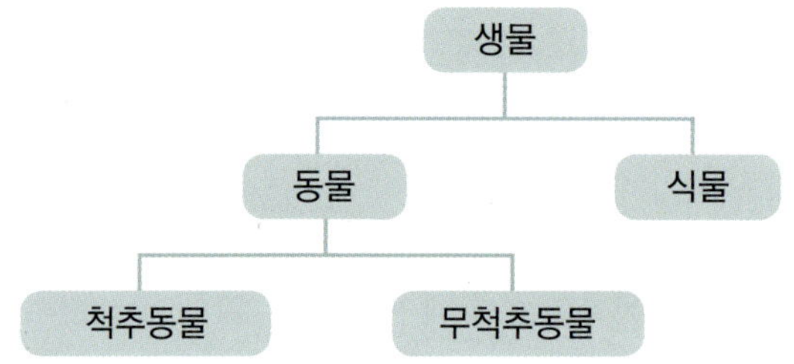

위의 예에서 알 수 있듯이 '동물'은 '생물'의 하의어이지만 '척추동물'의 상의어가 될 수도 있다. 이렇게 상하의어의 구분은 상대적이다.

생물　　: [+생명체]
동물　　: [+생명체] [+움직임]
척추동물: [+생명체] [+움직임] [+척추]

'생물'과 '동물', '척추동물'의 의미성분을 비교해 보면, 상의어일수록 의미성분의 수가 적으며, 하의어일수록 의미성분의 수가 많음을 알 수 있다. 이것은 상의어일수록 일반적이고 포괄적인 의미를 지니며, 하의어일수록 개별적이고 한정적인 의미를 지니는 특징을 지니기 때문이다.

다의관계

다의관계(多義關係, polysemy)는 하나의 단어가 의미적으로 관련성이 있는 여러 의미를 지닐 때 그 의미들의 관계를 말한다. 그리고 다의관계를 가지고 있는 단어를 다의어라고 한다. 다의어의 형태와 의미관계는 아래와 같이 나타난다.

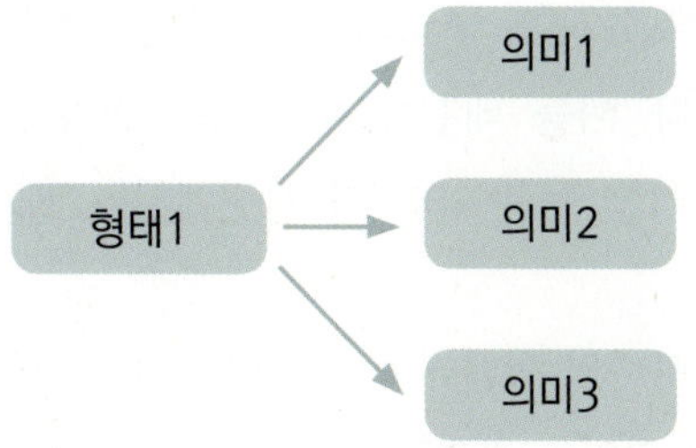

이처럼 다의어는 하나의 형태에 그에 대응되는 다의관계의 여러 의미를 가진다. 그리고 이 의미들 사이에는 '의미적 관련성'이 있어야 한다.

다의어가 가지는 여러 의미는 중심의미와 주변의미로 구분된다.

(8) ㄱ. **머리**가 아프다.(중심의미)

　　ㄴ. **머리**가 좋다.(주변의미)

　　ㄷ. **머리**가 길다.(주변의미)

(8ㄱ)에서 '머리'는 중심의미인 '사람이나 동물의 목 위의 부분'를 나타낸다. 이에 비해 (8ㄴ)의 '머리가 좋다'와 (8ㄷ)의 '머리가 길다'라는 문장에서의 '머리'는 각각 '생각하고 판단하는 능력', '머리에 난 털' 등의 주변의미를 나타낸다. 이와 같이 가장 기본적이고 핵심적인 의미가 중심의미가 되며, 중심의미에서 확장되어 나타난 의미는 주변의미가 된다. 이처럼 다의어의 의미는 중심의미에서 주변의미로 확장되면서 그 의미들이 서로 의미적 관련성을 가지게 되는 것이다.

동음이의관계

단어의 소리는 같지만 의미가 다른, 즉 의미적 관련성이 없는 별개의 단어들의 관계를 **동음이의관계**(同音異義關係, homonymy)라고 한다. 그리고 동음이의관계에 있는 단어들을 동음이의어라고 한다.

(9) ㄱ. **배**가 아파요.

　　ㄴ. **배**를 타고 싶습니다.

　　ㄷ. **배**가 달고 맛있어요.

‘배’는 (9ㄱ)처럼 신체 일부인 ‘배’와 (9ㄴ)의 선박(船舶)의 의미인 ‘배’, 그리고 (9ㄷ)에서의 과일의 한 종류인 ‘배’가 있다. 이들 ‘배’는 모두 발음과 철자가 모두 같지만 의미적 관련성이 없는 별개의 단어다. 이러한 동음이의어를 사전에서는 ‘배¹’, ‘배²’, ‘배³’과 같이 구분하여 나타낸다.

다의어와 동음이의어는 하나의 형태에 여러 의미가 대응된다는 점에서 비슷하다. 그러나 다의어는 하나의 단어에 의미적 관련성이 있는 여러 의미들로 구성된 것인데 비해, 동음이의어는 형태만 같을 뿐 서로 의미적 관련성이 없는 둘 이상의 단어라는 점에서 차이가 있다.

따라서 다의어와 동음이의어를 구분할 때 의미적 관련성은 중요한 기준이 된다. 의미적 관련성 여부를 판정할 때에는 ‘동일 어원’과 ‘의미적 유사성’을 살펴본다.

(10) ㄱ. 다리: 사람의 다리, 책상의 다리, 한강 다리
　　　ㄴ. 고개: 고개가 아프다, 고개가 높다

(10ㄱ)의 ‘다리’는 여러 의미를 가지고 있지만 어원이 같은 것으로 볼 수 있다. 이와 같이 동일한 어원을 가지고 있으면 의미적 관련성이 있다고 보아 다의어로 정한다. 이에 비해 (10ㄴ)의 ‘고개’는 어원이 동일했지만 의미적 거리가 너무 멀어져서 의미적 유사성이 사라졌다. 이에 따라 (10ㄴ)의 ‘고개’는 동음이의어로 본다.

  정리

유의관계

☑ 비슷한 의미를 가지고 있는 둘 이상의 단어들의 의미관계

반의관계

☑ 서로 반대되거나 대립되는 의미를 가지고 있는 둘 이상의 단어들의 의미관계

☑ 상보반의어, 정도반의어, 방향반의어가 있음.

상하관계

☑ 한 단어의 의미가 다른 단어의 의미를 포함할 때, 이들 단어의 의미관계

다의관계

☑ 하나의 단어가 의미적으로 관련성이 있는 여러 의미를 지닐 때 그 의미들의 관계

동음이의관계

☑ 단어의 소리는 같지만 의미가 다른, 즉 의미적 관련성이 없는 별개의 단어들의 관계

1 다음 의미성분을 사용하여 단어 의미를 분석해 보십시오.

[±인간]　　　[±성인]　　　[±남성]　　　[±기혼]

1) 소년:

2) 소녀:

3) 아내:

4) 남편:

2 다음의 밑줄 친 단어들의 관계를 설명하는 말을 찾아 빈칸을 채워보십시오.

유의관계　　　　반의관계　　　　상하관계
다의관계　　　　　동음이의관계

1) 너무 오래 걸어서 <u>다리</u>가 아파요. / 의자 <u>다리</u>가 하나 부러졌어요.

2) 이 약은 너무 <u>써서</u> 먹기 힘들어요. / 얼굴이 타니까 모자를 <u>쓰세요</u>. / 이번 달에 돈을 너무 많이 <u>썼어요</u>.

3) 날씨가 <u>매우</u> 더워요. / 어제는 <u>아주</u> 추웠어요.

4) 엘리베이터를 타고 <u>올라갔다</u>. / 기온이 갑자기 <u>내려가서</u> 추워졌다.

5) <u>문학작품</u>에는 <u>시, 소설, 희곡, 수필</u> 등이 있다.

3 # 문장의 의미

중의성

하나의 문장은 완결된 의미를 가진다. 그런데 하나의 문장이 둘 이상의 서로 다른 의미로 해석될 때가 있는데 이러한 의미적 특성을 중의성(重義性, ambiguity)이라고 한다.

문장의 중의성은 문장 속의 특정 어휘에 의해서 발생하기도 하며, 문장의 구조에 의해 발생하기도 한다. 어휘에 의해서 발생하는 중의성을 어휘적 중의성이라고 한다.

돌아보기
'한국어의 문장'은 4장 '1.1 문장의 개념'을 참고할 것

(1) ㄱ. 내가 가는 길이 맞을 거야.
    ㄴ. 내일 일은 알 수 없다.

(1)은 어휘적 중의성을 보여준다. (1ㄱ)에서 '길'은 사람이나 차가 다니는 '도로'라는 의미로 이해될 수도 있고, 어떤 일을 하는 '방법'이라는 의미로 이해될 수도 있다. (1ㄴ)의 '내일'은 '오늘 바로 다음날'을 뜻할 수도 있고, '미래'를 의미하는 것으로 이해될 수도 있다. (1ㄱ)과 (1ㄴ)의 '길'과 '내일'은 다의어로, 이렇게 다의어의 사용으로 인해 문장의 중의성이 발생될 수 있다.

(2) ㄱ. 차가 없다.
    ㄴ. 눈이 예쁘다.

이에 비해 (2ㄱ)과 (2ㄴ)은 동음이의어의 사용으로 중의성이 생기는 경우다. (2ㄱ)은 '마실 음료가 없다'는 의미로 해석될 수도 있고, '이동을 위해 타야 할 차가 없다'는 의미로 해석될 수도 있다. (2ㄴ) 경우도 '얼굴에 있는 눈이 예쁘다'는 의미와 '겨울에 하늘에서 내리

는 눈'이 예쁘다는 의미로 전혀 다르게 해석될 수 있다. 이렇게 문장에 사용된 동음이의어로 인해 문장의 중의성이 발생할 수 있다.

문장의 중의성은 문장 구조에 의해 발생할 수도 있다.

(3) 내가 보고 싶은 친구들이 많다.

ㄱ. 내가 [[보고 싶은] 친구들이 많다.]

ㄴ. [[내가 보고 싶은] 친구들이] 많다.

(3)은 관형절을 안은문장이다. 그런데 (3)에서 주어부를 (3ㄱ)처럼 '내가'로 볼 것이냐, (3ㄴ)처럼 '내가 보고 싶은 친구들이'로 볼 것이냐에 따라 그 의미가 다르게 해석될 수 있다.

돌아보기
'관형절을 안은문장'은 6장 '3.3 관형절을 안은문장'을 참고할 것

(4) 수지는 진수와 선생님을 만났다.
ㄱ. [수지는 진수와] 선생님을 만났다.
ㄴ. 수지는 [진수와 선생님을] 만났다.

(4)는 목적어를 (4ㄱ)처럼 '선생님을'으로만 볼 것이냐, (4ㄴ)처럼 '진수와 선생님을'로 볼 것이냐에 따라 다르게 해석된다.

(5) 빨간색 티셔츠를 입은 수지와 민서가 우리 팀이에요.
ㄱ. [빨간색 티셔츠를 입은] 수지와 민서가 우리 팀이에요.

ㄴ. [빨간색 티셔츠를 입은] 수지와 민서가 우리 팀이에요.

(5)는 '빨간색 티셔츠를 입은'이라는 수식어가 (5ㄱ)처럼 '수지'만을 수식하느냐, (5ㄴ)처럼 수지와 민서를 모두 수식하느냐에 따라 다르게 해석된다.

'부정표현'은 8장 '2.1 부정표현의 개념'을 참고할 것

(6) 수지가 학교에 가지 않았다.

    ㄱ. 학교에 간 사람은 수지가 아니다.

    ㄴ. 수지가 간 곳은 학교가 아니다.

    ㄷ. 수지가 학교에 간 것은 아니다.

(6)은 부정표현의 대상이 (6ㄱ)처럼 '수지'인지, (6ㄴ)처럼 '학교'인지, (6ㄷ)처럼 '가다'라는 행위인지에 따라 의미가 다르게 해석된다.

(7) 학생들이 다 오지 않았어요.

    ㄱ. 학생들이 한 명도 안 왔어요.

    ㄴ. 학생들이 다 오지 않고 일부만 왔어요.

(7)은 부정하는 대상이 (7ㄱ)처럼 '학생 전체'인지 (7ㄴ)처럼 '학생들 중 일부'인지에 따라 다르게 해석된다.

이와 같이 구조적 중의성은 '주어부의 범위', '목적어의 범위', '수식어의 범위', '부정의 범위'에 대한 해석의 차이로 인해 발생한다.

전제와 함의

우리는 어떠한 문장을 통해 그 문장의 의미뿐만 아니라 그에 따르는 부수적인 사실이나 정보를 알게 될 때가 있다.

(8) 수지는 동생과 영화관에 갔다.

    → 전제: 수지는 동생이 있다.

예를 들어, '수지가 동생과 영화관에 갔다'라는 (8)의 문장을 통해 '수지에게는 동생이 있다'라는 것을 자연스럽게 알 수 있다. 이와 같이 문장에는 표면적으로 드러나지 않았지만, 문장의 의미가 성립하기 위한 조건에 해당하는 것을 전제(前提, presupposition)라고 한다.

다음의 (9)의 문장에서 '진수가 여자 친구에게 선물을 주었다'라는 문장이 성립하려면, '진수에게 여자 친구가 있어야 한다'라는 전제가 필요하다.

(9) 진수가 여자 친구에게 선물을 주었다.
　　➡ 전제: 진수는 여자 친구가 있다.
　　➡ 함의: 진수의 여자 친구는 진수에게서 선물을 받았다.

한편, 만일 '진수가 여자 친구에게 선물을 주었다'면 '진수의 여자 친구는 진수에게서 선물을 받았을' 것이다. 이와 같이 어떤 문장이 사실이라고 할 때, 이와 동시에 사실로 받아들여지는 정보를 **함의**(含意, entailment)라고 한다.

(10) 진수가 여자 친구에게 선물을 주었다. (거짓)
　　➡ 전제: 진수는 여자 친구가 있다. (사실)
　　➡ 함의: 진수의 여자 친구는 진수에게서 선물을 받았다. (거짓)

(10)과 같이 '진수가 여자 친구에게 선물을 주었다'는 것이 거짓이라고 생각해 보자. (10)의 문장이 거짓이라고 하더라도, 즉 '진수가 여자 친구에게 선물을 주지 않았다'라고 하더라도 '진수에게 여자 친구가 있다'는 전제는 성립한다. 그러나 '진수가 여자 친구에게 선물을 주지 않았다'면 '진수의 여자 친구는 진수에게서 선물을 받지 않았을' 것이므로 함의도 거짓이 된다.

이와 같이 전제는 원래의 문장의 정보가 사실이든 거짓이든, 그와 상관없이 성립한다. 반면 함의는 원래 문장의 정보에 따라서 사실인지 거짓인지가 결정된다.

정리

중의성
- ☑ 하나의 문장이 둘 이상의 서로 다른 의미로 해석되는 것
- ☑ 어휘적 중의성과 구조적 중의성으로 구분됨.

전제
- ☑ 어떤 문장의 의미가 성립하기 위한 조건에 해당하는 정보

함의
- ☑ 어떤 문장이 사실일 때 이와 동시에 사실로 받아들여지는 정보

1 다음의 문장이 중의성이 있으면 O에, 그렇지 않으면 X에 표시하십시오.

1) 저는 용감한 아버지의 아들입니다.   ☐ O ☐ X

2) 어머니는 아버지와 아들을 찾아갔다.   ☐ O ☐ X

3) 아버지는 통화하면서 책을 보는 아들을 혼냈다.   ☐ O ☐ X

4) 지수가 밥을 먹지 않았다.   ☐ O ☐ X

5) 나는 새로 나온 옷을 사러 백화점에 갔다.   ☐ O ☐ X

6) 부지런한 철수는 일찍 일어났다.   ☐ O ☐ X

2 다음 문장에 대한 설명이 맞으면 O에, 틀리면 X에 표시하십시오.

1) 수지는 정수보다 은수를 더 좋아한다.   ☐ O ☐ X

→ 이 문장은 '수지가 정수와 은수 중 은수를 더 좋아한다'는 의미로만 해석된다.

2) 사과와 귤이 두 개 있다.   ☐ O ☐ X

→ 이 문장은 '사과와 귤이 각각 2개씩, 모두 4개가 있다'는 것으로 해석할 수도 있고, '사과와 귤을 합쳐서 2개가 있다'는 것으로도 해석될 수 있다.

3) 경찰이 도둑을 잡았다.   ☐ O ☐ X

→ 이 문장에서 함의하고 있는 사실은 '도둑이 잡혔다'는 것이다.

4) 지난주에 본 시험에서 1등을 했다.   ☐ O ☐ X

→ 이 문장에서 전제는 '지난주에 시험을 봤다'는 사실이다.

1 **다음 설명이 맞으면 O에, 틀리면 X에 표시하십시오.**

1) 의미를 정의하는 방법은 단 하나다.   ☐ O   ☐ X

2) 의미를 머릿속에 떠오르는 개념으로 보는 의견을 용법설이라고 한다.   ☐ O   ☐ X

3) 개념적 의미는 연상적 의미 중 핵심이 되는 의미이다.   ☐ O   ☐ X

4) 사회적 의미는 '나는 학교에 간다'라는 문장과 '학교에, 나는 간다'라는 문장의 차이와 관련되어 있다.   ☐ O   ☐ X

5) 여우주연상을 받은 배우를 보며, 동물 '여우'를 떠올리는 것은 반사적 의미와 관련이 있다.   ☐ O   ☐ X

6) 『맛있는 한국어 공부』라는 책 이름은 연어적 의미를 떠오르게 한다.   ☐ O   ☐ X

2 **의미관계와 관련하여 다음 문장의 빈칸을 채워 보십시오.**

1) '배우다', '학습하다', '공부하다', '익히다'는 [＿＿＿＿＿＿＿＿] 에 있는 단어들이다.

2) '침대', '식탁', '옷장', '책상', '소파', '탁자'의 [＿＿＿＿＿＿＿＿]는 '가구'이며, '과일'의 [＿＿＿＿＿＿＿＿]로는 '수박', '딸기', '포도', '바나나', '배', '사과' 등이 있다.

3) '벗다'와 [＿＿＿＿＿＿＿＿]에 있는 단어로는 '(옷을) 입다', '(신발을) 신다', '(모자를) 쓰다' 등이 있다.

한국어의 화용

1 화용론의 개념
2 직시
3 화행

우리가 사용하는 말은 언어로 표현된 것 이상의 의미를 지닌다. 그래서 대화를 할 때 맥락을 바탕으로 상대방의 의도를 파악하려고 노력한다. 여자가 '밖이 좀 시끄럽다'는 말을 '창문을 닫아 달라'는 요청의 의미로 이해한 것처럼 말이다. 이 장에서는 이렇게 언어와 맥락과의 관계를 다루는 화용론에 대해 알아보도록 하자.

1 # 화용론의 개념

화용론

화용론(話用論, pragmatics)은 언어와 맥락과의 관계 및 의사소통 상황에서 언어가 사용되는 원리를 다루는 학문이다. 음운론이나 형태론, 통사론에서는 음소나 음절, 단어나 문장을 분석 대상으로 삼는다. 이때 언어가 사용되는 맥락은 연구 대상에 포함되지 않는다. 이는 화용론이 등장하기 이전의 언어학에서는 언어의 구조와 체계를 밝히는 것을 연구의 주된 목표로 삼았기 때문이다.

하지만 우리의 삶에 중요한 영향을 미치는 것은 의사소통 상황에서 실제로 사용되는 언어다. 우리가 사용하는 언어에는 음운론, 형태론, 통사론의 언어 규칙만으로는 설명될 수 없는 원리들이 존재한다. 이처럼 언어 사용의 원리를 밝히는 것이 중요하다고 생각하는 사람들이 많아지면서 오늘날 화용론은 언어학의 한 영역으로 자리 잡게 되었다. 화용론에서는 맥락이 전제된 담화 단위에서의 언어 사용을 다룬다.

> **여기서 잠깐!!**
> 담화는 문장 이상의 언어 단위를 말한다.

🔍 **돋보기**

1970년대 화용론 등장 이후 언어학 연구의 변화

구분	연구 대상	분석 단위
화용론 등장 이전	음운, 형태, 통사, 의미	(맥락이 없는) 단어, 구, 문장
화용론 등장 이후	(맥락과 담화 속에서의) 음운, 형태, 통사, 의미	(맥락이 있는) 단어, 구, 문장, 담화

맥락

화용론은 맥락과 밀접한 관련이 있다. 맥락을 통해 실제로 사용된 말의 의미를 구체적으로 알 수 있다. 먼저 맥락과 언어 의미의 관련성에 대해 살펴보도록 하자.

(1) 여기 문이 있어요.

(1)은 맥락에 따라 의미가 다르게 해석될 수 있다. 이 문장의 일반적인 의미는 문의 위치를 다른 사람에게 알려주는 것이다. 그런데 만약 불이 난 상황에서 소방관이 출입구를 찾는 사람들에게 이 말을 했다고 생각해 보자. 이때 '여기 문이 있어요'는 '이 문을 통해서 빨리 밖으로 탈출하라'는 구조 활동의 의미를 지니게 될 것이다.

이처럼 맥락에 따라 말의 의미는 달라질 수 있다. 이와 같이 화용론에서는 단어나 문법만으로 설명하기 어려운 언어의 의미를 맥락 속에서 연구한다. 아래의 (2)는 맥락이 화자가 단어나 문법을 선택하는 것과 밀접한 관련이 있음을 보여준다.

(2) ㄱ. 여기 물 좀 주세요.
　　ㄴ. 나 물 좀 줘.

(2ㄱ)은 주로 식당에서 손님이 종업원에게, (2ㄴ)은 사적인 공간에서 친구나 가족과 같이 친밀하고 동등한 관계에서 사용된다. (2)를 보면 같은 의미라도 장소나 상대방과의 관계에 따라 화자가 단어나 문법을 다르게 선택할 수 있다는 것을 알 수 있다.

이처럼 언어의 의미를 해석하거나 단어나 문법을 선택할 때는 나와 상대방과의 관계, 장소, 담화 영역 등을 고려한다. 이러한 관점에서 **맥락**(脈絡, context)이란 언어 사용에 영향을 미치는 언어 외적인 요소로 정의할 수 있다.

> **여기서 잠깐!!**
> 맥락에 언어적 요소가 포함된다고 보는 견해도 있다(Halliday & Hasan, 1989).

맥락은 크게 상황 맥락(狀況 脈絡, context of situation)과 사회문화적 맥락(社會文化的 脈絡, context of culture)으로 나눌 수 있다. 상황 맥락이란 의사소통이 이루어지는 구체적이고 직접적인 환경으로 '담화 장소, 담화 영역, 참여자 관계, 채널' 등이 포함된다. 특히 한국어에서 담화 영역과 참여자 관계는 단어나 문법을 선택하는 데 중요한 영향을 미친다. 담화 영역은 크게 공적 영역과 사적 영역으로 구분되며 한국어에서는 격식체 및 비격식체의 사용과 관련이 있다. 참여자 관계는 사회적 지위와 화자와 청자 간의 정서적 친밀감으로 결정된다. 이러한 참여자 관계는 한국어의 높임법 사용과 밀접하게 관련 있다. 채널(channel)이란 말이 전달되는 방식으로 면대면, 전화, 방송 등이 있다.

돌아보기
'격식체'와 '비격식체'는 8장 '1.2 높임표현의 유형'을 참고할 것

사회문화적 맥락은 언어 사용에 영향을 미치는 한 사회의 관습이나 문화로서 역사, 제도, 가치, 신념과 같은 요인들이 포함된다. 사회문화적 맥락은 오랜 시간에 걸쳐 형성되기 때문에 구체적인 상황에 따라 달라지는 상황 맥락과 달리, 영속적이라는 특성이 있다.

(3) 밥은 잘 먹고 다녀요?

한국에서 (3)은 일반적으로 '잘 지냈어요?'와 같이 안부를 묻는 인사말로 이해된다. 그런데 다른 나라에서 (3)은 식사 여부를 물어보는 것으로 이해될 수 있다. 이처럼 어떤 말은 그 사회의 담화 관습과 관련이 있다. 이와 같이 담화 관습도 언어의 의미 해석에 중요한 영향을 미치므로 사회문화적 맥락에 포함된다고 할 수 있다.

소통의 원리

화용론은 언어 사용자들이 언어를 어떻게 사용하는지 연구하는 **소통의 원리**(疏通의 原理, principle of communication)를 다루는 학문이다. Grice(1975)는 사람들이 소통하는 방식을 연구하면서, 대화 참여자들은 기본적으로 대화의 목적이나 방향에 맞게 서로 협력하려는 경향이 있다는 것을 발견하였다. 그는 이를 협력의 원리(協力의 原理, Cooperative Principle)로 정의했는데 구체적으로 사람들은 대화의 '양, 질, 관련성, 태도'에 대해 암묵적인 원칙, 즉 격률을 따른다고 보았다.

양의 격률은 대화할 때 필요한 만큼의 정보를 제공해야 한다는 것을 말한다. 질의 격률은 진실된 정보만을 말해야 한다는 것을, 관련성의 격률은 대화의 주제나 상황에 맞는 이야기를 해야 한다는 것을 의미한다. 태도의 격률은 모호하거나 중의적인 표현을 피하고 명료하게 말해야 한다는 것을 뜻한다. 이 중 양의 격률에 대한 예문을 살펴보도록 하자.

(4) 가: 주말에 뭐 했어요?

　　 나: 아침 7시에 일어나서 물을 마시고 세수를 한 다음에 옷을 갈아입고
　　　　 TV를 봤어요.

(4)에서 '가'는 주말에 있었던 일에 대해 물었다. 그러나 '나'는 상대방이 묻지 않은 사소한 일상까지 나열하며 필요 이상의 정보를 제공하고 있다. 이는 적절한 양의 정보를 주고받아야 한다는 소통의 원리가 지켜지지 않아 대화의 효율성이 떨어지는 경우다. 이럴 때 청자는 화자가 특별한 의도를 가지고 일부러 양의 격률을 어겼다고 여기고 화자가 일부러 대답을 길게 한 의도를 추측한다.

이처럼 화용론에서는 단순히 언어 표현 그 자체가 아니라, 언어 표현에 숨어 있는 화자의 의도와 그것을 받아들이는 청자의 해석에 주목한다. 만약 청자가 화자의 의도를 제대로 이해하지 못하고 엉뚱한 말을 한다면 대화는 중단되거나 이상한 방향으로 흘러갈 수 있다. 이러한 측면에서 화용론은 사람들이 의도를 전달하고 이해하는 방식에 대한 원리를 다룬다고 볼 수 있다.

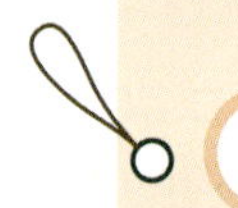 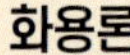 정리

화용론
- ☑ 언어와 맥락과의 관계 및 의사소통 상황에서 언어가 사용되는 원리를 다루는 학문

맥락
- ☑ 언어의 사용에 영향을 미치는 언어 외적인 요소

소통의 원리
- ☑ 화자와 청자가 서로의 의도를 전달하고 해석하는 방식에 대한 원리

 **참고 자료**

Halliday, M. A. K. & Hasan, R. (1989), *Language, context and text: Aspects of language in a social-semiotic perspective*(2nd ed.), Oxford: Oxford University Press.

Grice, H. P. (1975). Logic and conversation. In P. Cole & J. L. Morgan (Eds.), Syntax and semantics: Vol. 3. Speech acts (pp. 41–58). Academic Press.

확인 문제

1 화용론의 개념에 대한 설명이 맞으면 O에, 틀리면 X에 표시하십시오.

1) 화용론에서는 맥락이 포함되지 않은 문장을 다룬다. ☐ O ☐ X

2) 화용론의 목표는 언어의 규칙과 체계를 밝히는 데 있다. ☐ O ☐ X

3) 화용론 연구는 음운론, 형태론, 통사론보다 일찍 시작되었다. ☐ O ☐ X

4) 화용론은 화자의 의도가 어떻게 청자에게 전달되는지에 대해 다룬다. ☐ O ☐ X

2 맥락에 대한 설명이 맞으면 O에, 틀리면 X에 표시하십시오.

1) 같은 단어라도 맥락에 따라 그 의미가 다르게 해석될 수 있다. ☐ O ☐ X

2) 담화 영역과 참여자 관계는 한국어의 격식체 및 높임법 사용과 밀접한 관련이 있다. ☐ O ☐ X

3) 담화 장소는 크게 면대면, 전화, 방송 등으로 구분된다. ☐ O ☐ X

4) 사회 관습이나 문화적 요인은 언어 사용에 큰 영향을 미치지 않는다. ☐ O ☐ X

3 다음 중 소통의 원리에 대한 설명으로 적절하지 <u>않은 것</u>을 고르시오.

① 언어 사용자의 의도가 중요하게 다루어진다.

② 소통의 원리는 언어의 규칙만으로 충분히 설명될 수 있다.

③ 소통의 원리에서는 말의 숨겨진 의미를 찾는 것이 중요하다.

④ 화자의 의도를 어떻게 이해하고 해석할 수 있는지에 대해 다룬다.

2.1 직시의 개념

<핵심어> 직시, 직시표현, 직시체계

직시와 직시표현

'너, 이따, 여기'는 대화가 이루어지는 맥락을 모르면 무엇을 의미하는지 알 수 없다.

(1) 너 이따 여기로 올 거야?

(1)에서 '너', '이따', '여기'가 가리키는 것은 의사소통 상황에 따라 다르다. '너'는 청자가 누구인지에 따라 결정된다. '이따'는 화자가 말을 하는 시점에 따라 낮이거나 밤일 수도 있다. '여기'는 학교일 수도 있고 카페일 수도 있다. 이처럼 어떤 언어 표현은 맥락과 직접적으로 연결되어 있어서 대화가 이루어지는 구체적인 의사소통 상황을 모르면 그 의미를 알 수 없다.

직시(直視, deixis)란 지시 대상이 의사소통 상황과 직접적인 관련이 있어서 맥락에 따라 해석이 달라지는 현상을 말한다. 직시는 의사소통 상황에서 화자의 위치나 말을 하는 시점, 청자와의 관계와 밀접한 관련이 있다.

한편, 직시를 위해 사용된 표현을 직시표현(直視表現, deictic expression)이라고 한다. 직시는 의사소통 상황에서 화자와 한 명 이상의 청자가 대화를 하고 있을 때 사용되기 때문에 어떤 대상을 말로 표현할 때는 기준점이 필요하다(Lyons, 1977:637). 일반적인 의사소통 상황에서 직시표현의 기준은 '화자 자신(I)-화자가 있는 위치(here)-화자가 말을 하는 시점(now)'이다. 이를 적용하면 (1)의 '너, 이따, 여기'는 아래와 같이 해석될 수 있다.

(2) 너: 화자에 기준을 둔 청자의 호칭
　　이따: 화자가 말을 하는 시점 이후
　　여기: 화자가 있는 위치와 일치

직시체계

　책상 위에 연필 한 자루가 있다고 생각해 보자. 연필이 필요할 때 우리는 상대방에게 (3ㄱ)과 같이 말할 수 있다.

(3) ㄱ. **책상 위에 있는 연필** 좀 주세요.
　　 ㄴ. **이/그/저** 연필 좀 주세요.
　　 ㄷ. **이것/저것/그것** 좀 주세요.

　화자와 청자가 연필의 위치를 잘 아는 경우에는 연필이 어디 있는지 자세하게 말할 필요가 없다. 오히려 (3ㄴ)이나 (3ㄷ)과 같이 말하는 것이 경제적이다.
　(3ㄴ), (3ㄷ)의 '이/그/저', '이것/저것/그것'처럼 화자가 지시어를 사용하여 의사소통 상황에 놓인 대상과의 거리를 가리키는 방식이 있는데, 이를 **직시체계**(直視體系, deictic system)라고 한다. 한국어의 직시체계를 이해하기 위해 아래의 그림을 보도록 하자.

(4) ㄱ. 이　　　　　　　　ㄴ. 그　　　　　　　　ㄷ. 저

- 이: 가리키는 대상이 청자보다 화자에 가까울 때
- 그: 가리키는 대상이 화자보다 청자에 가까울 때
- 저: 가리키는 대상이 화자와 청자 모두에게서 멀 때

　(4ㄱ)에서처럼 옷이 화자에게 가까이 있을 때 보통 '이 옷'이라는 말을 사용한다. 하지만 옷이 청자에게 가까이 있을 때는 (4ㄴ)과 같이 '그 옷'이라고 부른다. 옷이 화자와 청자 모두로부터 먼 거리에 있을 때는 (4ㄷ)과 같이 '저 옷'이라는 말을 사용한다. 이처럼 화자와

청자, 대상이 갖는 거리를 크게 세 가지 차원으로 구분하는 것을 가리켜, '이·그·저 직시체계'라고 한다. 이·그·저 직시체계는 실제 상황 속의 장소나 시간, 사람을 가리킬 때 다양하게 사용된다.

직시체계는 언어마다 차이가 있다. 예를 들어, 일본어나 터키어는 한국어처럼 '이·그·저'의 3원적 직시체계이지만 영어나 중국어의 경우, '이·저(그)'의 2원적 직시체계를 지닌다.

정리

직시
☑ 지시 대상이 의사소통 상황과 직접적인 관련이 있어 맥락에 따라 의미가 달라지는 현상

직시표현
☑ 직시를 위해 사용된 표현

직시체계
☑ 화자가 지시어를 사용하여 의사소통 상황에 놓인 대상과의 거리를 가리키는 방식

2.2 직시의 유형

핵심어 장소직시, 시간직시, 인칭직시

장소직시

화자는 실제 상황에서 대상의 위치를 말할 때 자신이 있는 곳을 기준으로 삼는다.

(5) 영이: 여기에는 갈 만한 식당이 없네요.
후엔: 그럼 저쪽으로 가 볼까요?

(5)에서 '여기'는 화자가 있는 곳이다. '저쪽'은 가리키는 장소가 화자와 청자로부터 먼 거리에 있음을 의미한다. 이처럼 의사소통 상황에 있는 대상의 위치나 방향을 가리키는 것

을 **장소직시**(場所直視, place deixis)라고 한다. 한국어의 장소직시 표현은 이·그·저 직시체계
와 밀접한 관련이 있는데 대표적으로 '여기/이곳/이쪽, 거기/그곳/그쪽, 저기/저곳/저쪽'이
있다.

　'오다/가다'류에 속하는 이동 동사도 장소직시의 대표적인 표현이다. 아래의 그림을 보도
록 하자.

　위의 그림에서 '올라오세요'라고 말한 것은 한국어의 '오다'류 동사가 '청자가 화자가 있
는 곳으로 이동하는 것'을 뜻하기 때문이다. 하지만 만약 아래의 그림처럼 두 사람 모두 1
층에 있는 상황이라면 '올라가세요'라고 말해야 한다. 한국어의 '가다'류 동사는 청자가 화
자가 있는 곳으로부터 멀어질 때 사용되기 때문이다. 이처럼 장소직시도 화자가 있는 위치
를 기준으로 한다.

　'오다/가다'류 동사에는 '가다/오다, 나가다/나오다, 올라가다/올라오다, 내려가다/내려오
다' 등이 있다.

　이외에도 대상의 위치와 관련된 '위/아래, 앞/뒤, 전/후, 안/밖, 오른쪽/왼쪽' 등도 장소
직시를 나타내는 표현에 포함된다.

시간직시

'오늘, 내일, 이따, 지금'은 언제를 의미할까? 이러한 표현도 구체적인 맥락이 없으면 의미를 정확하게 알 수 없다.

(6) (일기 예보를 본 후) 내일은 날씨가 맑을 거예요.

(6)의 '내일'은 발화시를 기준으로 다음날을 가리키는 것이므로 '오늘을 기준으로 다음날'을 의미한다. 이처럼 시간직시(時間直視, time deixis)란 의사소통 상황에서 사건이 일어난 시간을 가리키는 것을 말한다.

돌아보기
'발화시'는 7장 '1.1 시제'를 참고할 것

시간직시 표현으로는 '이/그/저'를 사용한 '이번/저번, 이때/그때, 이제/그제/저제, 이다음/그다음' 등이 있다. 또한 '지금/아까/이따, 어제/오늘/내일, 올해/작년/내년, 지난달/이번 달/다음 달' 등과 같은 시간 부사도 시간직시 표현에 포함된다.

이외에도 '-는-, -었-, -겠-, -더-'와 같이 한국어의 시제를 나타내는 선어말어미도 대표적인 시간직시 표현이다.

돌아보기
'시제'와 '선어말어미'는 7장 '1.1 시제'를 참고할 것

(7) ㄱ. 나는 지금 학교에 간다.
ㄴ. 나는 어제 영화관에 갔다.

(7ㄱ)에서는 현재시제인 '-ㄴ-'이 사용되었다. 시간직시의 중심은 화자가 말을 하는 시점인 '지금'인데 (7ㄱ)의 시점은 이와 일치하므로 현재시제가 사용된 것이다. (7ㄴ)에서는 과거시제인 '-았-'이 사용되었다. 영화관에 간 것은 '어제'로 그 사건은 화자가 말을 하는 시점 이전에 일어났기 때문이다.

인칭직시

대화를 하다보면 자신이나 상대방 혹은 다른 사람을 가리켜 말해야 할 때가 있다.

(8) ㄱ. **저**는 미국에서 왔어요.

ㄴ. **너**는 뭐 먹을래?

ㄷ. **이분**이 저의 아버지세요.

(8ㄱ)의 '저'는 자기 자신을 가리키는 말로 1인칭 대명사에
속한다. (8ㄴ)의 '너'는 2인칭 대명사로 상대방을 가리킨다. (8
ㄷ)의 '이분'은 3인칭 대명사로 화자나 청자가 아닌 다른 사람
을 의미한다. 이처럼 의사소통 상황과 관련 있는 사람을 가

돌아보기
'대명사'는 3장 '2.1 체언'을 참고
할 것

리키는 것을 **인칭직시**(人稱直視, person deixis)라고 한다. 인칭직시의 대표적인 표현으로는
'나/저, 너/자네/당신/그대, 그/그녀'와 같은 인칭대명사가 있다.

또한 이야기를 나눌 때 여러 사람들을 동시에 가리켜 말해야 할 때도 있다.

(9) ㄱ. **저희**가 준비한 발표는 여기까지입니다.

ㄴ. **우리** 같이 영화 보러 갈까?

ㄷ. **여러분**, 제 말 좀 들어 보십시오.

(9ㄱ)의 '저희'와 (9ㄴ)의 '우리'는 자신을 포함한 여러 사람들을 가리킬 때 사용된다. (9ㄷ)
의 '여러분'은 청자가 여러 명일 때 사용되는데 이와 같이 여러 사람을 가리켜 하는 말을 복
수 인칭대명사라고 한다. 대표적인 표현으로는 '저희/우리, 너희/여러분, 그들'이 있다.

한편, 한국어의 인칭직시는 맥락의 영향을 많이 받는다는 특징이 있다. 특히 인칭직시
를 사용할 때에는 담화 영역을 잘 고려할 필요가 있다.

(10) ㄱ. 오늘 **저**는 **제가** 가장 인상 깊게 본 영화를 소개하려고 합니다.

ㄴ. *오늘 **나**는 **내가** 가장 인상 깊게 본 영화를 소개하려고 합니다.

(11) ㄱ. **저희**가 준비한 내용은 여기까지입니다.

ㄴ. ***우리**가 준비한 내용은 여기까지입니다.

(10)과 (11)은 발표를 하는 상황으로 담화 영역 중 공적 영역에 속한다. 보통 공적인 상
황에서는 겸손의 의미로 자신을 낮추어 표현한다. 따라서 공적인 상황에서 자신을 가리킬
때는 (10ㄴ)에서처럼 '나/내가'보다는 (10ㄱ)처럼 '저/제가'를 사용하는 것이 옳다. 또한 상사

가 참여하는 직장 회의에서는 (11ㄱ)과 같이, '우리' 말고 '저희'를 사용하는 것이 자연스럽다. '저희'는 자신을 포함한 사람들을 낮추어 부르는 말이기 때문이다.

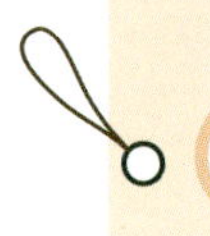

정리

장소직시
☑ 의사소통 상황에 있는 대상의 위치나 방향을 가리키는 직시

시간직시
☑ 의사소통 상황에서 사건이 일어난 시간을 가리키는 직시

인칭직시
☑ 의사소통 상황에서 대화에 참여하는 사람들을 가리키는 직시

🔍 돋보기

한국어 직시표현

장소직시	여기/이곳/이쪽, 거기/그곳/그쪽, 저기/저곳/저쪽 가다/오다, 나가다/나오다, 올라(내려)가다/올라(내려)오다 앞/뒤, 전/후, 안/밖, 오른쪽/왼쪽
시간직시	이번/저번, 이때/그때, 이제/그제/저제 이다음/그다음 지금/아까/이따, 어제/오늘/내일, 올해/작년/내년 지난달/이번 달/다음 달 -는-, -었-, -겠-, -더-

인칭직시	1인칭	나/저	우리, 저희
	2인칭	너, 당신, 자네	너희, 여러분
	3인칭	그/그녀, 이/그/저 사람(분)	그(그네)들

📖 참고 자료

Lyons, J. (1977), *Semantics*, Cambridge University Press.

1 '직시'에 대한 설명이 맞으면 O에, 틀리면 X에 표시하십시오.

1) 의사소통 상황과 직접적으로 관련이 있다. ☐ O ☐ X

2) 직시표현의 의미는 맥락에 따라 다르다. ☐ O ☐ X

3) 직시체계는 언어에 상관없이 동일하다. ☐ O ☐ X

4) '이'는 가리키는 대상이 화자보다는 청자에 가까울 때 사용된다. ☐ O ☐ X

2 아래 문장의 밑줄 친 표현이 '장소직시, 시간직시, 인칭직시' 중 어디에 해당되는지 쓰십시오.

1) **이쪽**으로 오세요.

2) **여러분**, 안녕하세요?

3) 저는 **아까** 도착했어요.

4) **우리** 주말에 어디에 갈까요?

5) 3층으로 **올라오세요**.

3.1 화행의 개념

> **핵심어** 발화, 화행, 언표적 행위, 언표내적 행위, 언향적 행위, 직접화행, 간접화행

발화와 화행

발화(發話, utterance)란 의사소통 상황에서 화자가 자신의 생각을 말로 표현하는 것이다.

(1) (베란다 창문이 열려 있음) 아이가 창가에 있어요!

발화에는 말하는 사람의 의도가 담겨 있다. 예를 들어 (1)에는 '아이가 창가에 있다'는 사실뿐 아니라 '아이를 안전한 곳으로 이동시켜야 한다'는 화자의 의도가 담겨 있다.

이처럼 발화는 화자의 의도를 전달하는 기능을 한다. 아래의 예문을 보자.

(2) ㄱ. 피고인에게 무죄를 선고한다.   [선언]
    ㄴ. 사실대로 말하지 않으면 신고하겠습니다. [경고]
    ㄷ. 이제 집에 가.   [명령]

(2ㄱ)~(2ㄷ)의 발화는 각각 '선언', '경고', '명령' 기능을 수행한다. (2)와 같은 발화는 행동이나 변화를 이끌어낸다. 예를 들어, (2ㄱ)의 청자는 무죄라는 소식에 기뻐할 것이다. (2ㄴ)의 청자는 가능하면 거짓말을 하지 않으려고 할 것이며 (2ㄷ)을 들은 청자는 집에 가려고 할 것이다.

이처럼 어떠한 행동이나 변화를 이끌어낼 수 있다는 점에서 발화는 힘을 지닌 일종의 행위로 볼 수 있다. 사람들은 말을 함으로써 요청, 약속, 사과, 축하 등과 같은 구체적인 행위를 수행한다. 이처럼 화자가 발화를 통해 수행하려고 하는 기능을 가리켜 **화행**(話行, speech act)이라고 한다.

언표적 행위 · 언표내적 행위 · 언향적 행위

상대방의 말에 적절하게 반응하기 위해서는 화행에 숨겨진 화자의 의도를 파악하는 것이 중요하다.

위에서 여자의 의도는 무엇일까? 이때 여자의 의도는 '소금을 달라'는 요청으로 볼 수 있다. 남자는 이러한 여자의 의도를 알아차리고 소금을 건넨다.

'국물이 좀 싱겁네요'는 아래와 같이 크게 세 가지 행위로 나눌 수 있다.

- 언어적 의미: 국물이 싱겁다. ➡ 언표적 행위
- 화자의 의도: 소금 좀 주세요. ➡ 언표내적 행위
- 청자의 반응: 소금통을 건넨다. ➡ 언향적 행위

첫 번째는 말 그대로 '국물이 싱겁다'는 사실을 전달하는 것이다. 이와 같이 발화에 표면적으로 나타난 언어적 의미를 **언표적 행위**(言表的 行爲, locutionary act)라고 한다. 두 번째는 '소금통을 좀 달라'는 요청을 하는 것이다.

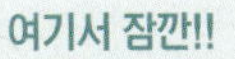

이와 같이 발화를 통해 전달하려는 화자의 의도나 목적을 가리켜 **언표내적 행위**(言表內的 行爲, illocutionary act)라고 한다. 세 번째는 청자가 화자의 의도를 알아차리고 소금통을 건넨 행위와 관련된 것이다. 소금통을 건넨 청자의 행동은 화자가 한 발화 때문에 일어났는데 이렇게 발화의 결과로 일어나는 청자의 반응을 가리켜 **언향적 행위**(言響的 行爲, perlocutionary act)라고 한다.

직접화행과 간접화행

목적지까지 걸어서 갈지 택시를 타고 갈지 고민되는 상황을 생각해 보자. 택시를 타고 가자고 주장하는 사람은 (3ㄱ)과 같이 말할 수도 있고 (3ㄴ)과 같이 말할 수도 있다.

(3) ㄱ. 택시 타고 갑시다.
    → 언표적 행위: 제안, 언표내적 행위: 제안
ㄴ. 걸어가기에는 좀 멀어요.
    → 언표적 행위: 진술, 언표내적 행위: 제안

(3ㄱ)은 '택시를 타고 가자'고 제안하는 화자의 발화 의도가 청유문의 문장 형태로 표현되었다. 이 문장의 언표적 행위와 언표내적 행위는 모두 '제안'으로 일치한다. 이와 같이 언표적 행위와 언표내적 행위가 일치하는 화행을 **직접화행**(直接話行, direct speech act)이라고 한다.

돌아보기
'청유문'은 5장 '2. 문장의 유형'을 참고할 것

하지만 '택시를 타고 가자'는 제안은 (3ㄴ)과 같이 다른 방식으로 표현할 수도 있다. (3ㄴ)은 표면적으로 '걸어가기에는 좀 멀다'는 평서문으로서 사실을 진술하는 문장이다. 그러나 실제로 화자가 의도하는 것, 즉 언표내적 행위는 '택시를 타고 가자는 제안'이라고 할 수 있다. 이처럼 언표적 행위와 언표내적 행위가 일치하지 않는 화행을 가리켜 **간접화행**(間接話行, indirect speech act)이라고 한다. 간접화행은 화자의 의도를 직접적으로 표현하기 어려운 경우에 사용된다.

정리

발화
- ☑ 의사소통이 이루어지는 상황에서 화자가 자신의 생각을 표현한 말

화행
- ☑ 발화를 통해 화자가 수행하려고 하는 행위

언표적 행위
- ☑ 발화의 언어적 의미

언표내적 행위
- ☑ 발화를 통해 전달하려는 화자의 의도나 목적

언향적 행위
- ☑ 발화의 결과로 일어나는 청자의 반응

직접화행
- ☑ 언표적 행위와 언표내적 행위가 일치하는 화행

간접화행
- ☑ 언표적 행위와 언표내적 행위가 일치하지 않는 화행

3.2 화행의 유형

핵심어 요청화행, 공손성의 원리, 거절화행, 체면

화행은 '요청, 거절, 제안, 사과, 축하, 경고, 동의' 등으로 매우 다양하다. 수많은 화행 중에서도 상대방과의 관계에 특별히 신경을 써야 하는 화행이 있다. 그 중 대표적인 것이 바로 요청화행과 거절화행이다.

'물 좀 주세요'와 같이 상대방에게 어떤 일이나 행동을 부탁하는 말을 하는 것을 **요청화행**(要請話行, request speech act)이라고 한다. 요청은 상대방에게 부담을 줄 수 있는 행위이기 때문에 최대한 상대방을 고려하여 공손하고 예의 있게 말하는 것이 중요하다. 아래의 예문을 보자.

> (4) ㄱ. 창문 좀 열어 줘.
>
> ㄴ. 창문 좀 열어 줄래요?
>
> ㄷ. 죄송하지만 창문 좀 열어 주실 수 있을까요?

(4)의 발화는 모두 화자가 청자에게 창문을 열어 달라고 요구하는 요청화행이다. 그러나 청자가 느끼는 공손함의 정도는 발화 형태에 따라 크게 다르다.

(4ㄱ)은 명령형을 사용해 화자의 요청을 직접적으로 전달하는 발화로, 가까운 친구 사이에서는 자연스러울 수 있으나 사회적 지위가 높은 청자에게는 불쾌감을 줄 수 있다. (4ㄴ)은 '-(으)ㄹ래요?'라는 의문형 어미를 사용하여 청자의 의향을 묻고 있어 (4ㄱ)보다는 공손하지만, 여전히 화자가 요구하는 바가 직접적으로 드러난다. 반면 (4ㄷ)은 '죄송하지만'과 같은 완곡한 표현과 '-(으)ㄹ 수 있을까요?'라는 의문형을 사용하여 청자에게 행동을 강요하지 않고 선택권을 부여하고 있다. 이는 청자의 부담을 덜어 주려는 화자의 배려가 담긴 표현이다.

이처럼 대화를 할 때는 화자와 청자의 관계, 사회적 지위, 나이 등을 고려하여 청자를 존중하고 배려하는 태도를 갖춰야 한다. 대화에서 지켜야 하는 이러한 원리를 가리켜 **공손성의 원리**(恭遜性의 原理, principle of politeness)라고 한다.

요청화행에서 공손성의 원리를 지키기 위해서 (4)에서처럼 언어적 표현을 사용하는 것 외에도 다양한 화행 전략을 사용할 수 있다. 아래의 예문을 보자.

> (5) ㄱ. (직장 동료에게) 우리 잠깐 쉴까요?
>
> ㄴ. (직장 상사에게) 부장님, 혹시 지금 시간 괜찮으세요?

(5ㄱ)은 표면적으로는 요청이 아니라 상대방의 의견을 묻는 형태를 취하고 있다. 이와

같이 질문 형태로 요청화행을 하면, 상대방에게 "아니요, 빨리 끝냅시다"라고 거절할 수 있는 선택권을 부여하게 된다. 상대는 선택권이 있기 때문에 화자의 요청에 부담을 덜 느낄 수 있다.

(5ㄴ)은 구체적인 부탁을 하기 전에 먼저 상대방의 상황을 살피는 전략을 사용하였다. 겉으로는 시간이 있는지 묻지만, 실제로는 대화를 요청하기 위한 준비 단계다. 만약 상대방이 바빠서 제안을 거절해야 한다면, 부탁 자체를 거절하는 것이 아니라 "지금은 시간이 없다"라고 상황을 핑계 댈 수 있는 여지를 만들어 준다. 이는 거절에 대한 부담을 줄여 화자와 청자 모두의 체면을 보호하는 공손성 전략이다.

거절화행

살다 보면 누군가의 제안이나 요청을 거절해야 할 때가 있다. 이처럼 다른 사람의 제안이나 부탁, 요청을 받아들이지 않는 발화를 가리켜 **거절화행**(拒絶話行, refusal speech act)이라고 한다. 거절화행은 한국인에게도 쉽지 않은 화행 중 하나다. 거절을 잘못 표현하면 상대방과의 거리가 멀어질 수 있기 때문이다. 아래의 예문을 보자.

(6) 상사: 김 대리, 이것 좀 복사해 줄래요?
    직원: 그건 제 업무가 아닌데요.

(6)에서 상사의 제안에 대한 직원의 대답은 무례하게 느껴진다. 직원의 말을 들은 상사는 '그래도 내가 직장 상사인데 어떻게 나한테 이렇게 말할 수가 있지?'라고 생각할지도 모른다. 이처럼 모든 사람은 다른 사람들 앞에서 보이기 원하는 자신의 공적인 이미지가 있는데 이를 가리켜 **체면**(體面, face)이라고 한다(Brown & Levinson, 1987). 만일 상사가 실제로 직원의 말에 기분이 나빴다면 그것은 자신의 체면이 손상되었다고 느꼈기 때문이다.

거절화행은 상대방의 체면을 손상시키기 쉬운 행위다. 특히 상대방의 사회적 지위가 높을수록 다른 사람들 앞에서 보이는 자신의 공적인 이미지가 중요하다. 따라서 거절화행을 할 때는 상대방의 사회적 지위와 나와의 관계를 고려하여 다양한 거절 전략을 사용할 필요가 있다. 예를 들어, 이번 주 토요일에 전시회에 와 달라는 요청에 대한 거절 발화를 생각해 보자.

(7) ㄱ. 그날 나 못 가.

ㄴ. 그날 다른 약속이 있는데 어떡하지요?

ㄷ. 그날은 선약이 있어서 어려울 것 같습니다. 다음에 불러 주시면
그때는 꼭 가겠습니다.

⑺을 보면 상황에 따라 거절화행의 발화가 달라지는 것을 알 수 있다. (7ㄱ)에서는 '못 가'
라는 직접화행으로 거절을 하지만, (7ㄴ)에서는 거절의 이유를 설명하는 전략을 사용하여
상대방의 체면을 보호하려고 한다. 그리고 (7ㄷ)에서는 '-을 것 같다'라는 표현을 사용하여
거절 의사를 모호하게 전달하는 전략을 사용하고 있다. 또한 거절에 대한 대안을 제시함
으로써 청자의 체면을 보호한다.

정리

요청화행
- ☑ 다른 사람에게 어떤 일이나 행동을 부탁하는 발화

거절화행
- ☑ 다른 사람의 제안이나 부탁, 요청을 받아들이지 않는 발화

공손성의 원리
- ☑ 청자를 존중하고 배려하며 예의 있는 태도를 보여야 한다는 대화의
원리

체면
- ☑ 다른 사람들 앞에서 보이기 원하는 자신의 공적인 이미지

📖 참고 자료

Brown, P. & Levinson, S. C. (1987), *Politeness: Some universals in language usage*,
Cambridge University Press.

확인 문제

1 화행에 대한 설명이 맞으면 O에, 틀리면 X에 표시하십시오.

1) 화행 이론에서 발화는 의사소통 상황과 관련이 없다.   □ O   □ X

2) 화행 이론에서는 발화를 일종의 행위로 바라본다.   □ O   □ X

3) 화행 이론에서는 화자의 발화 의도를 중요하게 생각한다.   □ O   □ X

2 아래는 〈예문〉의 발화를 언표적·언표내적·언향적 행위로 분석한 것입니다. 괄호 안에 적절한 말을 〈보기〉에서 골라 쓰십시오.

> **예문**   (운동을 하고 난 후) 목이 좀 마르네요.

> **보기**   반응   언어적   의도   간접화행   직접화행

1) 언표적 행위: 목이 마르다.

    ➡ 단어나 문법을 통해 나타난 (   ) 의미와 관련 있음

2) 언표내적 행위: 물 좀 주세요.

    ➡ 발화를 통해 전달하려고 하는 화자의 (   )와/과 관련 있음

3) 언향적 행위: 물을 건넨다.

    ➡ 발화의 결과로 일어나는 청자의 (   )와/과 관련 있음

4) 이 발화는 언표적 행위와 언표내적 행위가 일치하지 않으므로 (   )에 해당한다.

3 1)~4)에 제시된 화행의 유형은 무엇입니까? ㉠~㉣ 중 적절한 것을 찾아 연결하십시오.

1) 숙제 좀 도와줄 수 있어요?   •   • ㉠ 사과화행

2) 일반인은 출입할 수 없습니다.   •   • ㉡ 요청화행

3) 죄송합니다. 다음부터는 이런 실수하지 않겠습니다. •   • ㉢ 거절화행

4) 제가 좀 바빠서 전시회에 가기 어려울 것 같아요. •   • ㉣ 금지화행

1 다음 중 화용론에 대한 설명으로 적절하지 <u>않은</u> 것을 고르십시오.

① 언어와 맥락 간의 관계를 다룬다.

② 언어 사용을 분석 대상으로 삼는다.

③ 의사소통이 이루어지는 원리를 다룬다.

④ 언어의 규칙과 체계를 다루는 학문이다.

2 다음 문장에서 장소직시, 시간직시, 인칭직시를 찾아 쓰시오.

1) 여러분, 이따 여기에서 만나요.

→ 장소직시: (　　　　　　　　)

→ 시간직시: (　　　　　　　　)

→ 인칭직시: (　　　　　　　　)

2) 우리 내일은 저기에 갈까요?

→ 장소직시: (　　　　　　　　)

→ 시간직시: (　　　　　　　　)

→ 인칭직시: (　　　　　　　　)

3) 저도 지금 그쪽으로 가고 있어요.

→ 장소직시: (　　　　　　　　)

→ 시간직시: (　　　　　　　　)

→ 인칭직시: (　　　　　　　　)

 다음 중 〈보기〉의 발화에 대한 설명이 맞으면 O에, 틀리면 X에 표시하십시오.

> **보기** (직원이 직장 상사에게) 저에게 자료 좀 보내 주세요.

1) 이 발화는 거절화행에 속한다. ☐ O ☐ X

2) 이 발화는 공손성의 원리에 어긋난다. ☐ O ☐ X

3) 이 발화의 언표적 행위는 '상사가 자료를 주는 것'이다. ☐ O ☐ X

12장

한국어의 문자

1 한국의 문자
2 훈민정음
3 새 문자의 대중화

한문	차자표기	훈민정음(중세)	한글(현대)
切花獻之	花肹折叱可獻乎理音如	고즐 것거 받조보리이다	꽃을 꺾어 바치겠습니다

 어느 노인이 아름다운 부인에게 꽃을 주면서 "꽃을 꺾어서 드리겠습니다." 라고 말하고 있다. 이 말을 문자로 표기한다면 시대마다 어떻게 달랐을까? 이 장에서는 한국어를 표기한 방법이 변화해 온 역사를 살펴보자. 한국어를 기록하는 가장 대표적인 문자인 한글과, 한글 창제 이전부터 쓰였던 문자인 한자와 차자표기에 대해서 살펴보자.

1.1 한국어와 한글

핵심어 한글, 한자, 차자표기

언어는 기본적으로 소리로 되어 있으며 이를 시각적 기호로 나타낸 것이 문자다. 한국어에는 **한글**(한글, *Hangeul*)이라는 고유 문자가 있다.

널리 알려진 것처럼 한글은 1443년 12월에 조선의 4대 왕인 세종에 의해 창제되었다. 그렇다면 한글이 창제되기 이전에는 한국어를 어떻게 기록했을까? 한국은 국경을 맞대고 있는 나라인 중국과 교류의 역사가 깊었다. 그래서 기원전 2~3세기 경부터 중국의 문자인 **한자**(漢字, Chinese character)를 빌려서 기록을 남기기 시작했다.

(1) ㄱ. 五年春二月築株山城 (『삼국사기』, 제4권 법흥왕)

  ㄴ. 彌鄒忽, 朱蒙, 赫居世

  ㄷ. 花肹折叱可獻乎理音如 (『삼국유사』, 권2 수로부인조)

한국 사람들이 한자를 이용한 방식은 크게 두 가지였다. 하나는 (1ㄱ)처럼 중국어의 단어와 문장 구성 방식 그대로 한자와 한문을 사용한 것이다. (1ㄱ)은 '5년 봄 2월, 주산성을 쌓았다'는 의미다.

다른 하나는 (1ㄴ)과 (1ㄷ)처럼 한자를 빌려서 한국어의 단어나 문장을 기록한 것이다. (1ㄴ)은 당시의 지역 이름인 미추홀(彌鄒忽)이나 사람 이름인 주몽(朱蒙), 혁거세(赫居世)를 한자로 기록한 예다. (1ㄷ)는 신라시대의 노래인 '헌화

가(獻花歌, 꽃을 바치며 부른 노래)'의 한 구절이며 향찰로 기록되어 있는데, 이 문장은 '꽃을 꺾어서 바치겠습니다'라는 의미를 나타낸다. 향찰과 같은 표기법은 한자의 뜻과 소리를 활용하여 한국어 문장을 기록하였다. (1ㄷ)처럼 한자의 뜻과 소리를 이용하여 한국어를 기록한 표기 방식을 **차자표기**(借字表記, loaned-character writing system)라고 한다. 한국어의 역사에서는 이두, 구결, 향찰 등의 차자표기가 쓰였다.

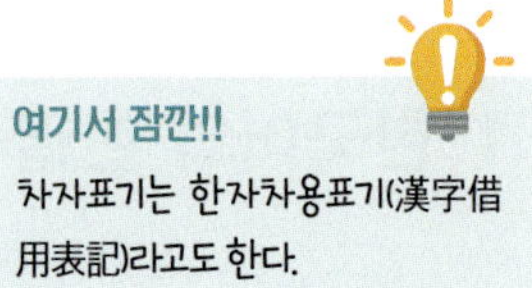

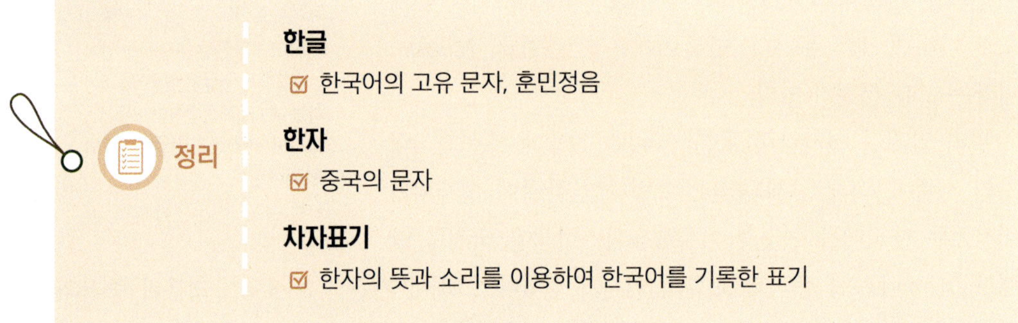

1.2 차자표기

핵심어 　이두, 향찰, 구결

이두, 향찰, 구결은 모두 한자를 이용하여 한국어를 표기한 방법이다. 그러면 이 세 가지 유형의 차자표기에 대해 좀 더 자세히 살펴보자.

이두

이두(吏讀, *Idu*)는 한자의 음과 훈을 빌려 우리말을 표기한 차자표기 방식이다. 이두는 과거에 관청 실무에 주로 사용되었으며, 한문을 기본으로 하되 한국어의 어순을 고려하고 문법형태소를 삽입한 것이 특징이다.

(2) ㄱ. (『대명률』의 원문) 凡盜馬牛驢騾猪羊鷄犬鵝鴨者 並計贓以竊盜
論。
ㄴ. (『대명률직해』의 이두문) 凡馬牛驢騾猪羊雞犬鵝鴨等物乙 偸取
爲在乙良 以竊盜論齊。
ㄷ. (현대역) 무릇 말, 소, 나귀, 노새, 돼지, 양, 닭, 개, 거위, 오리
등의 가축을 훔쳐 취하거든(취하면), 절도죄로 논하느니라(논한
다).

(2ㄱ)은 한문으로 쓰인 『대명률』의 한 부분이고, (2ㄴ)은 『대명률직해』에서 그 내용을 이
두로 옮긴 것이다. 두 구절을 비교하면, 원문인 (2ㄱ)의 서술어 '盜(훔치다)'가 이두문 (2ㄴ)
에서는 '偸取(남의 물건을 몰래 훔치어 가지다)'로 바뀌었고, 순서도 목적어 다음으로 이동
하였다. 즉, 한국어에 맞게 어휘나 어순이 조정된 것이다. 또한 (2ㄴ)에서는 문장의 목적어
인 '馬牛驢騾猪羊雞犬鵝鴨' 다음에 목적격조사 '乙'이 쓰였으며 동사 '偸取(하다)' 다음에는
연결어미 '在乙良'이 결합하였다. 마지막으로 원문에는 없는 종결어미 '齊'가 이두문에 쓰
인 것도 확인된다. 이처럼 이두는 한문 원문에서 어순을 변경하거나 한자의 음과 훈을 이
용하여 조사나 어미 등의 문법형태소를 표기하는 방식으로 쓰였다.

이두의 표기법과 문체는 행정 관리들의 문서 작성 관습으로 자리 잡으면서 오랜 기간
동안 사용되었다. 이두는 한글 창제 이후에도 법률 및 행정 문서를 작성하는 표기 수단으
로 사용되었으며, 19세기 후반에 이르러 공식적으로 폐지되었다.

향찰

향찰(鄕札, *Hyangchal*)은 한자의 소리와 뜻을 빌려 한국
어(고유어)를 문장 단위로 표기한 차자표기법이다. 향찰의
'향(鄕)'은 '우리말·토착어'를 뜻하고 '찰(札)'은 '글자'를 뜻한
다. 향찰은 고대 문학인 향가(鄕歌)를 기록하는 데 쓰였으
며 이두처럼 한자를 빌려 쓴 차자표기였다. 그러나 이두와

여기서 잠깐!!

향가는 삼국시대(주로 신라시대)부
터 고려시대까지 불렸던 노래다. 당
시 사람들은 향가의 노랫말을 향찰
로 기록해 놓았다. 지금은 아쉽게도
향가가 총 25수만 남아 있어 향찰
의 사용 원리를 정확히 파악하기 어
려운 상황이다.

달리 향찰은 한자의 음과 뜻을 사용하여 한국어 문장을 전면적으로 표기하고자 한 것이 특징이다. 향가의 한 구절을 통해 향찰 표기법의 예를 살펴보자.

(3) ㄱ. 生死路隱 此矣 有阿米 次肹 伊遣

ㄴ. 생사(生死) 길은 여기에 있으매 머뭇거리고

(3)은 신라시대에 지어진 '제망매가(祭亡妹歌)'라는 향가의 첫 구절이다. 죽은 누이의 명복을 기원하는 내용을 담은 이 노래에서 (3)은 '삶과 죽음의 갈림길에 서 있는 나와 누이'의 모습을 묘사한 구절이다.

향찰로 기록된 문장인 (3ㄱ)과 이를 현대어로 해석한 문장인 (3ㄴ)의 어순은 완전히 같다. 밑줄 친 '隱, 矣, 何米, 伊遣'은 한국어의 형식형태소, 즉 조사와 어미를 나타낸다.

돌아보기

'형식형태소'는 2장 '1.2 형태소의 유형'을 참고할 것

향찰에서 이 부분은 한자의 소리대로 읽혔을 것으로 추정된다. 그리고 나머지 부분은 한자의 뜻에 해당하는 한국어 단어로 읽혔을 것으로 추측된다. 이두는 한국어 형식형태소 부분을 삭제하면 중국식 문장 구조로 어느 정도 환원되지만, 향찰은 형식형태소 부분을 빼면 중국식 한문과는 전혀 다른 것이 된다. 이 점이 이두와 향찰의 차이다.

구결

구결(口訣, *Gugyeol*)은 한문의 뜻을 더 잘 이해하기 위해 조사나 어미 같은 형식형태소를 한문 원문에 끼워 넣은 것이다. 즉, 한문 문장을 한국어 문장처럼 읽고 이해하기 위해 이용한 표기 수단이다.

(4) ㄱ. (『동몽선습』의 한문 원문) 朋友同類之人益者三友損者三友

ㄴ. (『동몽선습』의 구결)

朋友隱　同類之人是羅　益者伊　三友五　損者伊　三友尼
　ㄴ 은/는　　　ㄴ 이라　ㄴ 이/가　ㄴ -오/고　ㄴ 이/가　ㄴ 니

ㄷ. (현대어 해석) 벗은 같은 부류의 사람이다. 유익한 벗이 세 종류이고, 해로운 벗이 세 종류니 ……

(5) ㄱ. (『구역인왕경』의 한문 원문) 信行具足復五道一切衆生有

ㄴ. 信行ㄴ　具足丷ㅎ　復丷ㄱ　五道ㄷ　一切 衆生[illegible]ㅣ　有ㄴㅏㅎ
　　↳을　　↳ㅎ며　↳(또)ㄴ　　↳ㅅ　　　　↳이　↳ㅅ겨며

ㄷ. 信行을 具足하며(충분히 갖추었으며), 또한 五道의 모든 衆生이 잇겨며
　　(있으며)

구결은 (4ㄴ)처럼 한자를 온전한 형태로 쓰기도 했지만 (5ㄴ)처럼 한자에서 획의 일부를 생략하거나 변형하여 사용하기도 하였다. (5ㄴ)에서 'ㄴ'은 한자 '乙(음 을, 의 새)'을 간략히 쓰고 음차하여 한국어의 목적격조사 '을'을 표기하였

으며 '丷'는 한자 '爲(음 위, 의 하다)'의 일부를 사용하여 접사 '하-'를 나타냈다. 이 밖에 'ㅎ'는 '彌(음 미, 의 두루)'을 간략히 표기하고 음차하여 연결어미 '-며'를 나타냈고, 'ㄱ'은 한자 '隱(음 은, 의 숨다)'의 일부를 이용하고 음차하여 '-ㄴ'을 표기했다. 'ㄷ'은 '叱(음 질, 의 꾸짖다)'의 일부를 사용하여 사이시옷 또는 종성 'ㅅ'을 나타냈고, 'ㅣ'는 '是(음 시, 의 옳다)'를 간략히 써서 주격조사 '이'를 표기하였으며, 'ㅏ'는 '在(음 재, 의 있다)'의 일부를 쓰고 훈차하여 '겨-'를 나타냈다.

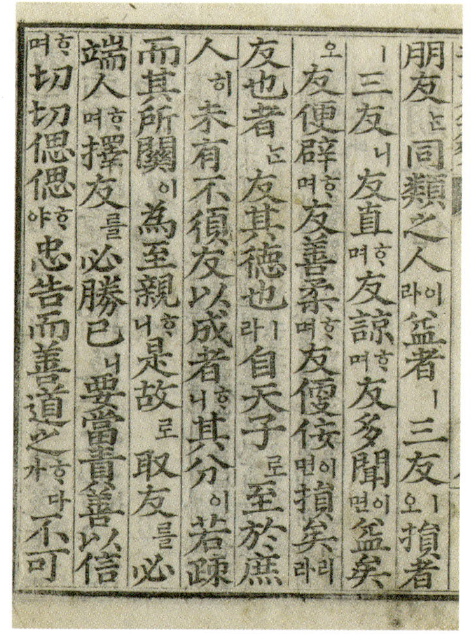

〈그림 1〉『동몽선습』 한글 구결
(출처: 서울대학교 규장각한국학연구원)

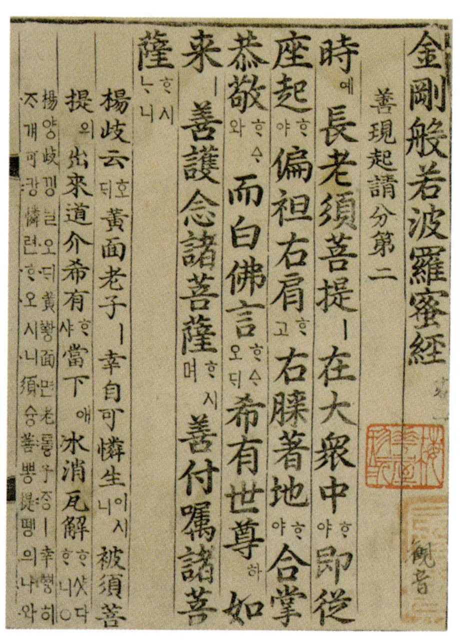

〈그림 2〉『금강반야바라밀경』의 한글 구결
(출처: 서울대학교 규장각한국학연구원)

구결은 한자로만 쓰였던 것은 아니다. 〈그림 1〉의 『동몽선습(童蒙先習)』이나 〈그림 2〉의 『금강반야바라밀경(金剛般若波羅密經)』처럼 한문 원문에 한글로 구결을 작게 달아 놓은 경우도 있었다. 구결은 주로 유교와 불교의 경전을 읽는 데 이용되었으며, 한문 원문을 끊어 읽으면서 그 의미를 잘 파악할 수 있게 하였다. 구결도 이두와 마찬가지로 조선 후기까지 계속 쓰였다.

이두

- ☑ 한문을 기본 문장 체계로 하여, 한국어 어휘와 문법 요소를 한자의 뜻과 소리를 빌려 보완적으로 표기한 차자표기법
- ☑ 삼국시대에서 조선시대까지 행정·법률·실용 문서에 주로 사용

향찰

- ☑ 순수한 한국어 문장을 한자의 음과 뜻을 이용하여 나타낸 차자표기법
- ☑ 고대 문학인 향가를 기록할 때 주로 사용

구결

- ☑ 한문 원문의 각 구절에 한국어 형식형태소를 한자의 뜻과 소리를 빌려 끼워 넣은 차자표기법
- ☑ 한문 경전을 쉽게 읽고 해석하기 위해 주로 사용

정리

돋보기

차자표기법

	이두	향찰	구결
공통점	한자의 음과 뜻을 빌려 한국어를 적은 표기법		
사용 방법	한국어 문장 구조를 고려하여 단어를 배열하고 문법 요소를 덧붙임	실질형태소는 한자의 뜻 부분을 이용하고 형식형태소는 한자의 소리 부분을 이용함	한문을 읽기 좋고 기억하기 편하게 하기 위해 각 구절 다음에 조사나 어미를 추가함
쓰인 곳	법률, 행정 문서	향가 기록	한문으로 된 경전 학습

1 **다음 설명이 맞으면 O에, 틀리면 X에 표시하십시오**

1) 차자표기는 훈민정음이 창제된 이후에는 사용되지 않았다. □ O □ X

2) 이두는 주로 행정·법률 문서를 작성할 때 이용되었다. □ O □ X

3) 구결은 한문 책을 한국어식으로 읽기 위해 붙인 글자들이다. □ O □ X

4) 훈민정음이 창제되기 전에는 한국어를 표기할 수 있는 문자가 없었다. □ O □ X

2 **〈보기〉의 이두문에 대한 설명으로 옳은 것을 고르십시오.**

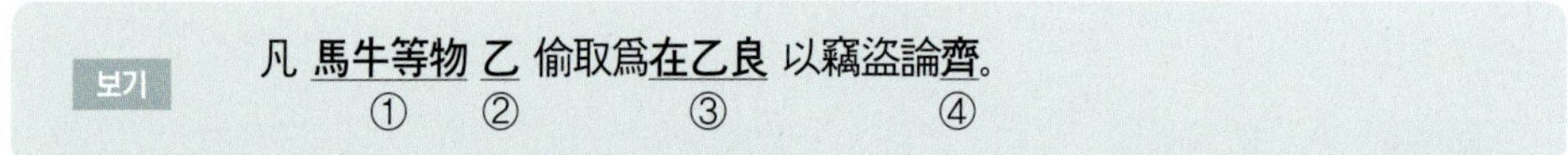

① 馬牛等物은 문장의 주어다.

② 乙은 '을'로 읽히며 목적격조사를 나타낸다.

③ 在乙良은 문장의 서술어를 나타내는 실질형태소다.

④ 齊는 문장의 연결어미를 표시한다.

2 훈민정음

2.1 훈민정음의 창제

핵심어 훈민정음

대부분의 문자들이 오랜 시간 동안 자연스럽게 발생한 것과 다르게 한글은 누군가 새로 만들었다는 점에서 독특한 문자다. 그래서 한글을 '창제된' 문자라고 한다. 세종이 한글을 만들 당시에 그 이름을 '훈민정음'이라고 지었는데, 훈민정음(訓民正音, *Hunminjeongeum*)은 '백성을 가르치는 바른 소리'라는 뜻이다.

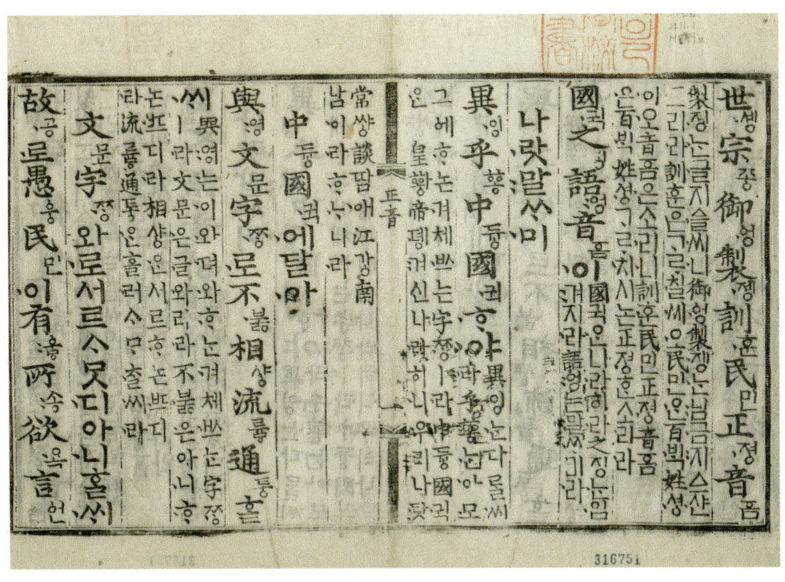

〈그림 3〉『훈민정음』세종어제서문
(출처: 서울대학교 규장각한국학연구원)

〈그림 3〉에서는 세종이 훈민정음을 만든 이유를 알 수 있다. 그 내용을 요약하자면 '한

국어와 중국어가 서로 달라서 같은 문자로는 서로 뜻이 통하지 않는다. 그래서 배움이 적은 백성들은 자신이 하고자 하는 말이 있어도 그 뜻을 제대로 전달하지 못한다. 따라서 내가(세종이) 새로 28개의 문자를 만들어 누구나 쉽고 편하게 사용하도록 한다'는 것이다.

세종은 훈민정음을 자음 17자와 모음 11자(총 28자)로 만들었다. 그리고 28개의 새 글자를 사용하는 방법을 자세히 설명한 책을 펴냈는데 이 책의 이름도 『훈민정음』이다. 즉, 훈민정음은 문자 이름이기도 하고, 그 운용법과 제자 원리를 기록한 책의 이름이기도 한 것이다. 『훈민정음』의 내용은 〈표 1〉과 같이 구성되어 있다.

〈표 1〉『훈민정음』 체제(이상혁, 2021: 46에서 재인용)

어제서문 御製序文	예의 例義	해례(5해 1례) 解例(5解 1例)						정인지서문 鄭麟趾序文
		제자해 制字解	초성해 初聲解	중성해 中聲解	중성해 中聲解	합자해 合字解	용자례 用字例	
훈민정음의 창제 배경과 목적	훈민정음 28자의 모양, 발음과 사용법	글자 원리와 사용법에 대한 해설					글자의 실제 예시	창제 목적과 특징, 창제자와 창제 시기, 편찬자와 편찬 시기
세종이 쓴 내용(4장)	신하들이 쓴 내용(29장)							

훈민정음

☑ 조선의 4대 왕 세종(1418~1450)이 창제한 새로운 문자 체계의 이름이자 새 문자를 만든 원리와 해설이 담긴 책 이름

2.2 글자를 만든 원리

 초성자, 중성자, 종성자

한국어는 '(자음+)모음(+자음)'으로 한 음절을 이룬다. 이때 첫 자리에 오는 자음을 '초성', 중간에 오는 모음을 '중성', 음절의 끝자리에 오는 자음을 '종성'이라고 부른다.

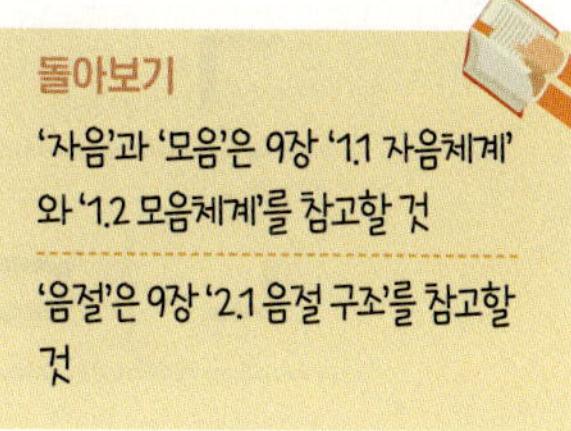

초성자

초성자(初聲字, initial sound letters)는 한국어 각 음절의 첫 번째 자리에 오는 자음의 글자를 말한다. 훈민정음의 초성자는 발음기관의 모양, 또는 발음할 때 그것이 변화하는 모양을 본떠서 만들었다. 이렇게 만든 자음이 'ㄱ, ㄴ, ㅁ, ㅅ, ㅇ'이며 이 글자들이 자음의 기본자가 되었다.

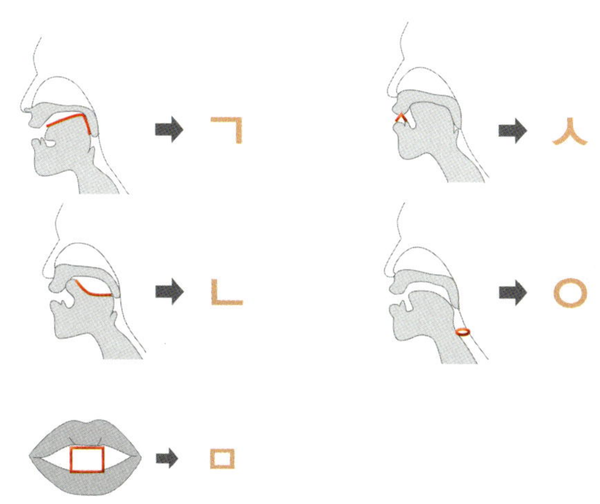

〈그림 4〉 자음 기본자를 만든 원리

〈그림 4〉에서 보는 것처럼 기본자 가운데 'ㄱ'은 혀뿌리가 목구멍을 막는 모양, 'ㄴ'은 혀가 윗

잇몸에 닿는 모양, 'ㅁ'은 입 모양, 'ㅅ'은 이 모양, 'ㅇ'은 목구멍
모양을 본떴다.

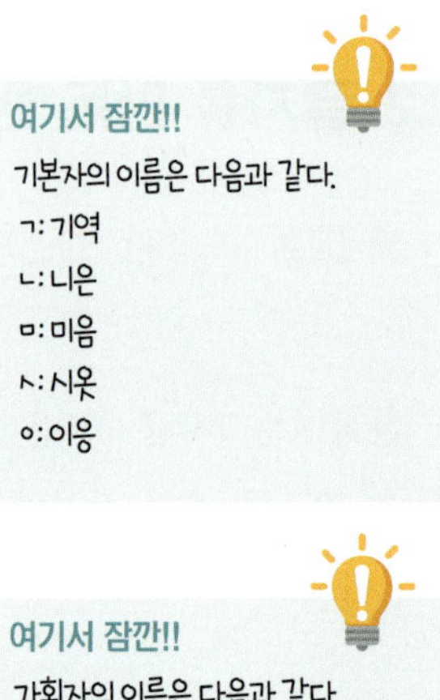

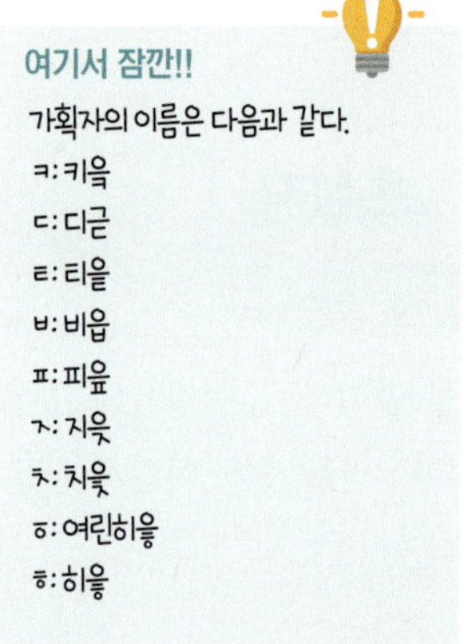

〈그림 5〉 가획자와 이체자

그리고 이러한 기본자에 획을 더하여 새로운 자음을 만들
었다. 〈그림 5〉에서 '획을 더해 확장한 글자'인 'ㅋ, ㄷ, ㅌ, ㅂ,
ㅍ, ㅈ, ㅊ, ㆆ, ㅎ'이 바로 그러한 것들이며 이를 가획자라고
한다. 'ㄱ'에 획을 더하여 만든 것이 'ㅋ'이며, 'ㄴ'에 획을 더하여
만든 것이 'ㄷ'과 'ㅌ'이다. 'ㅁ'에 획은 더한 것으로는 'ㅂ'과 'ㅍ'이 있으며, 'ㅅ'에 획을 더한 것은
'ㅈ'과 'ㅊ', 'ㅇ'에 획을 더한 것에는 'ㆆ'과 'ㅎ'이 있다.

기본자와 가획자 외에 특별한 방법으로 만든 자음으로 'ㆁ, ㄹ, ㅿ'이 있는데, 이를 이체자라
고 한다. 훈민정음의 초성 기본자(ㄱ, ㄴ, ㅁ, ㅅ, ㅇ)에 획을 더한 가획자와 달리 이체자는 글
자의 모양 자체가 달라졌다. 즉, 가획의 원리가 적용되지 않은 예외적인 글자이다.

중성자

중성자(中聲字, medial sound letters)는 한국어 음절에서 중심을 이루는 모음의 글자를 말한다. 훈민정음의 중성자는 하늘을 상징하는 'ㆍ', 땅을 뜻하는 'ㅡ', 그리고 사람을 의미하는 'ㅣ'를 기본자로 하였다. 나머지 모음들은 이 세 가지 기본자를 서로 결합하는 방식으로 만들어졌다.

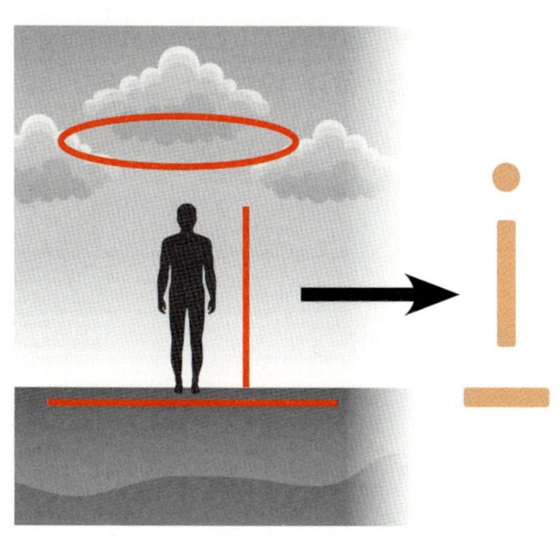

〈그림 6〉 중성자 제자 원리

	상형원리	기본자
양성	하늘의 둥근 모양	ㆍ
음성	땅의 평평한 모양	ㅡ
중성	사람이 서 있는 모양	ㅣ

결합원리			
초출자		재출자	
ㅗ	ㅏ	ㅛ	ㅑ
ㅜ	ㅓ	ㅠ	ㅕ

🔍 돋보기

훈민정음과 한글

	훈민정음 창제 당시의 글자 28자	오늘날 사용되는 글자 24자	비고
자음	ㄱ ㅋ ㆁ ㄴ ㄷ ㅌ ㄹ ㅁ ㅂ ㅍ ㅅ ㅈ ㅊ ㅿ ㅇ ㆆ ㅎ	ㄱ ㅋ ㄴ ㄷ ㅌ ㄹ ㅁ ㅂ ㅍ ㅅ ㅈ ㅊ ㅇ ㅎ	'ㆁ, ㅿ, ㆆ, ㆍ'는 오늘날 사용하지 않음
모음	ㆍ ㅡ ㅣ ㅗ ㅏ ㅜ ㅓ ㅛ ㅑ ㅠ ㅕ	ㅡ ㅣ ㅗ ㅏ ㅜ ㅓ ㅛ ㅑ ㅠ ㅕ	

종성자

종성자(終聲字, final sound letters)는 한국어 음절에서 받침에 쓰이는 자음의 글자를 말한다. 훈민정음에 종성자는 따로 만들지 않고 '終聲復用初聲(종성부용초성)', 즉 '끝소리는 글자를 새로 만들지 않고 첫소리를 다시 쓴다'고 밝혔다. 초성자로 이미 만들어 놓은 자음들을 종성자로 다시 쓴다고 한 것이다.

정리

초성자
☑ 한국어 음절에서 첫 번째 자리에 오는 자음의 글자

중성자
☑ 한국어 음절의 가운데 오는 모음의 글자

종성자
☑ 한국어 음절의 받침에 오는 자음의 글자

1 훈민정음에 대한 설명으로 <u>틀린</u> 것을 고르십시오.

① 훈민정음의 종성자는 초성자를 다시 이용하였다.

② 훈민정음은 창제될 때 총 28개의 글자로 이루어졌다.

③ 훈민정음의 사용법을 기록한 책의 이름은 『훈민정음』이다.

④ 훈민정음의 자음은 ·(하늘), ㅡ(땅), ㅣ(사람)을 기본으로 하였다.

2 훈민정음 자음의 기본자가 <u>아닌</u> 것을 고르십시오.

① ㄱ   ② ㄴ   ③ ㄹ   ④ ㅅ

3 다음 중 글자와 그 글자를 만든 원리가 바르게 연결된 것을 모두 고르십시오.

① ㅋ–기본자   ② ㅿ–이체자   ③ ㅊ–가획자   ④ ㅌ– 기본자

3.1 조선시대의 한글 보급

핵심어 한글 편지, 한글 소설, 한자 학습

한글 편지

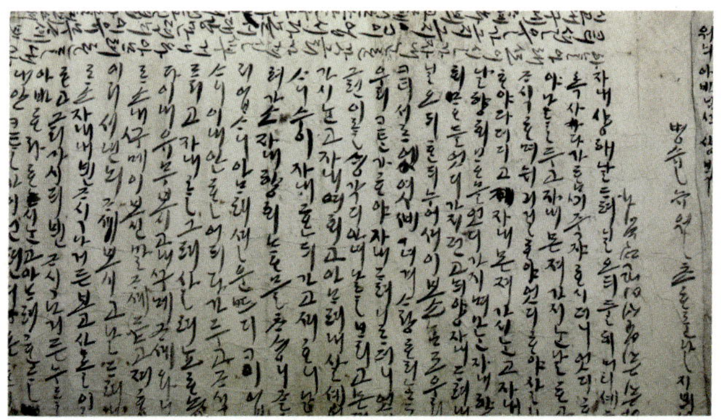

〈그림 7〉 어머니가 딸에게 보낸 편지

〈그림 7〉과 같이 한글로 쓰인 편지를 **한글 편지**(한글 便紙, *Hangeul* letters) 또는 '언간'이라고 한다. 조선후기에는 남녀노소 모두 한글 편지를 주고받았는데, 이는 당시에 각 계층의 사람들이 한글을 읽고 이해하고 사용할 수 있었음을 보여 준다.

〈그림 8〉 현종이 누이 숙명공주에게 쓴 편지

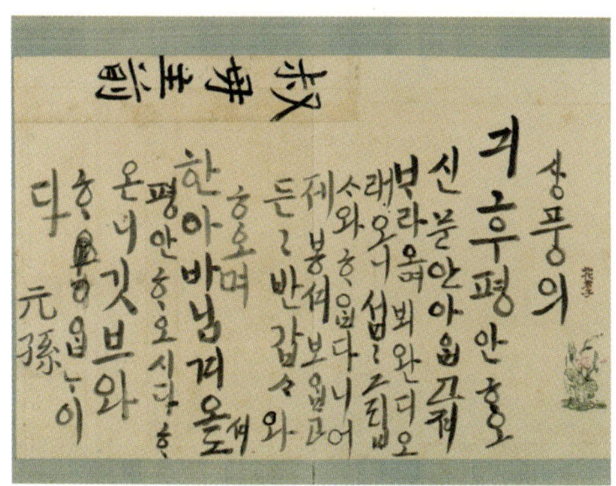

〈그림 9〉 정조가 여덟 살 때 숙모께 쓴 편지

〈그림 8〉은 조선의 18대 왕인 현종이 누이에게 쓴 편지이며, 〈그림 9〉는 조선 22대 왕인 정조가 여덟 살의 어린 나이에 외숙모에게 안부를 묻는 편지를 쓴 것이다. 이를 통해 왕가에서도 어린 나이부터 한글을 익히고 사용했음을 알 수 있다.

한글 소설

조선 후기에 **한글 소설**(한글 小說, *Hangeul* novels)이 크게 유행하면서 한글이 널리 확산하였다. 당시 사람들은 소설을 빌려 보거나 사서 보았는데 그 인기가 상당히 높았다. 그래서 18세기에는 소설책을 손으로 베껴 쓴 뒤에 돈을 받고 빌려주는 사람들이 등장하기도 하였고, 거리에서 소설을 소리 내어 읽어 주고 돈을 받는 전문 이야기꾼이 등장하기도 하였다.

19세기 말에는 조선의 전 계층에서 한글 소설을 즐기게 되었다. 세책(책을 빌려 읽음)을 이용한 이들은 여성을 중심으로 하여 위로는 고위 관료, 아래로는 노비에까지 이르렀다고 하니 당시에 얼마나 많은 사람들이 한글로 읽고 쓸 수 있었는지 짐작할 수 있다.

한자 학습

훈민정음은 주로 한국어 문장을 표기하는 데 쓰였지만 새로운 기능으로도 쓰였다.

(1) ㄱ. 天
　　　형태: 天, 소리: 천, 의미: 하늘
　　ㄴ. 地
　　　형태: 地, 소리: 지, 의미: 땅

앞서 말한 것처럼 훈민정음이 창제되기 이전까지 한국에서는 주로 한자를 그대로 이용하거나 변형하여 사용했다. 특히 관직에 오르기 위해 시험을 볼 때나, 시를 짓고 문학을 즐길 때는 한자를 많이 알아야 했다. 그런데 한자는 표의문자기 때문에 각 글자마다 형태, 소리, 의미의 세 가지 요소를 가진다. 따라서 한자를 제대로 익혀서 쓰기 위해서는 (1)과 같이 글자의 형태, 소리, 뜻을 모두 알아야만 했다. 훈민정음은 이러한 **한자 학습**(漢字 學習, learning Chinese characters)에도 유용하게 쓰였다.

〈그림 10〉의 『천자문(千字文)』은 아이들이 서당에서 글을 배울 때 사용한 한자 교재였다. 조선시대의 어문

〈그림 10〉 한자 학습서 『천자문』

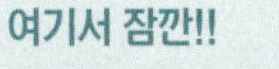

여기서 잠깐!!
표의문자란 각 글자의 단위가 의미 단위인 형태소와 단어인 문자를 말한다. 즉, 한 글자에 하나의 뜻이 연결되는 문자를 말한다.

학자인 최세진(1468~1542년)은 "(아이들이) 언문(한글)을 먼저 익히고 난 다음에 한자를 공부하면 쉽게 배울 수 있을 것"이라고 하였는데 이를 통해 한글의 또 다른 용도를 잘 알 수 있다. 즉, 기초 한자를 배우기 전에 한글을 먼저 익히고 그것을 이용하여 한자를 배울 것을 권한 것이다. 한자를 처음 익히는 아이들은 천자문의 한글 부분을 "하늘 천, 땅 지, 검을 현, 누를 황"과 같이 암기하면서 익혔다. 이를 통해 조선시대에는 초등교육 단계에서 부터 학문 수단으로서 한글을 익히고 사용했음을 알 수 있다.

정리

한글 편지
☑ 조선시대 사람들은 한글 편지로 소식을 주고받기도 하였음.

한글 소설
☑ 조선시대에는 한글 소설이 유행하면서 한글이 널리 확산됨.

한자 학습
☑ 조선시대에는 한글을 이용하여 한자 학습을 하였음.

3.2 일제강점기 전후의 한글

핵심어 고종 칙령 제1호, 나랏말, 조선어, 한글 운동

대한제국의 공식 문자, 한글

세종이 훈민정음을 창제한 뒤 새 문자가 대중에 널리 보급되기는 했지만, 여전히 한글은 언문(諺文)으로 불리고 아녀자나 상민이 쓰는 글자라고 폄하되어 왔다. 그런데 한글에 대한 이러한 인식이 크게 바뀌는 중요한 계기가 있었다.

대한제국의 고종황제는 1894년(고종 31년) 11월 21일에 **고종 칙령 제1호**(高宗 勅令 第1號, Imperial Edict No. 1)를 내려 한글(국문)을 국가의 공식 문자로 선포하고 모든 공식 문서에 한글을 사용하도록 명했다. 이는 쉽고 편한 글을 사용함으로써 국가 정체성을 확립하고

근대화를 앞당겨 사회 발전을 이루려는 의도가 담긴 일이었다. 고종의 칙령에서는 국문(한글)을 가장 높은 지위에 두었으며, 그다음에 한문 번역본과 국한문 혼용체를 두었다. 세종이 새 문자를 만든 지 450여 년만에 한글은 국가 차원에서 공식 문자로 인정받게 되었다.

'나랏말'에서 '조선어'로

한국(조선)은 1910년도부터 일본의 식민 지배를 받기 시작했다. 일제강점기 동안 한국의 말과 글은 **나랏말**(*Naramal*), 즉 국어의 지위를 갖지 못하고 **조선어**(朝鮮語, *Joseon-eo*)로 불렸다. 식민 지배가 본격화되면서 일본 정부는 한국의 학교에서 모든 과목을 일본어로 공부하게 하였다.

수업 시간에 조선어를 사용하는 과목은 〈조선어〉 과목이 유일했다. 이 밖에 행정과 법률 문서 역시 일본어를 표준 언어로 하였다. 언어에 관한 이러한 정책을 '일본어 상용화 정책'이라고 한다.

이 당시 조선어는 한국인의 일상생활에서 주로 사용되었고 공식적인 상황이나 교육, 법률, 학술 등의 분야에서 소외되면서 주변적인 언어로 밀려났다. 이처럼 조선어의 사회적 지위가 낮아지면서 그것을 기록하는 문자인 한글 역시 그 존재 자체를 위협 받게 되었다.

한글 운동

이러한 상황에서도 한글을 지키려는 운동, 즉 **한글 운동**(한글 運動, *Hangeul* movement)은 계속되었다. 한글 운동은 1920년대 중반 이후에 본격화되었는데 이 시기에 한글 운동은 문화 운동의 차원에서 진행되었다.

한글 운동은 조선어학회의 한글 강습 같은 대중 사업으로 추진되기도 하였고, 1933년의 〈한글맞춤법통일안〉이 발표되며 표준어와 철자법 정비로도 이어졌다. 1938년에는 『조선어 사전』이 편찬되었다. 또한 이 시기에는 사회적으로

문맹을 퇴치하고자 하는 운동을 벌였는데, 이 과정에서 '한글'이라는 이름이 대중화되었다. 한글을 이용하여 당시의 민중은 지식을 습득하고 의식을 높일 수 있었다.

고종 칙령
☑ 국문(한글)이 국가 수준의 공식 문자로 인정받음

나랏말, 조선어
☑ 일제강점기 동안 한국의 말과 글은 '나랏말', 즉 국어의 지위를 갖지 못하고 '조선어'로 불림.

한글 운동
☑ 일제강점기 동안 한글을 지키고 보급하려고 한 운동

3.3 광복 이후의 한글

핵심어 국어 강습, 한글 전용 정책

국어 강습

1945년에 한국(조선)이 식민 지배에서 벗어난 뒤, 조선어학회의 국어학자들이 가장 먼저 한 일은 전국에 한글 사용 방법을 널리 알리는 일이었다. 이를 위해 조선어학회에서는 **국어 강습**(國語 講習, Korean language class)을 열고 사람들에게 한글을 사용하는 방법을 알렸다. 이 강습을 듣고 시험을 통과한 사람은 전국으로 퍼져 나가 한글 선생님이 되었다. 그 결과 한글 사용법이 더 빨리 많은 사람들에게 전해질 수 있었다.

이와 함께 1945년 11월에는 『한글첫걸음』, 『초등국어교본』 등의 교과서가 간행되어 초등학교와 중등학교에서도 한글을 배울 수 있었다.

한글 전용

광복 이후 한국의 중요한 국어 정책 중 하나는 **한글 전용 정책**(한글 全用 政策, Linguistic Policy for Exclusive Use of *Hangeul*)을 실시하는 것이었다. 한글 전용이란 한국어를 적을 때 한자나 외국 문자를 쓰지 않고 한글만 사용하는 것을 말한다. 즉, 광복 이전의 문자 생활에서처럼 한자와 한글을 섞어서 사용하지 않고 오로지 한글만으로 기록하자고 하는 것이 한글 전용의 핵심이다.

> 대한민국의 공용문서는 한글로 쓴다. 다만, 얼마 동안 필요한 때에는 한자를 병용할 수 있다.
>
> 한글전용에관한법률(1948.10.9.)

대한민국은 1948년에 정부를 수립한 뒤 한글 전용을 법으로 정하였다. 그러나 실제로는 1970년대까지 신문이나 출판물에 한글과 한자가 함께 쓰인 경우가 많았다. 그러다가 1980년대에 이르면서 신문, 잡지 등에서 한자가 사라지기 시작했고 1990년대 초반부터 개인용 컴퓨터가 널리 보급되면서 한글로 문서를 작성하는 것이 일반화되었다. 현재는 대부분의 출판물과 인터넷 게시글이 한글로 되어 있어 진정한 한글 전용의 시대가 되었다고 해도 과언이 아니다.

정리

국어 강습

☑ 한국의 광복 이후 조선어학회에서 연 한글 사용법에 대한 강습

한글 전용

☑ 한자나 외국 문자를 사용하지 않고 한글로만 한국어를 적는 것

3.4 정보화 시대의 한글

 한글의 효율성

오늘날 한국은 정보화 분야에서 앞서가는 나라 중 하나다. 많은 전문가들은 **한글의 효율성**(한글의 效率性, efficiency of using *Hangeul*)이 이러한 성과를 거두는 데 기여했다고 한다.

컴퓨터 자판을 입력하는 속도 면에서 한글은 다른 어느 문자보다 글자를 빠르게 입력할 수 있어서 효율성이 높다고 한다. 특히 왼손은 자음을, 오른손은 모음을 입력하게 하여 양손을 번갈아 가며 입력하는 방식이 더 빠른 입력을 가능하게 한다.

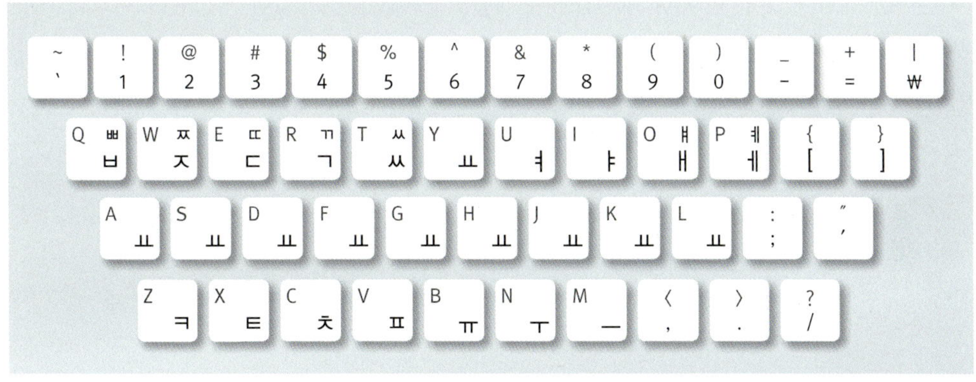

〈그림 11〉 한글 키보드 표준 배열

또한 휴대전화의 자판 중에 훈민정음의 제자 원리를 적용하여 한글을 효과적으로 입력할 수 있게 한 것도 주목할 만하다.

〈그림 12〉 천지인 방식의 자판　　　　　〈그림 13〉 나랏글 방식의 자판

　〈그림 12〉에서 볼 수 있는 천지인 방식은 훈민정음 모음의 기본 요소인 천(·), 지(ㅡ), 인(ㅣ)을 활용한 것이다. 〈그림 13〉의 나랏글 방식에서는 훈민정음 자음의 제자 원리인 가획의 원리를 적용하였다. 한국의 대기업에서 개발한 이러한 문자 입력 시스템은 비교적 적은 자판을 이용하여 글자를 완성할 수 있으며 한 손으로 내용을 입력할 수도 있어 편리하다. 이러한 편리성은 한글이 모바일 시대의 정보 코드로 자리를 잡을 수 있었던 이유가 되었다.

한글의 효율성
- ☑ 한글은 컴퓨터 및 휴대전화의 자판으로 글자를 빠르게 입력할 수 있어 효율성이 높음

1 조선시대의 한글 사용에 관한 설명 중 <u>틀린</u> 것을 고르십시오.

① 남성들도 한글 편지를 주고받았다.

② 한글로 창작된 문학 작품이 향유되었다.

③ 한글은 한자를 학습하는 데도 사용되었다.

④ 한글 소설은 현대에 와서 유행하기 시작하였다.

2 한글 운동에 관한 설명이 맞으면 O에, 틀리면 X에 표시하십시오.

1) 한글 운동은 한국의 광복 이후에 시작되었다.　　□ O　□ X

2) 한글 운동은 정부에 의해 정책적으로 추진되었다.　　□ O　□ X

3) 한글 운동의 결과로 최초의 국어사전이 편찬되었다.　　□ O　□ X

4) 한글 운동은 사회적으로 문맹을 퇴치하는 데 크게 기여했다.　　□ O　□ X

3 광복 이후의 한글 사용에 대한 설명으로 <u>틀린</u> 것을 고르십시오.

① 학교에서는 한글로 된 교과서를 만들어 사용하였다.

② 대한민국 정부에서는 '한글 전용'을 법으로 정하였다.

③ 전국적으로 국어 강습이 열려 한글 사용법이 확산되었다.

④ 1950년대부터 신문이나 책에 한자가 거의 쓰이지 않았다.

1 훈민정음에 관한 내용 중 **틀린** 것을 모두 고르십시오.

① 훈민정음은 표음문자로 각각의 글자가 소리를 나타낸다.

② 훈민정음의 글자 수는 총 28개이며, 이 글자들은 지금도 모두 쓰인다.

③ 훈민정음은 시간이 지나면서 이두, 향찰, 구결 등 다양한 이름으로 불렸다.

④ '훈민정음'은 글자 이름이면서 동시에 글자 사용법을 기록한 책 이름이기도 하다.

2 다음 설명이 맞으면 O에, 틀리면 X에 표시하십시오.

1) 조선시대에 전국적인 한글 운동이 진행되었다. ☐ O ☐ X

2) 조선시대에는 궁궐에서도 한글을 사용하여 글을 읽고 썼다. ☐ O ☐ X

3) 한글의 효율성이 정보화 발전에 기여하고 있다. ☐ O ☐ X

4) 한글 편지를 통해 남녀노소 모두 한글을 사용하였음을 알 수 있다. ☐ O ☐ X

3 다음 단어를 천지인 방식과 나랏글 방식의 자판으로 입력하고 순서를 써 보십시오.

> **예** 안녕
>
> **천지인 방식**   0-2-5-5-2-2-1-0
>
> **나랏글 방식**   8-3-2-2-3-3-획추가-8

1) 한국어

    천지인 방식

    나랏글 방식

2) 대학교

    천지인 방식

    나랏글 방식

3) 노래

    천지인 방식

    나랏글 방식

한국어의 변천

1 한국어의 역사와 시대 구분
2 한국어의 시대별 특징

오늘날의 한국어는 과거의 한국어와 똑같지 않다. 시간이 흐르면서 한국어의 모습도 점차 달라져 왔다. 그래서 그림과 같이 조선시대 사람과 오늘날 한국 사람이 만나 한국어로 이야기를 한다고 해도 서로 말이 잘 통하지 않을 것이다. 우리가 아무리 한국어를 잘한다고 해도 '우리 셔블 가아 어듸 머므러사 됴흐료'라는 말을 '우리 서울 가서 어디에 머물러야 좋을까?'라는 말로 바로 이해하기 어렵기 때문이다. 그래서 이 장에서는 한국어가 어떻게 달라져 왔는지, 한국어의 '변천'과 관련된 내용을 살펴볼 것이다.

1 한국어의 역사와 시대 구분

1.1 한국어사의 개념과 연구 방법

> **핵심어**　한국어사, 문헌연구, 비교연구, 내적재구, 방언연구

　한국어사(韓國語史, history of Korean)는 한국어가 처음 생겨났을 때부터 지금까지 한국어의 역사를 말한다. 따라서 우리는 한국어사를 통해 한국어의 음운, 어휘, 문법 등이 어떻게 변해 왔는지를 알 수 있다. 한국어사는 일반적으로 문헌으로 연구할 수 있는 시기인 삼국시대부터 오늘날까지를 주로 연구의 대상으로 한다.

　그런데 오늘날 우리가 왜 한국어의 역사를 알아야 할까? 한국어에는 한국인의 사고방식과 생활양식 등이 반영되어 있다. 그러므로 한국어의 역사를 알면 한국인의 사고방식과 생활양식이 어떻게 변화해 왔는지 이해하게 된다. 한국어는 어느 날 갑자기 지금과 같은 모습이 된 것이 아니다. 과거에서부터 점차 변화해 오늘날의 모습이 된 것이다. 그러므로 과거의 한국어를 이해하면 오늘날의 한국어를 더욱 잘 알고 적절하게 사용할 수 있게 된다. 그 밖에도 과거에 쓰인 문학 작품을 오늘날의 우리가 더 정확하게 즐기는 재미도 생길 것이다.

　그렇지만 과거의 한국어를 정확하게 알기란 어렵다. 과거의 한국어 자료가 많이 남아 있지 않기 때문이다. 또한 자료가 남아 있다고 해도 그 자료를 통해 알 수 있는 한국어가 그 시대 한국어를 대표한다고 보기 어렵다는 문제도 있다. 그래서 한국어의 역사를 연구할 때에는 다양한 방법을 활용한다. 대표적인 방법으로 문헌연구, 비교연구, 내적재구, 방언연구 등이 있다.

　문헌연구(文獻研究, descriptive bibliography)는 문헌에 기록된 한국어를 통해 당시 한국어의 모습을 탐구하는 것이다. **비교연구**(比較研究, comparative linguistics)는 같은 계통에 속하는 다른 언어와 비교해 한국어의 모습을 탐구하는 것이다. 그러나 문헌연구와 비교연구 모두 문자로 기록되지 않은 한국어의 모습은 탐구할 수 없다는 한계가 있다. 이때 활용할 수 있는 것이 내적재구나 방언연구 방법이다. **내적재구**(內的再構, internal reconstruction)는 특정 시대 한국어의 특징을 정리해 그 이전 시대 한국어의 모습을 추측하는 방법이다. **방언연구**(方言研究, dialectology)는 현재 남아 있는 방언에서 과거 한국어의 흔적을 찾아 한국어의 과거 모습을 탐구하는 것이다.

〈내적재구로 한국어의 옛 모습 찾기〉

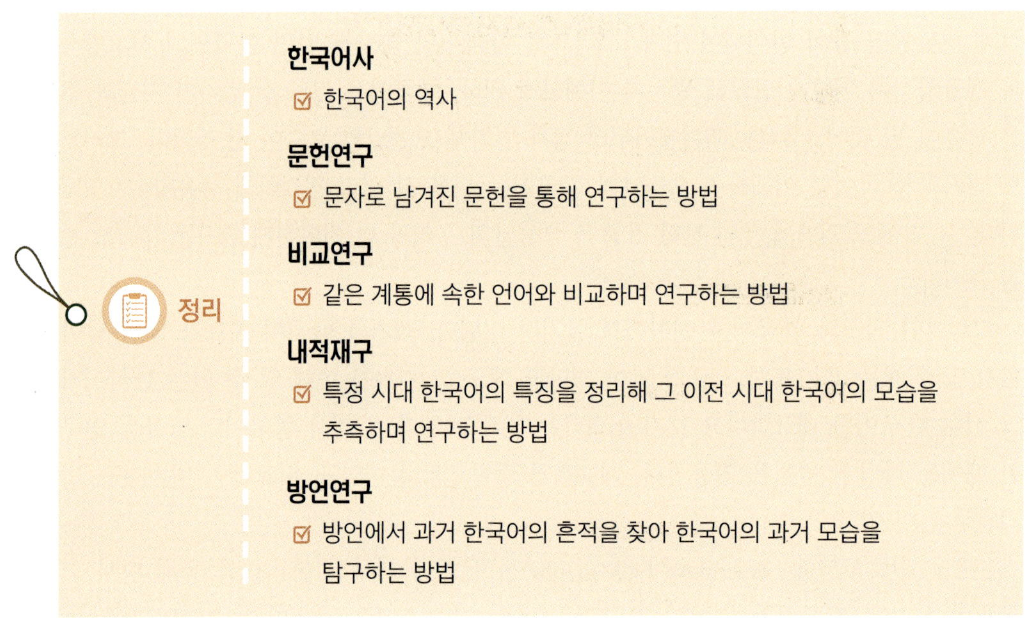

1.2 한국어의 시대 구분

 고대한국어, 중세한국어, 근대한국어, 현대한국어

한국어는 시대별로 고대한국어, 중세한국어, 근대한국어, 현대한국어로 구분된다. 그리고 중세한국어는 다시 전기 중세한국어와 후기 중세한국어로 나눌 수 있다.

〈한국어의 시대 구분〉

고대한국어		~ 10세기 초 통일신라시대까지
중세한국어	전기	10세기 초 고려시대부터 14세기 말까지
	후기	15세기부터 16세기 말까지
근대한국어		17세기부터 19세기 말까지
현대한국어		20세기부터

이와 같은 한국어사의 시대 구분은 한국사의 시대 구분과는 차이가 있다. 한국어사의 시대를 구분할 때는 음운, 문법 등의 언어 변화를 주요 기준으로 하기 때문이다. 이러한 기준과 함께 문헌연구 자료가 존재하는지, 언어의 변화에 영향을 미친 역사적으로 중요한 사건이 일어났는지 등도 고려한다.

이와 같은 기준에 따라 한국어를 시대별로 고대한국어, 중세한국어, 근대한국어, 현대한국어로 구분할 수 있다. **고대한국어**(古代韓國語, old Korean)는 한국어의 형성기부터 삼국시대를 거쳐 통일신라시대까지 사용된 한국어다. 그런데 고대한국어는 그 모습을 확인할 수 있는 문헌 자료가 제한적이기 때문에 실질적으로는 문헌 자료가 존재하는 삼국시대부터 고려가 건국되기 전인 10세기 초 통일신라시대 말까지 사용된 한국어로 볼 수 있다.

중세한국어(中世韓國語, middle Korean)는 10세기 초 고려가 건국된 때부터 16세기 말까지 사용된 한국어를 말한다. 중세한국어는 전기와 후기로 구분할 수 있다. 15세기에 훈민정음이 창제되면서 만들어진 한글로 기록된 문헌 자료가 많이 나왔으며 이러한 한글 자료에서 확인되는 한국어의 모습이 이전 시기에 기록된 한국어의 모습과 큰 차이를 보이기 때문이다.

근대한국어(近代韓國語, modern Korean)는 17세기부터 19세기까지 사용된 한국어다. 근대한국어를 확인할 수 있는 자료는 이전 시기에 비해 그 수가 훨씬 많다. 특히 한문으로 된 원문이 없이 바로 한국어 한글로 쓴 편지나 문학 작품 등이 이 시기 한국어를 확인할 수 있는 좋은 자료가 된다.

현대한국어(現代韓國語, contemporary Korean)는 근대한국어 시기 이후 오늘날까지 사용되고 있는 한국어다. 이전 시기와 비교할 때 100년이 조금 넘는 짧은 시간이지만 일제강점기를 지나 한국전쟁과 분단을 거쳐 현재에 이르기까지 여러 역사적 사건이 한국어에 영향을 미쳤다.

정리

고대한국어
- ☑ 한국어 형성기부터 10세기 초 통일신라시대 말까지의 한국어

중세한국어
- ☑ 10세 초 고려시대부터 16세기 말까지의 한국어
- ☑ 10세기 초 고려시대부터 14세기 말까지의 전기 중세한국어와 15세기부터 16세기 말까지의 후기 중세한국어로 나뉨.

근대한국어
- ☑ 17세기부터 19세기 말까지의 한국어

현대한국어
- ☑ 20세기부터 현재까지의 한국어

1 한국어의 역사를 연구하는 학문을 무엇이라고 하는지 써 보십시오.

2 다음 빈칸에 알맞은 한국어사 연구 방법을 써 보십시오.

1) 문자로 남겨진 자료를 통해 한국어의 특징을 찾는 방법을 [   ](이)라고 한다.

2) 같은 계통에 속하는 다른 언어와 비교해 한국어의 특징을 찾는 방법을 [   ] (이)라고 한다.

3) 특정 시기의 한국어를 통해 그 이전의 한국어를 추측하는 방법을 [   ] (이)라고 한다.

4) 방언을 통해 한국어의 옛 모습을 찾는 방법을 [   ](이)라고 한다.

3 다음은 어떤 방법으로 한국어의 옛 모습을 탐구한 것인지 써 보십시오.

계시다

동사에 '-(으)시-'를 붙이면 높임 표현이 되지! → 그런데 '있다'의 높임 표현은 '있으시다'뿐만 아니라 '계시다'로도 쓰지! → 혹시 과거에 '계-'라는 단어가 있었던 것은 아닐까?

4 **다음을 읽고 맞으면 O에, 틀리면 X에 표시하십시오.**

1) 한국어는 시대별로 고대한국어, 중세한국어, 근대한국어, 현대한국어로 구분한다. ☐ O ☐ X

2) 한국어를 시대별로 구분할 때 한국어의 특징, 자료, 역사적 사건 등을 기준으로 한다. ☐ O ☐ X

3) 다른 시대에 비해 근대한국어의 모습을 확인할 수 있는 문헌 자료가 제한적이다. ☐ O ☐ X

4) 고대한국어는 한글로 된 편지나 문학 작품 등을 통해 그 특징을 확인할 수 있다. ☐ O ☐ X

한국어의 시대별 특징

2.1 고대한국어

 고대한국어의 음운, 고대한국어의 어휘

고대한국어는 다른 언어들과 한국어가 분리된 이후부터 통일신라 때까지 사용된 한국어를 가리킨다. 즉 고대한국어의 시기는 한국어 형성기부터 10세기 초 고려가 건국되기 전까지로 볼 수 있다. 특히 신라가 삼국을 통일한 이후에는 신라의 수도였던 경주의 언어를 중심으로 언어적 통일이 이루어지기 시작했을 것이다.

그런데 이 시기의 한국어를 정확하게 파악하기는 어렵다. 당시 한국어의 모습이 기록된 문헌 자료가 많지 않기 때문이다. 다만 삼국시대에 대해 기록하고 있는 『삼국사기』와 『삼국유사』 등을 통해 고대한국어의 모습을 일부 파악할 수 있다. 『삼국사기』는 고려 인종 23년(1145년)에 김부식이 왕의 지시에 따라 쓴 신라, 고구려, 백제의 역사책이다. 한반도의 역사에 대해 기록한 역사책 중 가장 오래되었다. 이 책에는 고구려, 백제, 신라의 인명, 지명, 관직명 등의 고유명사가 차자표기로 기록되어 있다. 『삼국유사』는 고려 충렬왕 7년(1281년)에 승려 일연이 쓴 역사책이다. 단군부터 신라, 고구려, 백제의 역사, 불교에 관한 기사, 신화와 전설 등이 기록되어 있다. 또한 향찰로 기록된 '향가' 14수가 남아 있어 고대한국어의 모습을 파악하는 자료로 활용되고 있다.

여기서 잠깐!!

한국어는 '알타이 어족'에 속하는 언어라는 가설이 널리 알려져 있다. 이 가설에서는 한국어가 몽골어군, 만주-퉁구스어군, 튀르크어군의 언어와 같은 계통의 언어라고 설명한다.

여기서 잠깐!!

신라는 676년에 신라와 고구려, 백제의 삼국을 신라로 통일하였다. 이렇게 통일한 나라를 통일신라라고 한다. 통일신라의 수도는 오늘날 경상북도에 위치한 경주였다.

통일신라의 북쪽에는 고구려 장수 대조영이 세운 발해가 있었다. 따라서 이 시기를 남북국시대라고 부르기도 한다.

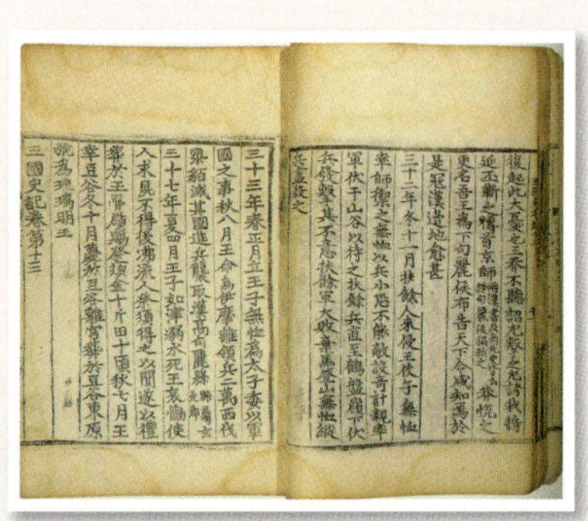 

〈그림 1〉 고대한국어의 자료: 『삼국사기』, 『삼국유사』

(출처: 문화재청)

음운

고대한국어의 음운 특징을 자음체계에서 찾을 수 있다. 고대한국어의 자음체계에는 평음(예사소리)과 격음(거센소리)만 존재했다고 보고 있다. 이 시기에는 아직 /ㄲ, ㄸ, ㅃ, ㅆ, ㅉ/ 등의 경음(된소리)이 나타나지 않았다. 이는 이 시기에 한반도에 들어온 한자음을 통해 확인할 수 있다. 고대한국어에 경음이 존재했다면 당시 한국어의 한자음에도 경음이 나타났을 것이다. 그런데 당시 한자음이나 차자표기 등에 경음이 사용된 흔적이 나타나지 않는다. 그러므로 고대한국어에는 평음과 격음만 존재했고 경음은 존재하지 않았다고 볼 수 있다.

돌아보기

'차자표기'는 12장 '1.2 차자표기'를 참고할 것

여기서 잠깐!!

고대한국어에 경음이 존재하지 않았다는 것을 어떻게 알 수 있을까? 현대한국어에서 경음을 가진 한자는 '雙(쌍), 氏(씨), 喫(끽)' 세 개뿐이다. 그러나 문헌 자료를 통해 중세한국어에서는 이 한자들을 '솽, 시, 긱'과 같이 읽었음을 알 수 있다. 그러므로 고대한국어에서도 경음이 존재하지 않았을 것으로 추정할 수 있는 것이다.

어휘

고대한국어의 어휘는 오늘날 남아 있는 차자표기 자료를 통해 확인할 수 있다. 당시 한자가 한국어에 들어오면서 이를 활용한 차자표기로 지명, 인명, 관명 등을 기록하였다. 『삼국사기』 권34에서 차자표기의 예를 확인할 수 있다.

〈차자표기의 예〉

永同郡本吉同郡　　　『삼국사기』 권34
↳ 영동군　　　↳ 길동군
(한자식 지명)　　(고유 명사를 한자를 이용해 차자 표기한 것)

영동군은 본래 길동군이다.

한자	뜻	소리
永	길다	영

이 자료에서 길동군의 '길'을 한자 '영(永)'으로 썼다는 것을 알 수 있다. '영(永)'은 '길다'라는 의미를 지닌 한자다. 즉 이 한자의 의미인 '길'을 빌려 길동군을 영동군으로 표현한 것이다. 이를 통해 고대한국어에도 '길다'라는 단어가 있었다는 것을 확인할 수 있다.

고대한국어에 한자가 들어오면서 고유어와 함께 한자어도 사용되기 시작했다. 사회 제도, 불교 등과 관련된 어휘가 주로 한자어로 사용되었다. '왕(王)'이라는 단어가 정식으로 사용된 것을 예로 들 수 있다. 관직명뿐만 아니라 지명도 고유어에서 한자어로 바뀌는 등 한자어의 사용 범위가 점차 넓어졌다.

정리

고대한국어의 음운

☑ 자음체계에서 평음과 격음의 대립만 존재하고 경음은 존재하지 않았음.

고대한국어의 어휘

☑ 차자표기로 기록된 자료를 통해 고대한국어의 어휘를 확인할 수 있음.

☑ 한자가 들어오면서 고유어와 함께 한자어가 사용되기 시작함.

2.2 중세한국어

핵심어 　중세한국어의 음운, 중세한국어의 어휘, 중세한국어의 문법

중세한국어는 10세기 초 고려시대부터 16세기 말까지 사용된 한국어를 가리킨다. 이 시기는 다시 전기와 후기로 구분할 수 있다. 10세기 초부터 14세기까지를 전기 중세한국어, 15세기부터 16세기 말까지를 후기 중세한국어 시기로 본다.

10세기 초에 고려가 건국되었다. 고려는 오늘날 북한에 위치한 개성을 수도로 정했다. 이에 따라 한국어의 중심도 경주를 중심으로 한 동남 방언에서 개성을 중심으로 한 중부 방언으로 옮겨졌다. 이와 함께 한국어에 새로운 특징이 나타나기 시작했으므로 이 시기를 즈음해 사용된 한국어를 중세한국어로 설명하게 되었다.

한편 1443년 조선시대 세종대왕이 한국어를 받아쓸 수 있는 고유의 문자인 훈민정음을 창제했다. 이에 따라 훈민정음으로 기록된 자료를 통해 이 시기 한국어의 모습을 확인할 수 있게 되었다. 한국어의 옛 모습을 볼 수 있는 자료의 성격이 달라지게 된 것이다. 자료의 성격이 달라지고 자료의 양이 늘어났을 뿐만 아니라 이와 같은 자료에서 확인되는 한국어의 모습이 이전 자료에서 확인되는 한국어의 모습과 차이를 보이기 때문에 이를 고려해 중세한국어를 전기와 후기, 두 시기로 구분하기도 한다.

전기 중세한국어는 『계림유사』, 『향약구급방』, 『고려사』, 『구역인왕경』 등을 통해 살펴볼 수 있다. 후기 중세한국어는 신왕조의 정당성을 운문으로 표현한 『용비어천가』, 새로운 문자인 훈민정음의 해설서인 『훈민정음』을 비롯해 『화엄경언해』 등의 불경언해들, 『논어언해』 등의 유경언해들, 『번역 노걸대』 등의 기술서들을 통해 확인할 수 있다. 이 외에도 한글로 적은 개인의 편지, 일기 등도 조선시대에 실제로 사용된 한국어의 모습을 확인할 수 있는 자료가 된다.

<그림 2> 중세한국어의 자료: 『용비어천가』

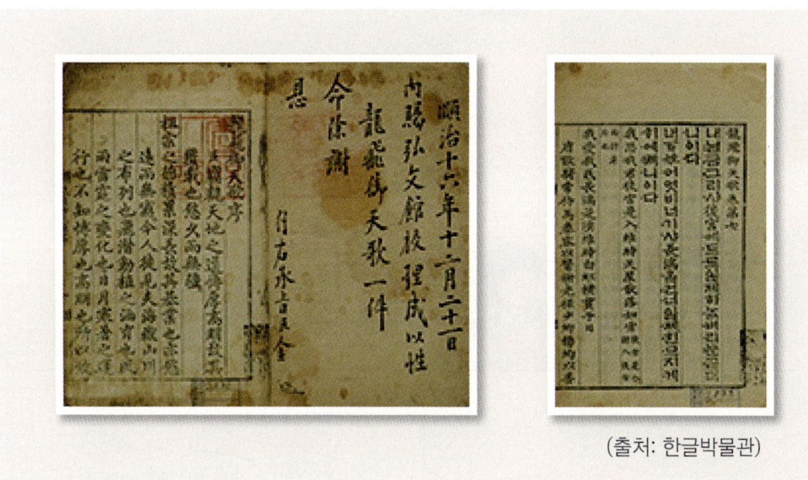

(출처: 한글박물관)

음운

중세한국어의 음운으로 경음이 등장했다. /ㅸ/(순경음비읍), /ㅿ/(반치음) 소리도 존재했다. /ㅸ/은 15세기 중엽까지만 쓰인 것으로 보이며 /ㅿ/은 16세기까지 쓰였다.

〈 /ㅸ, ㅿ /의 예〉

셔블 ➡ 서울
중세한국어에는 /ㅸ/가 있었네!
그런데 이 단어가 나중에 ‘서울’로 바뀌었어!
아하! /ㅸ/가 /ㅜ/로 바뀌었구나! (/ㅸ/➡/w/)

처섬 ➡ 처음

중세한국어에는 /ㅿ/가 있었네!
그런데 이 단어가 나중에 ‘처음’으로 바뀌었어!
아하! /ㅿ/가 사라졌구나!

‘좋다’를 ‘책’과 함께 쓰면 ‘좋은 책’이 되지요? 그렇다면 ‘쉽다’를 ‘책’과 함께 쓰면요?
‘쉽-’에 받침이 있으니까 ‘쉽은 책’?
아니에요. ‘쉬운 책’이에요.
??
/ㅸ/가 중세한국어 시기에 반모음 /ㅗ/나 /ㅜ/로 바뀌었어요.
아. 그래서 받침에 /ㅂ/가 있는 일부 형용사와 동사가 특정 어미와 함께 사용될 때 /ㅂ/가 사라지고 /ㅜ/ 등이 나타나게 되었나 봐요.
맞아요! 하나를 가르치면 열을 알다니 대단해요!
이제 ‘쉽다’가 왜 ‘쉬워’가 되는지 알겠어요!

중세한국어의 모음체계에는 /ㆍ/(아래아)가 존재했다. 그러나 16세기에 /ㆍ/는 비어두에서 /ㅡ/로, 18세기에 어두에서 /ㅏ/로 바뀌었다.

〈/ㆍ/의 예〉

무숨 ➡ 마음

음절 구조에도 특징이 나타난다. 바로 어두자음군이다. 후기 중세한국어에서는 어두자음군이 실현되었다. 이 어두자음군은 나중에 대부분 된소리로 바뀌었으며 현대한국어에서는 실현되지 않는다.

〈어두자음군의 예〉

뜬 ➡ 뜻   ᄡᆞᆯ ➡ 쌀   ᄢᅢ ➡ 때

또한 중세한국어에는 '성조'가 존재했다. 성조는 소리의 높낮이에 따라 평성, 상성, 거성으로 구분되었다. 훈민정음으로 기록된 문헌을 보면 글자 왼쪽에 점을 찍어 성조를 표시해 둔 것을 확인할 수 있다. 이 점을 방점이라 한다. 방점을 통해 소리의 높낮이에 따라 단어의 뜻이 달라졌다는 것을 알 수 있다. 예를 들어 '눈'은 높게 소리 내면 신체 부위인 '눈[目]'이 되고 처음에는 낮게 시작해 점점 높여 소리 내면 겨울철 하늘에서 내리는 '눈[雪]'이 되었다. 그러나 평성과 거성은 짧은소리로, 상성은 긴소리로만 실현되면서 점차 사라졌다.

〈그림 3〉 방점의 예: 『용비어천가』

(출처: 한국학중앙연구원
디지털인문학연구소)

어휘

중세한국어의 어휘 특징은 한자어의 사용에서 찾을 수 있다. 고려시대에 관리를 뽑는 시험인 과거가 실시되면서 한자어가 더욱 활발히 사용되기 시작했다. 이로 인해 그때까지 사용되던 고유어 중 일부가 점차 설 자리를 잃기 시작했다. 다음은 현대한국어에서는 거의 사용되지 않는 고유어의 예다.

〈현대한국어에서 사라진 고유어〉

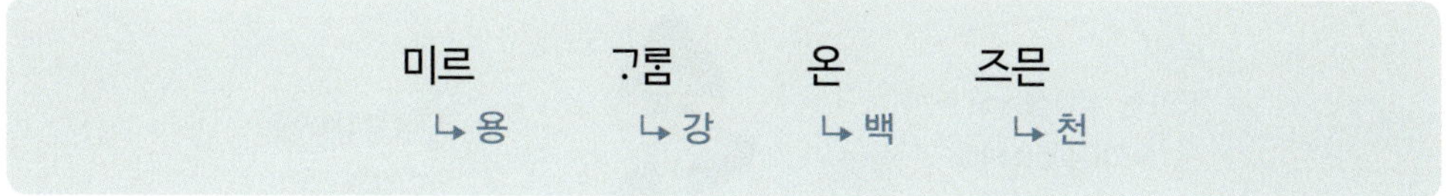

중세한국어에는 한자어뿐만 아니라 몽골어에서 들어온 차용어도 사용되었다. 13~14세기에 고려가 원나라와 가까워지면서 원나라에서 사용한 몽골어가 고려에 들어오게 된 것이다. 몽골어에서 들어온 단어들은 주로 관직, 말, 매, 군사, 음식 등에 관한 것이었다. 대부분은 한동안 사용되다가 사라졌지만 현대한국어에 남아 있는 것도 있다.

〈몽골어에서 들어온 외래어〉

가라물	보라매	슈라
↳ 털빛이 온통 검은 말	↳ 사냥에 쓰이는 매	↳ 수라, 왕의 식사

그 밖에 여진에서 들어온 말도 있었다. '투먼(tüman)'이 대표적이다. 여진에서 들어온 이 말이 '두만강'의 '두만'에 여전히 남아 있다. 이처럼 중세한국어에는 고유어와 한자어 이외에도 몽골어, 여진어 등이 함께 사용되었다.

문법

중세한국어의 문법에서 살펴볼 것은 중세한국어의 주격 조사인 '이/ㅣ'다. '이/ㅣ'는 단순 생략되거나 환경에 따라 나타나지 않을 때(∅)도 있었다.

〈주격조사의 예〉

시미 기픈 므른 ㄱㆍ므래 아니 그츨씨 내히 이러 바ㄹ래 가ㄴㆍ니　　『용비어천가』 2장
샘이 깊은 물은 가뭄에도 끊이지 않으므로 내가 이루어져 바다에 가니

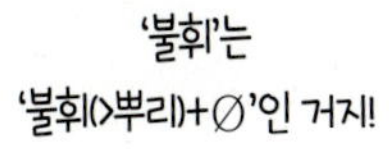

불휘 기픈 남ᄀᆞᆫ ᄇᆞᄅᆞ매 아니 뮐ᄊᆡ 곶 됴코 여름 하ᄂᆞ니 　『용비어천가』 2장
뿌리가 깊은 나무는 바람에 움직이지 않으므로 꽃이 좋고 열매가 많으니

중세한국어에서 명사형 전성어미로 '-옴/움'이 사용되었다.

〈명사형 전성어미의 예〉

안좀
앉음

여룸
엶

중세한국어에는 주체높임, 객체높임, 상대높임 등의 높임법이 뚜렷하게 나타났다.

〈높임법의 예〉

菩薩이 어느 나라해 누리시게 ᄒ·려뇨　　『월인석보』 2
보살이 어느 나라에 내려가시게 할 것인가

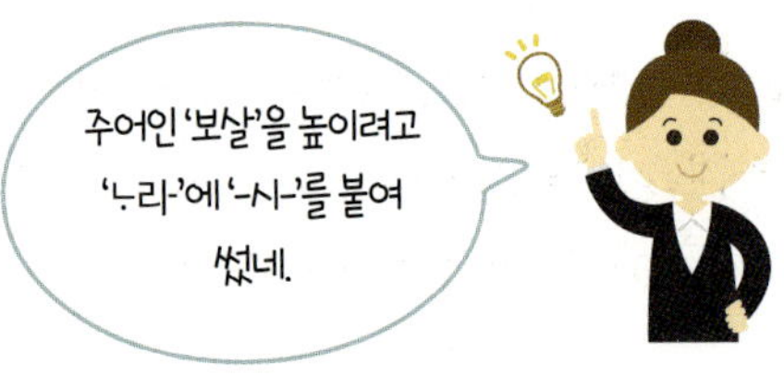

정리

중세한국어의 음운

☑ 자음에 경음이 등장함.

☑ /ㅸ, ㅿ/ 소리가 사용되다가 점차 사라짐.

☑ 어두자음군이 존재함.

☑ /ㆍ/ 소리가 사라지기 시작함.

☑ 성조가 존재했으며 이를 방점으로 표시함.

중세한국어의 어휘

☑ 고유어, 한자어와 함께 몽골어, 여진어 등에서 들어온 차용어가 사용됨.

중세한국어의 문법

☑ 주격조사로 '이/ㅣ'가 사용됨.

☑ 명사형 전성어미로 '-옴/움'이 사용됨.

☑ 주체높임, 객체높임, 상대높임법이 나타남.

2.3 근대한국어

 근대한국어의 음운, 근대한국어의 어휘, 근대한국어의 문법

'근대한국어'는 17세기부터 19세기까지 사용된 한국어를 가리킨다. 이 시기 조선은 임진 왜란, 병자호란 등의 큰 전쟁을 겪었다. 그러면서 관념적인 성리학 사상에 대한 대안으로 실질적인 일을 탐구하는 실학사상이 등장하였다. 영정조 시대에는 사회 개혁과 산업화 등 이 추진되기도 하였다. 그렇지만 19세기 세도 정치, 정치 부패, 강대국들의 세력 다툼 등 으로 인해 한반도는 혼란스러운 시기를 맞이하게 되었다. 이와 같은 역사적 배경 속에서 한국어도 많은 변화를 겪게 되었다.

근대한국어의 특징은 경전류뿐만 아니라 의서류, 병서류, 역학서류, 문학류 등 다양한 분야의 문헌을 통해 확인할 수 있다.

음운

근대한국어의 음운 체계에서 중세한국어에 존재하던 자음 /ㅸ, ㅿ/와 모음 /·/가 사라 졌다. 특히 모음 /·/의 소실로 /ㅡ/와 대응하는 모음조화 짝이 없어지게 되면서 모음조화 체계도 서서히 약화되어 갔다.

〈/·/의 변화가 모음조화에 미친 영향〉

무술 ➡ 마을

근대한국어에서는 /ㄷ, ㅌ/가 /ㅣ/ 앞에서 /ㅈ, ㅊ/로 바뀌는 구개음화가 대대적으로 일어났다. 이전 시기까지는 /ㄷ, ㅌ/가 /ㅣ/ 앞에서 원래 말소리 그대로 발음되었다. 그런데 이 시기부터 /ㅈ, ㅊ/로 바뀌어 발음되기 시작했다. 이 시기에 구개음화된 단어들은 현대한국어에서 여전히 구개음화된 상태 그대로 사용되고 있다.

〈구개음화의 예〉

원순모음화 현상도 나타났다. 양순음인 /ㅁ, ㅂ, ㅃ, ㅍ/ 다음에 위치한 /ㅡ/가 /ㅜ/로 바뀐 것이다.

〈원순모음화의 예〉

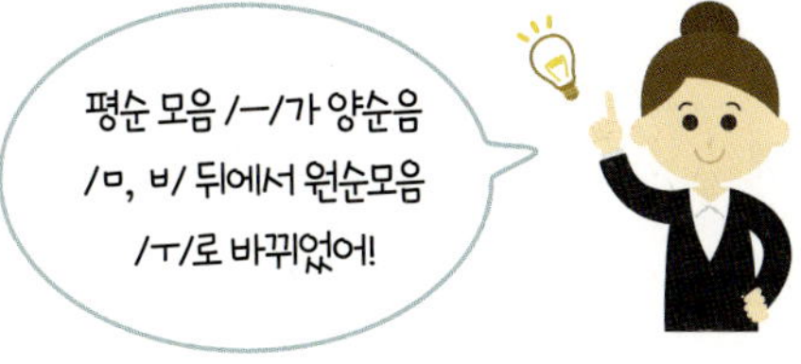

두음 법칙에도 변화가 나타났다. 어두의 /ㄴ/가 /ㅣ/(/j/ 포함) 앞에서 탈락했다.

〈두음 법칙의 예〉

님금 ➡ 임금

성조가 사라지면서 방점도 사용되지 않았다. 소리의 높낮이로 단어의 의미를 구분하는 대신 장단으로 의미를 구분하게 되었다.

어휘

근대한국어의 어휘로 고유어와 함께 한자어를 비롯한 여러 차용어가 동시에 사용된 것을 특징으로 꼽을 수 있다. 이 시기에 청나라와 접촉하면서 만주어도 한국어에 들어왔다. '널쿠(도롱이, 비옷)', '소부리(안장)' 등이 만주어 차용어로 추정된다.

한편 근대한국어의 어휘에 여러 의미 변화가 일어난 것도 확인할 수 있다. 어휘의 의미 변화는 의미 자체가 달라지는 의미 이동, 의미의 영역이 좁아지는 의미 축소, 의미 영역이 넓어지는 의미 확대 등으로 나타난다. 이 밖에도 의미가 원래 의미와 반대로 변한 사례도 있다.

〈의미 변화의 예〉

종류	예	변화 내용
의미 이동	어엿브다	불쌍하다 ➡ 예쁘다
	어리다	어리석다 ➡ 나이가 어리다
의미 축소	겨집 ➡ 계집	여자를 나타내는 말 ➡ 여자를 낮잡아 이르는 말
	놈	사람을 나타내는 말 ➡ 남자를 낮잡아 이르는 말

| 의미 확대 | 다리 | 사람이나 짐승의 신체 일부 ➡ 밥상 등 사물의 일부를 가리킬 때도 사용됨 |
| | 세수하다 | 손을 씻다 ➡ 얼굴을 씻는 것도 포함됨 |

문법

근대한국어의 문법에서 주격조사 '가'가 사용되기 시작한 것을 확인할 수 있다. 처음에는 체언의 모음이 'ㅣ'로 끝날 때 제한적으로 사용되다가 점차 사용 범위를 넓혀 현대한국어에서처럼 모음으로 끝나는 체언 뒤에서 '가'가 사용되기 시작했다.

또한 '-았/었-'이 과거를 나타내는 과거시제 선어말어미로 자리를 잡았다. 이전까지는 과거 동작의 완료를 나타낼 때는 'Ø', 과거 동작의 진행을 나타낼 때는 '-더-'가 과거를 나타내기 위해 사용되었다.

> **돌아보기**
> '과거시제 선어말어미'는 7장 '1.1 시제'를 참고할 것

명사형 전성어미 '-옴/움'은 '-(으)ㅁ'으로 바뀌었으며 '-기'도 더 확대되어 사용되었다.

높임법에서도 변화가 나타났다. 특히 '-습-'의 기능이 변했다. 이전까지 '-습-'은 객체높임 선어말어미로 사용되었다. 그러나 점차 객체높임의 기능을 잃고 상대높임을 나타내는 기능을 하게 되었다. 현대한국어에서는 상대높임 어미에 융합되어 '-습니다' 등으로 사용되고 있다.

근대한국어의 음운

- ☑ 자음 /ㅸ, ㅿ/, 모음 /ㆍ/가 완전히 사라짐.
- ☑ /ㆍ/가 사라지면서 모음조화도 깨지기 시작함.
- ☑ 구개음화와 원순모음화가 나타남.
- ☑ 두음 법칙에 변화가 나타남.
- ☑ 성조가 사라짐.

 정리

근대한국어의 어휘

- ☑ 고유어, 한자어 등 기존 차용어와 함께 만주어 등에서 들어온 차용어가 사용됨.

근대한국어의 문법

- ☑ 주격조사 '가'가 나타남.
- ☑ 과거시제 선어말어미 '-았/었-'이 사용됨.
- ☑ 명사형 어미로 '-음'이 사용되고 '-기'도 널리 사용됨.
- ☑ 객체높임 선어말어미 '-습-'이 점차 상대높임을 나타내는 선어말어미로 변화함.

1 다음을 읽고 고대한국어에 대한 설명이 맞으면 O에, 틀리면 X에 표시하십시오.

1) 오늘날 중부 방언에 해당하는 개성 지역의 한국어가 고대한국어의 중심이 되었다. □ O □ X

2) 『삼국사기』와 『삼국유사』는 고대한국어를 파악하는 데 좋은 자료가 된다. □ O □ X

3) 고대한국어의 자음체계에는 평음과 경음이 존재하지 않았던 것으로 보인다. □ O □ X

4) 고대한국어 시기에 한자어가 사용되기 시작했다. □ O □ X

2 다음 중 중세한국어에 대한 설명으로 알맞지 <u>않은</u> 것을 골라 보십시오.

① 『용비어천가』를 통해 중세한국어 시기 한국어의 사용 양상을 살펴볼 수 있다.

② 중세한국어 시기에는 /ㅸ/, /ㅿ/, /ㆍ/ 등이 존재했지만 점차 사라지거나 다른 소리로 바뀌었다.

③ 중세한국어에는 어두자음군이 실현되었다.

④ 주격조사로 '이/ㅣ/가'가 사용되었다.

3 다음은 근대한국어의 특징에 대한 설명입니다. 빈칸에 알맞은 말을 써 보십시오.

1) 양순음인 /ㅁ, ㅂ, ㅃ, ㅍ/ 다음에 위치한 /ㅡ/가 /ㅜ/로 바뀌는 [   ] 현상이 나타났다.

2) 원래 한국어에 있던 '아버지', '어머니' 등의 [   ]와/과 함께 한자어를 비롯한 여러 차용어가 동시에 사용되었다.

3) 명사형 [   ] '-옴/움'이 '-(으)ㅁ'으로 바뀌었으며 '-기'도 더 확대되어 사용되었다.

4) '-숩-'의 기능이 변해 점차 원래 가지고 있던 객체높임의 기능을 잃고 [   ] 의 기능을 하게 되었다.

1 다음은 한국어사에서 한국어의 시대를 구분한 것입니다. 빈칸에 알맞은 말을 써 보십시오.

1)	~ 10세기 초 통일신라시대까지	
중세한국어	2)	10세기 초 고려시대부터 14세기 말까지
	3)	15세기부터 16세기 말까지
4)	17세기부터 19세기 말까지	
현대한국어	20세기부터	

2 다음은 〈보기〉를 통해 확인할 수 있는 음운 변화에 대한 설명입니다. 빈칸에 알맞은 말 써 보십시오.

> **보기**　　셔블 ➡ 서울

중세한국어에는 /ㅸ/가 있었지만 /ㅸ/가 .... (으)로 바뀌면서(/ㅸ/>/w/) '셔블'이 '서울'로 바뀌었다.

3 다음 〈보기〉를 통해 확인할 수 있는 음운 변화에 대한 설명이 맞으면 O에, 틀리면 X에 표시하십시오.

1) 중세한국어에는 어두자음군이 실현되었기 때문에 '뿔'과 같은 단어가 존재했다. 이 단어의 어두자음군이 나중에 대부분 된소리로 바뀌어 '쌀'이라는 단어가 되었다.   □ O   □ X

2) 어두자음군이 사라지면서 '뿔'이라는 단어에서 'ㅂ'이 완전히 사라져서 현대한국어에서 흔적을 찾을 수 없다.   □ O   □ X

2 다음 〈보기〉의 '시미'에서 사용된 '주격조사'를 찾아 써 보십시오.

> 보기   시미 기픈 므른 ᄀᆞ무래 아니 그츨씨 내히 이러 바루래 가ᄂᆞ니   『용비어천가』 2장

14장

한국어의 방언

1 방언과 표준어
2 지역방언과 사회방언

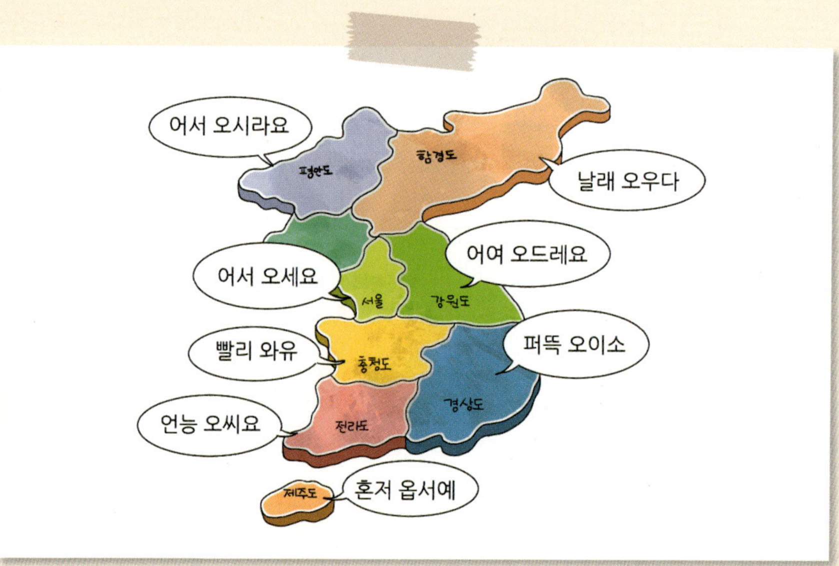

　　한국어는 지역에 따라 서로 다른 특징을 가진 방언을 가지고 있다. 예를 들어 서울 지역의 말로 '어서 오세요'라고 하는 것을 부산 지역의 말로는 '퍼뜩 오이소'라고 한다. 그리고 제주 지역 말로는 '혼저 옵서예'라고 말한다. 이렇게 한국어는 지역에 따라 서로 다른 어휘, 문법, 음운적 특징이 나타난다. 또 한국어는 지역뿐 아니라 말하는 사람의 나이나 성별, 사회 계층 등에 따라서도 특징적인 모습으로 나타날 수 있다. 이 장에서는 이렇게 다양한 모습으로 나타나는 한국어 방언에 대해 알아보자.

1 방언과 표준어

1.1 방언

핵심어   방언

방언(方言, dialect)이란 일정한 지역이나 사회 계층에서 사용되는 변이된 언어 체계를 말한다. 처음에는 동일했던 한 언어가 여러 가지 요인으로 인해 분화되었을 때, 그 분화된 언어를 방언이라고 하는 것이다.

여기서 잠깐!!

지역방언은 '사투리'라고도 하는데, 흔히 사용 지역의 이름을 붙여 '경상도 사투리, 전라도 사투리, 제주도 사투리' 등으로 부른다.

일반적으로 '방언'이라고 할 때 '충청도 사투리', '경상도 사투리'와 같은 각 지역의 사투리를 떠올리는 경우가 많을 것이다. 그런데 방언은 사용하는 지역뿐 아니라 사회 계층에 따라 달리 사용되는 언어 분화까지 포함한다.

그러면 이러한 방언은 어떻게 생겨나는 것일까? 한 언어 내에서 방언이 발생하는 원인은 크게 두 가지로 나눌 수 있다. 하나는 산맥, 바다, 강 등과 같은 지형 때문에 발생하는 것이다. 즉, 지형으로 인해 지역 간의 왕래가 어려워짐에 따라 자연스럽게 언어가 달라져 방언이 발생하며, 이를 '지역방언'이라고 한다. 또 하나는 사회 계층, 나이, 성별 등과 같은 사회적인 조건 때문에 방언이 발생하는데 이러한 방언은 '사회방언'으로 분류된다.

한국은 비교적 국토가 좁은 편이지만 산이 많은 지형이기 때문에 땅 넓이에 비해 지역 간의 방언 차가 큰 편이다. 그래서 지역마다 억양, 강세, 말소리 장단 등 음운적인 특징이 나타나며, 서로 다른 어휘나 문법 체계가 존재하기도 한다. 또 근래에는 통신과 미디어의 발달로 인해 신조어, 통신어, 유행어 등 새로운 어휘와 표현들이 많이 생산되어 사용되고 있다. 그리고 이것은 세대 간의 의사소통을 어렵게 만드는 원인이 되기도 한다.

1.2 표준어

핵심어 표준어

방언의 개념을 더 정확히 알기 위해서는 이의 상대 개념인 '표준어'에 대해서도 이해할 필요가 있다.

각각 다른 지역이나 계층의 사람들이 서로 원활하게 의사소통을 하려면 모두가 공통적으로 사용하는 말이 있어야 한다. 즉 여러 방언 가운데 특별히 하나의 방언을 사회적 공용어로 인정할 필요가 있는데, 이것이 바로 **표준어**(標準語, standard language)다. 표준어는 지역적, 사회적으로 언어 차이가 심한 경우에 의사소통의 효율성을 높이기 위해 만들어진 규범 언어다. 따라서 학교에서 국민들에게 통일된 국어 교육을 시킬 때 표준어 교육이 필수적으로 이루어진다.

그러면 표준어는 어떻게 정하는 것일까? 일반적으로 한 나라의 정치, 경제, 문화, 사회의 중심지에서 사용하는 언어가 표준어로 선택된다. 한국의 표준어도 대한민국의 수도이자 중심지인 서울 지역의 말이 표준어가 되었다.

한국에서는 '표준어 규정'을 통해 표준어를 제정하고 있다. 어문 규범 중 하나인 '표준어 규정'에서는 다음과 같이 표준어 사정 원칙을 제시하고 있다.

> 표준어는 **교양 있는 사람들**이 두루 쓰는 **현대 서울말**로 정함을 원칙으로 한다.
>
> 〈표준어 규범, 제1부 표준어 사정 원칙, 총칙 제 1장 1항〉

이 원칙을 통해 한국어 표준어의 기준에 대해 알아보자. 이 규정은 표준어에 대해 세 가지 기준을 포함한다.

첫째, 표준어의 사용 계층에 대한 기준이다. 여기서 표준어는 '교양 있는 사람들'이 쓰는 말로 규정한다. 이는 비속어나 은어의 사용을 자제할 것을 권하는 의도로 파악할 수 있다. 이 기준에는 교양 있는 사람, 즉 사회적 품위를 갖춘 사람들의 말처럼 언어를 순화해 사용할 것을 권하는 목적이 있다.

둘째, 표준어의 시간적 기준은 '현대'로 명시한다. 언어는 시간이 흐름에 따라 계속 변화한다. 그런데 표준어는 시간의 흐름 속에서 어느 한 시기에 실제로 사용되는 언어기 때문에 그 시대 당시에 사용되는 현대어가 표준어의 기준이 되는 것이다.

셋째, 표준어의 지역적 기준은 '서울'이 된다. 표준어는 국민들의 일상생활과 행정, 교육, 방송 등에서 표준적으로 사용되는 공용어다. 서울은 대한민국의 수도이며 정치, 경제, 문화 등 모든 면에서 중심이 되는 지역이므로 편의상 서울말을 표준어로 삼은 것이다.

표준어는 전체 국민들의 원활한 의사소통을 위해 사람들이 여러 방언들 중에서 임의로 정한 말이다. 그리고 표준어 어휘 목록은 고정된 것이 아니라 심의를 거쳐 바뀔 수도 있다. 즉 서울이 아닌 지방의 말이나 사회방언이라도 사람들이 많이 사용하고 표준어처럼 인식하면 이를 표준어로 삼을 수 있다는 것이다.

정리

표준어
- ☑ 여러 방언 가운데 특별히 사회적 공용어로 인정한 방언
- ☑ 표준어는 '교양 있는 사람들이 두루 쓰는 현대 서울말'로 정함을 원칙으로 함.

1 **다음 중 방언에 대한 설명으로 틀린 것을 고르십시오.**

① 처음에는 동일했던 한 언어에서 분화된 언어를 말한다.

② 방언은 지역방언과 사회방언으로 분류될 수 있다.

③ 방언은 나이나 성별에 따라서도 분화될 수 있다.

④ 지역방언은 사회적 계층에 따라서 분화된 방언이다.

2 **한국어 어문규범에서 제시한 표준어 사정 원칙의 세 가지 기준을 쓰십시오.**

1) 계층적 기준

2) 시간적 기준

3) 지역적 기준

2.1 한국어의 지역방언

> **핵심어** 방언구획, 지역방언, 방언지도, 한국어 지역방언의 특성

방언구획과 방언지도

특정 언어의 사용 지역을 방언적 특징에 따라 몇 개의 하위 구역으로 나누는 것을 **방언구획**(方言區劃, dialect compartment)이라고 한다. 그리고 이렇게 어떤 지역을 방언구획하여 구분한 하위 구역의 말을 **지역방언**(地域方言, regional dialect)이라고 한다. 즉 지역방언이란 한 언어가 지역에 따라 달리 쓰이게 된 말을 뜻한다.

한국의 지역방언이 몇 개의 방언권으로 구분되는지는 연구자들마다 조금씩 차이가 있지만 오구라신페이 (小倉進平)(1924, 1940) 이래로 6대 방언구획이 일반적으로 널리 쓰인다. 6대 방언구획에서는 한국의 도(道) 이름에서 따온 '경상도방언, 전라도방언, 함경도방언, 평안도방언, 경기도방언, 제주도방언'이라는 명칭으로 방언권을 구분하였다. 한편 이기문(1961)에서는 '동남방언(경상남북도), 동북방언(함경남북도), 서남방언(전라남북도), 서북방언(평안남북도), 중부방언(경기도, 충청도, 황해도, 강원도), 제주도방언(제주도)'과 같은 명칭을 방언구획에 사용하기도 하였다.

지역방언 간의 차이를 한눈에 알아보기 위해서는 다양한 방언의 특징을 지도에 표시하여 그 분포를 살펴볼 수 있다. 이렇게 방언의 지리적인 분포를 지도에 표시한 것을 **방언지도**(方言地圖, dialect atlas)라고 한다. 방언지도는 지역방언의 음운, 어휘, 문법 등 방언 분화의 양상을 조사하여 방언의 지리적 분포를 표시한다.

> **여기서 잠깐!!**
> '방언지도'를 '언어 지도'라고도 한다.

이러한 방언지도를 통해 방언형과 방언의 분포를 이해할 수 있다. 하지만 방언형의 분포가 방언구획과 반드시 일치하는 것은 아니다. 다음 방언지도에서 볼 수 있듯이 '가위'를

의미하는 어휘 '가새'가 방언구획이 다른 여러 지역에서 동일하게 사용될 수 있다.

방언지도: '가위' 방언 분포도 (『방언학 사전』, 2001)

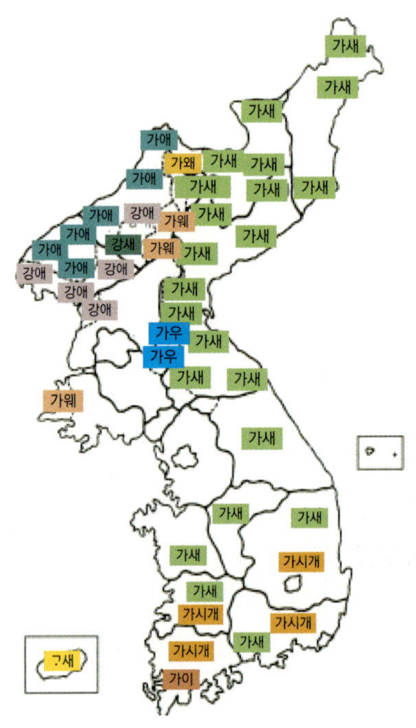

한국어 지역방언의 주요 특성

어떤 사람이 쓰는 말을 듣고 그 사람의 고향을 짐작할 수 있다. 즉 강세나 억양만 듣고도 말하는 사람의 출신 지역을 알아볼 수 있다는 것이다. 또 사용하는 특정 어휘나 표현, 어미, 음운 현상 등을 통해 특정 지역을 알아차리기도 한다.

그렇다면 한국어 지역방언의 특성으로는 구체적으로 어떤 것들이 있을까? 여기서는 방언적 특징이 두드러지는 경상도, 전라도, 제주도, 평안도, 함경도 방언을 중심으로 그 특징을 살펴보겠다.

① 경상도방언: ‘퍼뜩 오이소’

경상도방언의 가장 두드러지는 특징은 바로 성조(높고 낮음)를 가지고 있다는 점이다. 예를 들어 표준어 화자들은 ‘눈’이라는 단어의 두 가지 의미를 문맥을 통해서만 구분하는데, 경상도방언 화자들은 성조와 장단으로 두 단어를 구분한다. 즉 겨울에 내리는 새하얀 ‘눈(雪, snow)’은 낮고 길게 발음하고, 신체 기관인 ‘눈(目, eye)’은 높고 짧게 발음하여 두 가지의 ‘눈’을 구분한다는 것이다.

또 경상도방언은 국어 방언의 모음체계 중 가장 적은 수인 6개로 모음체계를 이루고 있다. 특히 /ㅡ/와 /ㅓ/를 구분하지 않기 때문에 ‘음식’은 [엄식]으로, ‘금지’는 [검지]로 발음한다. 자음체계는 지역적 차이가 거의 나타나지 않지만 대구, 울산 등 경상도 일부 지역에서는 /ㅅ/와 /ㅆ/의 구별이 없어서 [쌀](米)과 [살](肉)의 발음이 구분되지 않는다는 특징이 있다.

경상도방언은 문법 범주에서도 독특한 점이 많은데, 특히 의문법 등에서 두드러진다.

(1) ㄱ. 지금 가나? (지금 가냐?)

　　ㄴ. 지금 어데 가노? (지금 어디 가냐?)

경상도방언은 의문형 종결어미가 ‘-나’ ‘-노’ ‘-가’ ‘-고’로 교체되는 현상이 나타난다. (1ㄱ)과 같이 ‘예, 아니요’를 요구

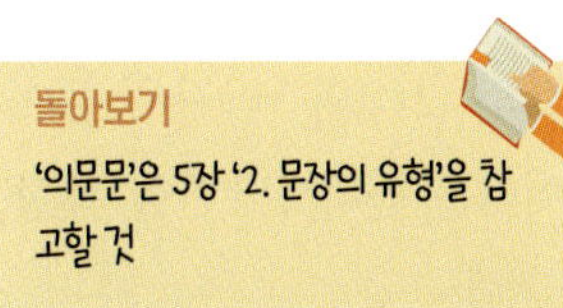

하는 판정의문문에서는 '지금 가나?'에서처럼 종결어미 '-나'를 쓰고, (1ㄴ)처럼 '누구, 무엇, 어디, 언제, 왜' 등 의문사가 사용되는 설명의문문에서는 '어데 가노'에서처럼 '-노'를 쓴다.

② 전라도방언: '언능 오씨요'

음운 측면에서 전라도방언의 두드러지는 특징은 의사[으사], 우리의[우리으]처럼 '의'가 [으]로 나타난다는 점이다. 전라도방언은 경상도방언에 비해 음운 체계가 훨씬 표준어와 비슷하다. 따라서 음운적인 요소보다는 '어미'에서 전라도방언의 고유한 특징을 발견할 수 있다.

(2) ㄱ. 안 간다고 했는디. (안 간다고 했는데.)
　　 ㄴ. 오늘은 비 옹깨 내일 갈라요. (오늘은 비 오니까 내일 갈래요.)
　　 ㄷ. 그라지우. (그래요.)

(2ㄱ)에서 볼 수 있듯이 표준어의 연결어미 '-는데'는 전라도방언에서 '-는디'로 쓴다. 또 (2ㄴ)과 같이 연결어미 '-(으)니까'는 '-(으)ㅇ깨'가 쓰인다. 그리고 (2ㄴ)의 종결어미 '-(으)ㄹ라요'와 (2ㄷ)의 '-라지우' 등이 쓰이는 것도 잘 알려진 전라도방언의 특징이다. 이렇게 다양한 어미는 전라도방언을 특징짓는 대표적인 어미들이다.

③ 제주도방언: '혼저 옵서예'

제주도방언은 다른 방언들에서 찾기 어려운 독특한 특징이 가장 많이 나타난다. 순수한 제주도 토박이의 말은 다른 지역 사람들이 그 뜻을 이해하기 어려운 경우도 많다. 그래서 제주도를 배경으로 하는 드라마를 보면 제주도 사투리 대사에 자막을 삽입하여 이해를 돕는 경우도 있다.

제주도방언에서 '혼저 옵서예'의 '혼저'에 나타나는 모음 'ㆍ'는 매우 독특하다. 제주도방언은 중세한국어에서 사용되던 'ㆍ' 모음을 독립된 모음으로 가지고 있다. 'ㆍ'는 'ᄃᆞ리, ᄉᆞᆯ, ᄒᆞ다, 혼저' 등 여러 단어에 나타난다.

또 제주도방언은 특히 어미에서도 독특한 특징을 찾을 수 있다. 다음 예문을 살펴보자.

(3) ㄱ. 나 놀암**쩌**. (나 놀고 있어.)

ㄴ. 나 해서**마씀**? (내가 했다는 말입니까?)

ㄷ. 나도 가**쿠**다. (나도 가겠습니다.)

(3ㄱ)과 같이 어미에 '-쩌/저'가 쓰이며 이때 진행을 나타내는 선어말어미로 '-암/엄-'이 사용된다. 그리고 (3ㄴ)에서 쓰인 '마씀'은 반문할 때 사용하는 높임 어미로 사용된다. (3ㄷ)에서 볼 수 있는 선어말어미 '-쿠-'는 표준어의 '-겠-'과 기능이 거의 비슷하다. 예를 들어

'수미가 제일 크쿠다'는 '수미가 제일 크겠다'라는 추측의 의미를 나타낼 수 있다.

④ 평안도방언: '어서 오시라요'

대중매체 등을 통해 북한 방언의 특징으로 잘 알고 있는 것 중 하나는 '좋지요'를 [도티요]로 발음하는 현상일 것이다. 이것은 북한 방언 중에서도 평안도방언에 해당하는 현상이다.

(4) ㄱ. 당개를 가서 도티요. (장가를 가서 좋지요.)

　　　ㄴ. 아무리 드더도 모르가시오. (아무리 들어도 모르겠어요.)

　　　ㄷ. 내레 가드랫디오. (내가 갔었었지요.)

(4ㄱ)과 같이 'ㄷ' 구개음화가 일어나지 않는 현상은 평안도방언의 가장 두드러지는 특징이다. 또한 (4ㄴ)에서 볼 수 있듯이 평안도방언은 'ㄷ' 불규칙활용이 없기 때문에 어간 말음 /ㄷ/가 모음 앞에서도 /ㄹ/로 바뀌지 않는다. 그래서 (4ㄴ)의 '듣다'에 '-아/어도'가 연결되면 [들어도]가 아니라 [드더도]로 발음한다.

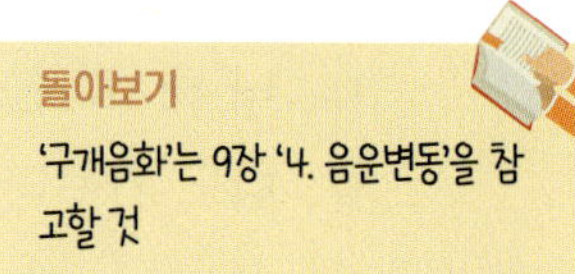

이밖에 문법 형태소에서도 특이한 점이 많다. 명령형 존대 어미로 '-라(우)요'를 사용하므로 '오세요'를 '오시라요'로 말한다. 또 (4ㄷ)처럼 주격조사 '이/가' 대신 '레'가 사용되고, '-었었-'에 해당하는 어미로는 '-드랫'이 쓰인다.

⑤ 함경도방언: '날래 오우다'

함경도는 평안도와 인접해 있지만 낭림산맥을 경계로 하고 있어 두 지역의 말은 많이 다르다.

함경도방언은 무엇보다 음운적 요소가 매우 특징적이다. 함경도방언은 성조를 가지고 있는데 이는 경상도의 성조와는 차이가 있다. 또한 특이하게 성문폐쇄음을 가지고 있으며, 표준어의 '아니'에 대응하는 '아이'를 발음할 때 '아'에서 비음이 수반되어 이 소리가 나타난다.

함경도방언은 조사, 어미에도 특징적인 부분이 많다.

(5) ㄱ. 딸으 주어사 쓰겠다. (딸을 주어야 되겠다.)

　　 ㄴ. 보리밥보구사 낫지비. (보리밥보다야 낫지.)

　　 ㄷ. 그러지 마우다. (그러지 마시오.)

(5ㄱ)과 같이 목적격조사 '을/를'은 '으/르'로 사용된다. 또 (5ㄴ)처럼 표준어의 '-지'에 해당하는 어미로는 '-지비'가 쓰이는데 이는 함경도방언의 대표적인 어미이다. 그리고 (5ㄷ)과 같이 명령형 '-시오'에 해당하는 어미로 '-우다'가 쓰여서 '마시오'를 '마우다'라고 한다.

정리

방언구획

☑ 어떤 지역을 그 지역에서 사용되는 방언적 특징에 따라 몇 개의 하위 구역으로 나누는 것

지역방언

☑ 한 언어에서 분화되어 지역에 따라 달리 쓰이게 된 말

☑ 방언구획하여 구분한 하위 구역의 말

방언지도

☑ 방언의 지리적인 분포를 지도에 표시한 것

한국어의 지역방언의 특성

☑ **경상도방언**: 성조가 있고 /ㅡ/와 /ㅓ/의 구분, /ㅅ/와 /ㅆ/의 구분이 없음. 의문형 종결어미가 '-나' '-노' '-가' '-고'로 교체됨.

☑ **전라도방언**: '의'가 [으]로 나타나며, 연결어미 '-는디(-는데)', '-ㅇ깨(-니까)', 종결어미 '-라요(래요)' 등이 쓰임.

☑ **제주도방언**: 'ㆍ'모음이 있으며, '-쩌/저' '마씀', '-암/엄-' 등 어미에 독특한 특징이 나타남

☑ **평안도방언**: 'ㄷ' 구개음화, 'ㄷ' 불규칙활용이 없으며, 명령형 종결어미 '-라(우)요'를 사용함.

☑ **함경도방언**: 성조가 있고 성대폐쇄음 [?]을 가지고 있음. '을/를'은 '으/르'(을/를)가 쓰이고, 명령형 어미 '-우다(-시오)'가 쓰임.

사회방언의 개념

특정한 지역에서 사용되는 말이 지역방언이라면 특정한 집단이나 사회 계층에서 사용되는 말을 **사회방언**(社會方言 social dialect)이라고 한다. 한 사회의 언어는 나이, 성별, 계층, 종교 등과 같은 사회적 요인에 의해 분화를 일으킬 수 있다. 그렇기 때문에 같은 지역 안에서도 몇 가지의 사회방언이 존재할 수 있다. 즉 같은 지역 출신의 사람이라도 사회적 요인에 따라 언어 사용이 달라질 수 있다는 것이다. 사회방언의 분화는 어휘뿐 아니라 음운, 문법 층위에서도 다양하게 나타난다.

다음 대화를 살펴보면서 대화자들에 대해 추측해 보자.

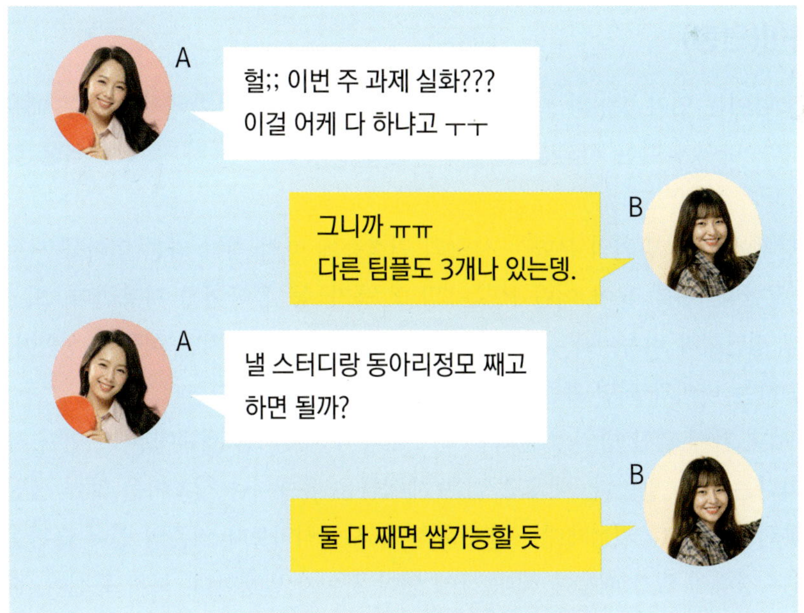

위의 글은 모바일 메신저를 통해 두 사람이 나눈 실제 대화다. 대화하는 사람들의 성별과 나이를 추측할 수 있는가? 성별은 짐작하기 어려울 수 있지만 대화 내용과 어휘, 표현 등으로 보아 나이는 대충 짐작할 수 있었을 것이다. 대화 참여자들은 대학 생활과 관련되는 어휘들인 '과제, 팀플(팀플레이), 스터디, 동아리'를 사용하였다. 또 '실화(정말/진짜)' '정모를 째다(정기 모임을 빠지다)' '쌉 가능(전부 가능하다)'과 같은 표현으로 보아 나이는 비교적 젊은 층이며 신분은 대학생이라고 생각했을 것이다.

위 대화 예시를 통해 알 수 있듯이 사회방언은 언어 사용자의 나이, 신분, 계층 등과 같은 특정한 사회적 요인들에 의해 발생한다.

사회방언의 분화 요인

사회방언은 어떤 이유에서 발생하는 것일까? **사회방언의 분화 요인**은 매우 다양하다. 그 중에서 나이, 성별, 사회 계층 등은 대표적인 분화 요인으로 꼽힌다.

① 나이(연령)

화자의 나이는 언어 변이와 밀접히 관련되므로 사회방언 분화에서 나이는 매우 일반적인 요인이다. 나이에 따른 사회방언은 '나이 단계에 의한 것'과 '세대 차에 의한 것'으로 구분된다.

나이 단계에 의한 방언의 분화는 사람의 연령층에 따라 각각 다른 언어를 사용하게 되는 것을 말한다. 예를 들어 어린아이는 '맘마' '응가' 등 유아어를 사용한다. 또 청소년이 되면 또래 집단끼리 비속어나 유행어 등도 사용하게 된다. 하지만 이들이 성인이 되어 사회생활을 하는 나이가 되면 표준어를 더 많이 사용하게 된다.

한편, 세대 차에 의한 방언의 분화는 신세대와 구세대처럼 세대에 따라 언어 사용이 다르게 나타나는 것을 말한다. 대체로 젊은 세대들은 유행어나 신조어를 많이 생산하고 또 많이 사용한다. 그러나 기성세대는 새로운 말을 사용하기보다 기존의 언어 습관을 그대로 유지하려는 경향이 있기 때문에 세대 간에 언어 차이가 발생한다. 특히 통신어, 줄임말 등의 신조어는 주로 대중 매체나 인터넷 통신 등을 통해 대량으로 생산되고 전파되는데, 이에 따라 뉴미디어에 익숙하지 않은 구세대에게는 이해할 수 없는 말이 점점 더 많아지게 된다. 이러한 현상이 심해지면 곧 세대 간 의사소통의 어려움으로 이어질 수 있다.

> (6) ㄱ. **아주/매우/정말/진짜/무척** 좋아.
>　　 ㄴ. **캡, 왕, 짱** 좋아.
>　　 ㄷ. **캐, 개, 핵** 좋아.
>　　 ㄹ. **대박! 완전** 좋아.

(6ㄴ)~(6ㄹ)은 (6ㄱ)의 부사 '아주, 매우, 정말, 진짜, 무척'의 의미로 쓰였던 그동안의 유행어들이다. (6ㄴ)의 '캡, 왕, 짱'은 지금은 잘 사용하지 않아서 과거 1980~90년대를 배경으로 한 드라마에서나 접할 수 있는 말이고, (6ㄷ)의 '캐, 개, 핵'은 비속어처럼 느껴지는 말이다. 또 (6ㄹ)의 '완전'과 같이 단어의 품사 자체가 바뀌어 사용되는 것도 있다.

② 성별

사회방언의 분화에는 남성, 여성과 같은 성별이 영향을 미치기도 한다. 즉 성별에 따라서도 사회방언이 분화한다는 것이다.

실제로 남성들이 잘 사용하는 말과 여성들이 자주 사용하는 말이 존재하기도 한다. 예를 들면 대답할 때 '예'와 '네'의 사용에서도 성별의 차이가 반영된다는 연구가 있다. 강현석(2009)은 화자의 성별이 '예'와 '네'의 사용에 통계적으로 유의미한 차이를 보인다고 하면서 여성들은 남성들에 비해 '네'를 선호한다고 하였다. 김혜숙(2009)에서도 여학생은 절대적으로 '네'를 선호하고 남학생은 상대적으로 '예'를 선호하지만 전반적으로 성차는 줄어들고 있다고 밝혔다. 그러나 이러한 현상도 시간이 흐르면 또 다른 양상으로 나타날 수도 있다.

정승철(2013)에서는 이러한 성별에 따른 언어 차이에 대한 견해를 두 가지로 설명한다. 하나는 성별 언어 차이를 구조적이고 본질적인 성차(性差)에서 비롯된다고 보는 것이며, 또 하나는 성별 문제가 아닌 단순한 말하기 방식의 차이로 보는 것이다.

첫 번째 견해에서는 남성과 여성의 언어 차가 인간 본성이나 사회 구조적 특성에서 시작되었다고 본다. 이 견해에 따르면 여성은 본질적으로 친근하고 부드럽게 말하려고 한다.

그래서 부드러운 표현, 동의를 구하는 표현, '맞죠?' '그렇
죠?'와 같은 부가의문문이나 '정말'과 같은 부사, '맞아요,
그래' 같은 맞장구 표현을 많이 사용한다는 것이다. 또 여
성이 남성보다 표준어를 잘 사용하는 것도 이러한 관점으
로 설명한다. 즉 공손하고 상냥한 느낌을 주는 표준어는
사회가 요구하는 여성상에 잘 들어맞기 때문이라는 것이
다.

'부가의문문'이란 상대방의 동의를 구하거나 확인을 위해 덧붙이는 의문문이며, '맞장구 표현'은 상대방 말에 동의하거나 호응하는 표현이다.

한편 성별에 따른 언어 분화를 단순한 말하기 방식의 차이로 보는 견해에서는 여성과 남성이 쓰는 말이 따로 있는 것이 아니라 해당 화자의 역할을 수행할 뿐이라고 본다. 이 견해에서는 여자 말투, 남자 말투를 인정하더라도 그것을 꼭 여자나 남자만 사용하는 말투로 제한하지 않는다.

③ 사회 계층

한 사회 안에서 경제적, 신분적으로 구분되는 사람의 집단을 사회 계층이라고 한다. 사회 계층은 일반적으로 사회 경제적 지위로 구분되며 이때는 학력, 직업, 재산, 수입 등이 구분에 있어 중요한 기준이 된다.

일반적으로 같은 계층의 사람들끼리는 서로 교류가 활발하지만 다른 계층의 사람들과는 접촉이 훨씬 적다. 그리고 같은 계층끼리만 접촉하는 상황이 오랜 시간 계속되면 언어적 분화가 발생한다.

옛날 한국 사회는 엄격한 계급 사회였으므로 태어날 때 신분과 계급이 결정되었다. 따라서 높은 계급의 양반과 낮은 계급의 평민의 언어는 매우 달랐다고 한다. 현대 한국 사회에서 사회 계급은 이미 오래전에 없어졌지만 사회생활을 하면서 만들어지는 사회 계층은 지금도 존재하는 것으로 여겨진다.

사회 계층에 따른 사회방언 분화의 구체적인 예를 살펴보자.

(7) ㄱ. 그렇습니다요, 어서 옵쇼
    ㄴ. 깍는다 / 디스카운트

(7)은 이익섭(2000)에서 제시한 계층에 따른 사회방언의 예시다. (7ㄱ)은 현재 사용되는 말은 아니지만 과거에 특정 계층에 한정되어 쓰이던 말이고, (7ㄴ)은 물건을 사고 팔 때 '깍는다'는 말과 '디스카운트'라는 단어를 쓰는 층이 한정되어 있다는 것이다.

(8) ㄱ. 아기 [애기]
ㄴ. 먹이다 [멕이다]
ㄷ. 잡히다 [잽히다]

학력에 따른 사회방언을 조사한 박경래(2005)에 의하면 학력이 낮은 계층일수록 전설모음화 현상의 실현 비율이 높았다고 한다. (8)에서 볼 수 있듯이 '아기'를 [애기]로 '먹이다'를 [멕이다]로, '잡히다'를 [잽히다]로 발음하는 비율이 높았다는 것이다.

계층에 따른 언어 분화는 현대 사회에서 사회적 평등이 실현되고 다양한 매체를 통해 계층 간의 교류가 확대되면서 점차 줄어드는 추세다.

사회방언
☑ 특정한 집단이나 사회계층에서 사용되는 말

사회방언의 분화 요인
☑ 나이, 성별, 사회 계층 등은 대표적인 사회방언의 분화 요인으로 꼽힘

 참고 자료

강현석(2021), 한국 사회언어학 연구 30년의 성과와 과제, 글로벌콘텐츠
이익섭(2000), 국어학개설, 학연사
정승철(2013), 한국어 방언과 방언학, 태학사
小倉進平((1924), 南部朝鮮語の方言, 朝鮮史學會.
小倉進平(1940), The outline of the Korean Dialects, Tokyo:The Tokyo Bunko.

1 다음 중 방언구획에 대한 설명으로 <u>틀린</u> 것을 고르십시오.

① 어떤 지역을 어휘, 음운, 문법 등에 따라 몇 개의 하위 구역으로 나누는 것이다.

② 방언구획은 방언형의 분포와 반드시 일치한다.

③ 방언구획은 방언들 간의 공통점이나 차이점을 가지고 나눈다.

④ 방언구획의 결과는 연구자들에 따라 조금씩 차이가 있다.

2 다음 1)~4)의 사람들은 각각 어떤 지역의 방언을 쓰는 사람들일지 〈보기〉에서 골라 쓰십시오.

| 보기 | 경상도방언 | 전라도방언 | 제주도방언 | 평안도방언 | 함경도방언 |

1) 형식: '좋다'를 [도타]라고 말한다.   (   )

2) 서진: '나의 집'을 [나으집]이라고 말한다.   (   )

3) 율해: '음주 금지'를 [엄주 검지]라고 말한다.   (   )

4) 종서: '다리'를 [ㄷ리]라고 말한다.   (   )

3 사회방언에 대한 설명으로 맞으면 O에, 틀리면 X에 표시하십시오.

1) 사회 계층과 성별에 따라 발생하는 언어 변이는 점차 줄어들고 있는 추세이다.   □ O   □ X

2) 한국어 지역방언 중 제주도방언은 타 지역 사람들이 이해하지 못하는 경우도 있다.   □ O   □ X

3) 세대 차에 따른 사회방언 분화가 아무리 심해져도 의사소통의 단절로 이어지지는 않는다.   □ O   □ X

4) '까까, 맘마, 응가'와 같은 유아어는 사회방언이라 볼 수 없다.   □ O   □ X

1 **다음 중 방언과 표준어에 대한 설명으로 맞는 것을 고르십시오.**

① 한국은 비교적 국토가 좁은 편이기 때문에 지역 간의 방언 차이가 거의 없다.

② 표준어는 의사소통의 효율성을 높이기 위해 만들어진 규범 언어다.

③ 한국어의 지역방언은 문법 체계의 측면에서는 모두 동일하다.

④ 서울이 아닌 타 지방의 말이나 신조어는 표준어가 될 수 없다.

2 **다음 중 한국어 지역방언에 대한 설명으로 틀린 것을 고르십시오.**

① 함경도방언과 평안도방언은 모두 북한 지역의 방언으로 서로 인접한 지역의 방언이므로 매우 비슷하다.

② 한국어 지역방언 중 성조가 있는 방언은 경상도방언과 함경도방언이다.

③ 경상도방언은 한국어 방언 중 가장 적은 수의 모음을 가지고 있다.

④ 전라도방언은 음운적 요소에서 특징적인 요소를 발견할 수 있다.

3 **다음 중 사회방언에 대한 설명으로 틀린 것을 고르십시오.**

① 사회 계층, 나이, 성별 등으로 인해 사회방언이 발생할 수 있다.

② 통신과 미디어의 발달은 사회방언을 발생시킬 수 있다.

③ 같은 지역방언을 쓰는 사람들도 서로 다른 사회방언을 사용할 수 있다.

④ 사회방언의 분화는 어휘에서만 나타난다.

4 **사회방언의 대표적인 분화 요인이 아닌 것을 고르십시오.**

① 나이   ② 종교   ③ 성격   ④ 성별

ㅈ

1장 한국어학의 개념 및 하위 분야

1. 한국어학의 개념 및 범위 [확인 문제]

1 1) 한국어
→ 한국어는 한반도에서 공용어로 사용되는 언어다.

2) 한국어학
→ 한국어학은 한국어를 과학적이고 체계적으로 연구하는 학문이다.

3) 순수한국어학
→ 한국어학 중 한국어가 가지는 내적인 체계와 특성을 탐구하는 것을 순수한국어학이라고 한다.

4) 응용한국어학
→ 한국어학 중 한국어를 다른 분야와 연결 지어 연구하는 것을 응용한국어학이라고 한다.

2 1) X
→ 한국어 사용 인구는 7,700만 명 정도다.

2) O
→ 한국어 연구의 일차적 목적은 한국어가 가지는 내적 체계와 특성을 탐구하는 것이다.

3) X
→ 한국어의 계통을 연구하는 것은 순수한국어학에 속한다.

4) O
→ 한국어는 한국어를 과학적이고 체계적인

방법으로 연구하는 학문이다.

2. 한국어학의 하위 분야 [확인 문제]

1 1) ㉢
→ 한국어 통사론은 한국어의 문장에 대해 탐구한다.

2) ㉠
→ 한국어 음운론은 한국어 말소리의 이론적 체계를 탐구한다.

3) ㉡
→ 한국어 의미론은 언어 의미의 개념 및 유형을 살펴본다.

4) ㉂
→ 한국어 문자론에서는 한국어를 표기하는 문자 체계를 탐구한다.

5) ㉣
→ 한국어사는 한국어의 역사 및 변천 과정을 탐구한다.

6) ㉅
→ 한국어 화용론은 한국어의 사용을 의사소통 맥락과 연계해 연구한다.

7) ㉤
→ 한국어 형태론은 형태소, 단어의 체계와 형성 방식에 대해 탐구한다.

2 1) 한국어 형태론
→ 단어의 형성 방식에 대해 살펴보고 있으므로 한국어 형태론과 관련이 있다.

2) 한국어 음운론

→ 한국어의 소리가 특정한 환경에서 어떻게 변화하는지를 살펴보고 있으므로 한국어 음운론과 관련되어 있다.

3) 한국어 문자론

→ 한자를 이용한 한국어 차자표기 체계에 대한 내용이므로 한국어 문자론과 관련이 있다.

4) 한국어 통사론

→ 문장을 이루는 문장성분에 대해서 논의하고 있으므로 한국어 통사론과 관련되어 있다.

5) 한국어사

→ 한국어가 어떻게 변화했는지를 언급하고 있으므로 한국어사와 관련되어 있다.

6) 한국어 의미론

→ 단어들의 의미 관계에 대해 다루고 있으므로 한국어 의미론과 관련되어 있다.

7) 한국어 방언론

→ 지역이나 집단에 따라 달리 사용되는 한국어에 대해 다루므로 한국어 방언론과 관련되어 있다.

[종합 문제]

1

순수한국어학	응용한국어학
한국어 음운론, 한국어 문자론, 한국어 화용론, 한국어 형태론, 한국어 의미론, 한국어 통사론, 한국어사, 한국어 방언론	사회한국어학, 한국어교육학, 심리한국어학, 전산한국어학

→ 순수한국어학은 한국어의 말소리나 형태, 문장, 의미, 표기 체계, 역사, 방언 등 한국어 자체가 가지고 있는 내적 체계와 특성을 탐구하며, 응용한국어학은 한국어를 사회학, 심리학, 전산학, 교육학 등과 연결지어 연구한다.

2 1) ⓤ

→ 한국어 음운론은 한국어의 말소리의 이론적 체계를 연구하는 분야다.

2) ⓢ

→ 한국어 음성학은 한국어 말소리의 물리적이고 구체적인 특성을 연구하는 분야다.

3) ㉠

→ 한국어 형태론은 한국어의 형태에 대해서 다루는 분야다.

4) ㉣

→ 한국어 통사론은 한국어의 문장에 대해 탐구하는 분야다.

5) ㉢

→ 한국어 의미론은 한국어의 의미를 연구하

는 분야다.

6) ㉡
→ 한국어 화용론은 한국어의 사용을 의사소
통 맥락과 연계해 연구하는 분야다.

7) ㉂
→ 한국어 문자론은 한국어를 표기하는 문자
에 대해 연구하는 분야이다.

8) ㉃
→ 한국어사는 한국어의 역사 및 변천 과정을
연구하는 분야다.

9) ㉄
→ 한국어 방언론은 일정한 지역이나 사회 집단
에서 사용하는 한국어를 연구하는 분야다.

2장 한국어의 단어

1. 단어와 형태소 [확인 문제]

1) 1) 미라는│숙제를│아직│못│했다│
→ '는, 를'은 조사로 자립성이 없지만, 한국어
에서는 조사를 단어로 보기 때문에 단어로
나누어야 한다.

2) 나는│지난│주말│에│집안일로│무척│바
빴다│
→ '는, 에, 로'는 조사로 자립성이 없지만, 한
국어에서는 조사를 단어로 보기 때문에 단
어로 나누어야 한다. '집안일'은 그 자체
가 의미를 가진 하나의 단어기 때문에 '집',
'안', '일'로 나누면 안 된다.

3) 눈│이 내려│밖│이 온통│하얗다│
→ '이'는 조사로 자립성이 없지만, 한국어에서

는 조사를 단어로 보기 때문에 단어로 나누
어야 한다.

4) 너무│힘들면│오늘│은│하루│쉬자│
→ '은'은 조사로 자립성이 없지만, 한국어에서
는 조사를 단어로 보기 때문에 단어로 나누
어야 한다.

5) 아까│길에서│영수│를│본│것│같아요│
→ '에서, 를'은 조사로 자립성이 없지만, 한국
어에서는 조사를 단어로 보기 때문에 단어
로 나누어야 한다.

2) 1) 미라, 는, 숙제, 를, 아직, 못, 하, -였-, -
다
→ '했다'는 '하- + -였- + -다'로 분석한다.

2) 나, 는, 어제, 집, 안, 일, 로, 무척, 바
쁘-, -았-, -다
→ '집안일'은 '집+안+일'로 분석한다.
'바빴다'는 '바쁘- + -았- + -다'로 분석한다.

3) 눈, 이, 내리-, -어, 밖, 이, 온통, 하얗-,
-다
→ '내려'는 '내리- + -어'로 분석한다.

4) 너무, 힘들-, -면, 오늘, 은, 하루, 쉬-,
-자
→ '힘들면'은 '힘들- + -면'으로 분석한다.
'쉬자'는 '쉬- + -자'로 분석한다.

5) 아까, 도서관, 에서, 영수, 를, 보-, ㄴ,
것, 같-, -아, -요
→ '본'은 '보- + ㄴ'로 분석한다.
'같아요'는 '같- + -아- + -요'로 분석한다.

③ 1)

형태소	나	는	학교	에서
자립·의존	자립	의존	자립	의존
실질·형식	실질	형식	실질	형식

역사	책	을	읽-	-었-	-다
자립	자립	의존	의존	의존	의존
실질	실질	형식	실질	형식	형식

→ '나, 학교, 역사, 책'은 명사로 자립성이 있는 자립형태소이며, 실질적인 의미를 가지는 실질형태소다.

→ '는, 에서, 을'은 조사로 자립성이 없어 의존형태소이며, 문법적인 의미를 가지는 형식형태소다.

→ '읽-'은 용언으로 자립성이 없어 의존형태소이며, 실질적인 의미를 가지는 실질형태소다.

→ '-었-'과 '-다'는 어미로 자립성이 없어 의존형태소이며, 문법적인 의미를 가지는 형식형태소다.

2)

형태소	아버지	는	요즘	농사
자립·의존	자립	의존	자립	자립
실질·형식	실질	형식	실질	실질

일	로	바쁘-	-시-	-었-	-다
자립	의존	의존	의존	의존	의존
실질	형식	실질	형식	형식	형식

→ '아버지, 요즘, 농사, 일'은 명사로 자립성이 있는 자립형태소이며, 실질적인 의미를 가지는 실질형태소다.

→ '는, 로'는 조사로 자립성이 없어 의존형태소이며, 문법적인 의미를 가지는 형식형태소다.

→ '바쁘-'는 용언으로 자립성이 없어 의존형태소이며, 실질적인 의미를 가지는 실질형태소다.

→ '-시-, -었-, -다'는 어미로 자립성이 없어 의존형태소이며, 문법적인 의미를 가지는 형식형태소다.

3)

형태소	너무	힘들-	-면
자립·의존	자립	의존	의존
실질·형식	실질	실질	형식

오늘	은	하루	쉬-	-자
자립	의존	자립	의존	의존
실질	형식	실질	실질	형식

→ '너무, 오늘, 하루'는 명사로 자립성이 있는 자립형태소이며, 실질적인 의미를 가지는 실질형태소다.

→ '은'은 조사로 자립성이 없어 의존형태소이며, 문법적인 의미를 가지는 형식형태소다.

→ '힘들-', '쉬-'는 용언으로 자립성이 없어 의존형태소이며, 실질적인 의미를 가지는 실질형태소다.

→ '-면', '-자'는 어미로 자립성이 없어 의존형태소이며, 문법적인 의미를 가지는 형식형태소다.

2. 단어의 유형 [확인 문제]

① 1) 단

→ 하나의 단어다.

2) 복
→ 동사 '비비다'의 명사형과 명사 '밥'이 결합
한 복합어다.

3) 복
→ 동사 '뛰다'와 동사 '놀다'가 결합한 복합어
다.

4) 단
→ 하나의 단어다.

5) 복
→ 동사 '달리다'와 접미사 '-기'가 결합한 복합
어다.

2 1) 합
→ 명사 '밤'과 명사 '낮'이 결합한 합성어다.

2) 파
→ 형용사 '깨끗하다'와 접미사 '-이'가 결합한
파생어다.

3) 파
→ 접두사 '한'과 명사 '여름'이 결합한 파생어
다.

4) 합
→ 명사 '앞'과 명사 '뒤'가 결합한 합성어다.

5) 파
→ 동사 '지우다'와 접미사 '-개'가 결합한 파생
어다.

3 1) 맨손
→ 접두사 '맨-'과 명사 '손'이 결합한 접두파생
어다.

2) 울보
→ 동사 '울다'와 접미사 '-보'가 결합한 접미파
생어다.

3) 헛소리
→ 접두사 '헛-'과 명사 '소리'이 결합한 접두파
생어다.

4) 읽기
→ 동사 '읽다'와 접미사 '-기'가 결합한 접미파
생어다.

5) 조용히
→ 형용사 '조용하다'와 접미사 '-히'가 결합한
접미파생어다.

[종합 문제]

1 1) ① 11개
→ '아침, 에, 학교, 앞, 에서, 미라, 를, 보-,
-았-, -어-, 요'로 나눌 수 있다.
② 자립형태소: 아침, 학교, 앞, 미라
의존형태소: 에, 에서, 를, 보-, -았-,
-어-, 요
③ 실질형태소: 아침, 학교, 앞, 미라, 보-
형식형태소: 에, 에서, 를, -았-, -어-,
요

2) ① 9개
→ '저기, 양복, 을, 입-, -은, 사람, 이, 영
수, -다'로 나눌 수 있다.
② 자립형태소: 저기, 양복, 사람, 영수
의존형태소: 을, 입-, -은, 이, -다
③ 실질형태소: 저기, 양복, 입-, 사람, 영
수
형식형태소: 을, -은, 이, -다

2　1) 파생어, 접두사 '한-'과 명사 '겨울'이 결합한
　　접두파생어다.

　2) 파생어, 동사 '읽다'와 접미사 '-기'가 결합한
　　접미파생어다.

　3) 복합어 '집'과 명사 '안'이 결합한 합성어다.

　4) 복합어, '알다'와 '듣다'가 결합한 합성어다.

　5) 복합어, '콩'과 명사 '나물'이 결합한 합성어
　　다.

3장　한국어의 품사

1. 품사의 분류 [확인 문제]

1　1) 품사
　2) 형식
　3) 기능
　4) 의미

2　1) 형식
　2) 의미
　3) 기능
　4) 의미
　5) 형식

2. 품사의 특성 [확인 문제]

1　1) 대학 (명사)
　　후 (명사)
　　싶어요 (형용사)

　2) 네 (감탄사)
　　입니다 (조사)

　3) 나 (대명사)
　　하나 (수사)

　4) 많이 (부사)
　　취소했다 (동사)

　5) 헌 (관형사)
　　버리고 (동사)
　　을 (조사)

　6) 조용하고 (형용사)
　　그래서 (부사)
　　그곳 (대명사)

2　1) ○ (격조사)
　2) △ (접속조사)
　3) □ (보조사)

3　1) O
　2) X
　→ 용언이 활용을 할 때 형태가 변하지 않는
　　부분을 어간이라고 한다.
　3) X
　→ 격조사는 체언과만 결합된다. 보조사는 체
　　언뿐만 아니라 격조사, 부사, 연결어미와
　　도 결합된다.
　4) O
　5) O

[종합 문제]

1　1) 대명사
　2) 부사
　3) 형용사
　4) 관형사

5) 수사

2

어제	친구	하고	서점	에	가서
부사	명사	조사	명사	조사	동사

필요한	책	을	세	권	샀다
형용사	명사	조사	관형사	명사	동사

3   1) 품사는 <u>형식, 기능, 의미</u>를 기준으로 분류할 수 있다.

2) <u>대명사</u>는 명사를 대신해서 대상을 가리키는 품사다.

3) <u>관형사</u>는 체언 앞에서 그 체언의 뜻을 분명하게 제한하는 품사다.

4) 본용언과 함께 쓰여 그 말에 문법적 의미를 더해 주는 용언을 <u>보조용언</u>이라고 한다.

5) 문장의 다른 성분들과 특별한 관계를 갖지 않는 독립언에는 <u>감탄사</u>가 있다.

6) <u>조사</u>는 자립성이 있는 말에 붙어 그 말과 다른 말과의 관계를 나타내거나 어떤 뜻을 더해 주는 품사다.

4장 한국어의 문장

1. 문장과 문장의 단위 [확인 문제]

1   ②

→ 그 자체로 완결된 내용을 담고 있으며 단독으로 발화할 수 있는 것을 문장이라고 한다.

2   1) 절

→ '주어+서술어'를 가진 비독립적인 문장이다.

2) 구

→ 두 단어 이상이 모여 마치 하나의 품사처럼 쓰인 것이다.

3) 절

→ '주어+서술어'를 가진 비독립적인 문장이다.

4) 어절

→ 띄어쓰기의 단위다.

5) 절

→ '주어+서술어'를 가진 비독립적인 문장이다.

2. 문장성분 [확인 문제]

1   1) 주성분, 주성분

→ 주성분은 한 문장의 뼈대를 이루는 필수성분으로 '주어, 목적어, 보어, 서술어'가 있다. '나는'은 문장의 주어고 '깨뜨렸다'는 서술어기 때문에 둘 다 주성분이다.

2) 부속성분, 부속성분

→ '맛있는'은 주성분 '커피'를 수식하는 부속성분이며, '마실'은 주성분 '물'을 수식하는 부속성분이다.

3) 부속성분

→ '너무'는 주성분 '피곤해서'를 수식하는 부속성분이다.

4) 독립성분

→ '아'는 다른 성분과 관련이 없는 독립성분이다.

2 1) 서술어

2) 보어

3) 부사어

3 1) 보어

→ 보어는 서술어 '되다/아니다'가 요구하는 주어 이외의 문장성분이다.

2) 목적어

→ 목적어는 서술어 동작의 대상이 되는 성분이다.

3) 주어

→ 주어는 서술어의 주체가 되는 성분을 말한다.

4) 서술어

→ 서술어는 주어의 동작, 상태, 성질 등을 풀이하는 문장성분을 말한다.

5) 부사어

→ 부사어는 서술어, 관형어, 부사 등을 수식하는 성분을 말한다.

4 1) 아직

→ '부사어'는 서술어, 관형어, 부사 등을 수식하는 성분을 말한다. 부사어 '아직'은 서술어 '오지 않았다'를 수식하고 있다.

2) 누구입니까

→ 서술어는 주어의 동작, 상태, 성질 등을 풀이하는 문장성분이다.

3) 아

→ 독립어는 문장 내 다른 성분과 관련이 없는 문장성분이다.

4) 우리 학교에서

→ 주어는 서술어의 주체가 되는 성분이다. '에서'는 단체명사 앞에서 주격조사로 쓰인다.

5) 새

→ 관형어는 체언을 수식하는 성분이다. 관형어 '새'는 명사 '신발'을 수식하고 있다.

[종합 문제]

1 ① 철수가(주어), 꽃을(목적어), 주었다(서술어)

② 날씨가(주어), 춥다(서술어)

③ 우리는(주어), 토의하였다(서술어)

④ 책은(주어), 책이다(서술어)

⑤ 저는(주어), 사람이(보어), 아닙니다(서술어)

⑥ 청춘은(주어), 아름답구나(서술어)

→ 필수성분에는 주어, 목적어, 보어, 서술어가 속한다. 주어는 '무엇이 어찌하다/어떠하다/무엇이다'에서 '무엇이'에 해당하는 성분으로 일반적으로 주격조사 '이/가'가 붙는다. 목적어는 목적격조사 '을/를'이 붙는 말로, 서술어의 대상을 나타낸다. 보어는 주어를 제외하고 '이/가'와 결합되어 '이다, 아니다' 앞에 놓이는 성분이다. 서술어는 '무엇이 어찌하다/어떠하다/무엇이다'에서 '어찌하다/어떠하다/무엇이다'에 속하는 성분으로 주어의 행위, 상태 등을 설명/풀이한다.

2 ① 영희에게: 서술어 '주다'를 수식하는 '부사어'다.

② 겨울에는: 문장 전체를 수식하는 '부사어'
임, 몹시: 서술어 '춥다'를 수식하는 '부사어'
다.

③ 아주: '긴'을 수식하는 부사어, 긴: 체언 '시
간'을 수식하는 '관형어', 시간: 서술어 '토의
하다'를 수식하는 '부사어'다.

④ 이: 명사 '책'을 수식하는 관형어, 아주: 관
형어 '오래된'을 수식하는 부사어, 오래된:
명사 '책'을 수식하는 관형어, '귀한: 명사
'책'을 수식하는 관형어다.

⑤ 절대로: 서술어 '아니다'를 수식하는 부사
어, 그런: 보어 '사람이'를 수식하는 '관형어'
다.

⑥ 정말: 서술어 '아름답다'를 수식하는 '부사
어'다.

→ 부속성분에는 관형어, 부사어가 있다. 관
형어는 체언(구)을 수식하는 성분이고, 부
사어는 서술어, 다른 부사, 문장 전체 등을
꾸미는 역할을 한다.

3 ⑥ 아: 감탄사가 독립어가 된 예

→ 독립성분에는 독립어가 속한다. 독립어는
어느 성분과도 직접적인 관련이 없는 성분
으로 감탄사, 체언+호격조사, 접속부사가
주로 독립어가 된다.

5장 한국어 문장의 종류

1. 문장종결법 [확인 문제]

1 ①

→ 문장종결법은 종결어미에 의해 실현된다.

2 ②

→ 의문형 종결어미는 여러 가지가 있어 담화
상황에 맞게 다양하게 나타난다.

2. 문장의 유형 [확인 문제]

1 1) 청유문, 감탄문

→ 한국어는 종결어미에 의해 평서문, 의문
문, 명령문, 청유문, 감탄문의 다섯 가지
유형의 문장이 실현된다.

2) 명령문, 청유문

→ 명령문은 화자가 청자에게 어떤 행동을 하
도록 요구하는 문장이며, 청유문은 화자가
청자에게 어떤 행동을 함께할 것을 요청하
는 문장이다.

2 1) -구나, 감탄문

→ 감탄형 종결어미 '-구나'에 의해 실현된 감
탄문이다.

2) -습니다, 평서문

→ 평서형 종결어미 '-습니다'에 의해 실현된
평서문이다.

3) -자, 청유문

→ 청유형 종결어미 '-자'에 의해 실현된 청유
문이다.

4) -십시오, 명령문

→ 명령형 종결어미 '-십시오'에 의해 실현된
명령문이다.

5) -나, 의문문

→ 의문형 종결어미 '-나'에 의해 실현된 의문

문이다.

[종합 문제]

1 ① 아이가 재미있게 논다, 저는 짜장면이 먹고 싶어요.

→ '아이가 재미있게 논다'와 '저는 짜장면이 먹고 싶어요'는 평서문이다.

② 이 옷이 참 잘 어울리는구나, 이 마을은 볼거리가 참 많구려.

→ '이 옷이 참 잘 어울리는구나'와 '이 마을은 볼거리가 참 많구려'는 감탄문이다.

③ 저기에서 오른쪽으로 가세요. 이제 좀 쉬십시오.

→ '저기에서 오른쪽으로 가세요'와 '이제 좀 쉬십시오'는 명령문이다.

2

평서형	의문형	명령형	청유형	감탄형
-ㄴ다, -습니다	-어, -지	-으십시오, -아	-자, -ㅂ시다	-구나, -어

→ ㄱ은 평서형 종결어미 '-ㄴ다'가 쓰인 평서문이다. ㄴ은 명령형 종결어미 '-으십시오'가 쓰인 명령문이다. ㄷ은 청유형 종결어미 '-ㅂ시다'가 쓰인 청유문이다. ㄹ은 청유형 종결어미 '-자'가 쓰인 청유문이다. ㅁ은 명령형 종결어미 '-아'가 쓰인 명령문이다. ㅂ은 의문형 종결어미 '-어'가 쓰인 의문문이다. ㅅ은 감탄형 종결어미 '-구나'가 쓰인 감탄문이다. ㅇ은 의문형 종결어미 '-지'가 쓰인 의문문이다. ㅈ은 평서형 종결어미 '-습니다'가 쓰인 평서문이다. ㅊ은 감탄형

6장 한국어 문장의 확대

1. 홑문장과 겹문장 [확인 문제]

1 1) 겹

→ 이 문장은 '얼음이 깨질 수 있다'와 '그쪽으로 가지 마라'의 두 개의 절로 이루어진 겹문장이다.

2) 홑

→ 이 문장은 주어 '새 운동화가'와 서술어 '싸여 있다'로 이루어져 있는 홑문장이다.

3) 겹

→ 이 문장은 '일을 너무 많이 하다'와 '건강을 해칠 수 있다'의 두 개의 절로 이루어진 겹문장이다.

4) 홑

→ 이 문장은 주어 '미라는'과 서술어 '산책을 해요'로 이루어져 있는 홑문장이다.

5) 겹

→ 이 문장은 '(내가) 어릴 때 살다'라는 절과 '나는 동네에 가 보았다'라는 절로 이루어진 겹문장이다.

2 1) 2

→ 이 문장은 '제가 다니다', '학교는 시내 중심가에 있었습니다'의 두 개의 절로 이루어져 있다.

2) 2
→ 이 문장은 '(번호가) 명함에 있다'와 '나는 번호로 전화를 했다' 두 개의 절로 이루어져 있다.

3) 3
→ 이 문장은 '날씨가 덥다', '길에 (사람이) 다니다', '사람이 많지 않다'의 세 개의 절로 이루어져 있다.

4) 2
→ 이 문장은 '세탁기가 고장 나다', '(내가) 서비스센터에 전화를 하다'의 두 개의 절로 이루어져 있다.

5) 3
→ 이 문장은 '(나는) 시장에 오랜만에 갔다', '내가 (딸기를) 좋아하다', '시장에서 딸기를 팔고 있다'의 세 개의 절로 이루어져 있다.

2. 이어진문장 [확인 문제]

■ 1) 선행절: 나는 도서관에 가다
후행절: (나는) 책을 빌렸다
연결어미: -아서
→ 이 문장은 선행절 '나는 도서관에 가다'와 후행절 '(나는) 책을 빌렸다'가 연결어미 '-아서'로 연결되어 있다.

2) 선행절: 어제는 바람이 불다
후행절: 비가 많이 왔다
연결어미: -고
→ 이 문장은 선행절 '어제는 바람이 불었다'와 후행절 '비가 많이 왔다'가 연결어미 '-고'로 연결되어 있다.

3) 선행절: 나이가 들다
후행절: 생각이 많아진다
연결어미: -ㄹ수록
→ 이 문장은 선행절 '나이가 들다'와 후행절 '생각이 많아진다'가 연결어미 '-ㄹ수록'으로 연결되어 있다.

4) 선행절: 그 사람이 오다
후행절: 나에게 알려 주렴
연결어미: -거든
→ 이 문장은 선행절 '그 사람이 오다'와 후행절 '나에게 알려 주렴'이 연결어미 '-거든'으로 연결되어 있다.

5) 선행절: 10분 전에는 배가 하나도 안 고프다
후행절: 지금은 갑자기 배가 고프네요
연결어미: -더니
→ 이 문장은 선행절 '10분 전에는 배가 하나도 안 고프다'와 후행절 '지금은 갑자기 배가 고프네요'가 연결어미 '-더니'로 연결되어 있다.

② 1) 대
→ 이 문장의 선행절 '은행도 가다'와 후행절 '장도 좀 보다'는 비슷한 구조로 되어 있고, 서로 위치를 바꾸어도 의미에 큰 차이가 없는 대등한 관계다.

2) 종
→ 이 문장의 선행절 '창문을 열다'와 후행절 '새소리가 들렸다'의 위치를 바꾸면 의미에 큰 차이가 생기므로 종속적으로 이어진문장이다.

3) 종

→ 이 문장의 선행절 '나는 못 가다'와 후행절 '너희들은 여행을 다녀와'의 위치를 바꾸면 의미에 큰 차이가 생기므로 종속적으로 이어진문장이다.

4) 대

→ 이 문장의 선행절 '저쪽에는 그늘이 많다'와 후행절 '이쪽에는 그늘이 없다'는 비슷한 구조로 되어 있고, 서로 위치를 바꾸어도 의미에 큰 차이가 없는 대등한 관계다.

5) 종

→ 이 문장의 선행절 '선생님께 감사 인사를 드리다'와 후행절 '연락을 드렸습니다'의 위치를 바꾸면 의미에 큰 차이가 생기므로 종속적으로 이어진문장이다.

6) 대

→ 이 문장의 선행절 '서류는 우편으로 보내다'와 후행절 '이메일로 제출하다'는 비슷한 구조로 되어 있고, 서로 위치를 바꾸어도 의미에 큰 차이가 없는 대등한 관계다.

3. 안은문장 [확인 문제]

1 1) 나는 [아침에 일찍 일어나기]가 힘들어요.

→ 이 문장은 '(나는) 아침에 일찍 일어나기'라는 명사절을 안은문장이다.

2) [사이가 좋지 않던] 두 사람이 지금은 단짝이 되었다.

→ 이 문장은 '사이가 좋지 않던'이라는 관형절을 안은문장이다.

3) [이 사실을 다른 사람들은 모르게] 해 주십시오.

→ 이 문장은 '이 사실을 다른 사람들은 모르게'라는 부사절을 안은문장이다.

4) 오늘은 무척 [기분이 좋네요].

→ 이 문장은 '기분이 좋네요'라는 서술절을 안은문장이다.

5) 사무실 직원은 [내일까지 보고서를 제출해야 한다]고 말했다.

→ 이 문장은 '내일까지 보고서를 제출해야 한다'라는 인용절을 안은문장이다.

6) [누구에게 이것을 물어봐야 할지] 모르겠다.

→ 이 문장은 '누구에게 이것을 물어봐야 할지'라는 명사절을 안은문장이다.

2 1) 명사절을 안은문장: ②, ④

→ ②는 '자주 만나기'라는 명사절을 안은문장이며, ④는 '내가 대학생이 되었음'이라는 명사절을 안은문장이다.

2) 관형절을 안은문장: ⑧, ⑨

→ ⑧은 '아직 투표를 하지 않은'이라는 관형절을 안은문장이며, ⑨는 '그가 금메달을 땄다는'이라는 관형절을 안은문장이다.

3) 부사절을 안은문장: ⑤, ⑦

→ ⑤는 '지도 없이'라는 부사절을 안은문장이며, ⑦은 '노인이 길을 건너도록'이라는 부사절을 안은문장이다.

4) 서술절을 안은문장: ①, ⑥

→ ①은 '시간이 너무 늦었다'라는 서술절을 안은문장이며, ⑥은 '기타 연주 실력이 아주 좋다'라는 서술절을 안은문장이다.

5) 인용절을 안은문장: ③, ⑩

→ ③은 '그가 천재'라는 인용절을 안은문장이
며, ⑩은 '이제 독립을 하겠다'라는 인용절
을 안은문장이다.

[종합 문제]

1 1) 이

→ 이 문장은 '산불이 나다'와 '경보가 울렸다'
가 연결어미 '-자'로 연결된 이어진문장이
다.

2) 안

→ 이 문장은 '큰 불편 없이'라는 부사절을 안
은문장이다.

3) 안

→ 이 문장은 '집 앞에 있는'이라는 관형절을
안은문장이다.

4) 이

→ 이 문장은 '저녁에 집에 가다'와 '택배가 와
있을 거야'가 연결어미 '-면'으로 연결된 이
어진문장이다.

5) 안

→ 이 문장은 '내가 보기'라는 명사절을 안은문
장이다.

6) 이

→ 이 문장은 '잠을 자다'와 '소음 때문에 깼다'
가 연결어미 '-다가'로 연결된 이어진문장이
다.

2 1) O

→ 이 문장에는 '내가 무엇 때문에 틀렸는지'라
는 명사절이 포함되어 있다.

2) O

→ '-니까'는 선행절과 후행절을 이어주는 연결
어미다.

3) X

→ 이 문장의 선행절과 후행절은 비슷한 구조
로 되어 있지 않으며, 선행절과 후행절의
위치를 서로 바꾸었을 때 의미의 변화가 크
므로 종속적으로 이어진문장이다.

4) X

→ '내가 무엇 때문에 틀렸는지'의 '-는지'는 연
결어미다.

7장 한국어의 문법 범주(1)

1. 시간 표현 [확인 문제]

1 1) 미래

→ 관형사형 어미 '-(으)ㄹ'과 의존명사 '것'이
결합하여 미래시제를 나타낸다.

2) 현재

→ 선어말어미 '-는-'이 사용되어 현재시제를
나타낸다.

3) 현재

→ '-습니다'의 현재시제는 선어말어미 없이 실
현된다. '나중에'라는 시간 부사어가 쓰이
기는 했으나 '나중에 한국 회사에 다니고 싶
다'는 바람을 현재 시점에서 이야기하고 있
으므로 현재시제를 나타낸다.

4) 과거

→ 선어말어미 '-더-'가 쓰여 과거시제를 나타
낸다. 말하는 사람이 직접 본 과거의 사실
을 회상하여 표현한 것이기 때문에 '-더-'가
사용되었다.

2 1) ⓜ

→ ⓜ: '오다'에 '-아 가다'를 결합해 약속 장소
에 가는 행위가 진행되고 있음을 나타낸다.
여기서 가는 행위를 나타내고 있는데도 '오
다'를 사용한 것은 듣는 사람의 입장에서 이
야기하고 있기 때문이다.

2) ㉠, ㉢, ㉣

→ ㉠: '먹다'와 '-어 버리다'가 결합해 먹는 행
위가 이미 끝났음을 나타낸다.
㉢: '하다'와 '-아 놓다'를 결합하여 시험 준
비를 끝냈는지를 묻고 있다.
㉣: '지르다'와 '-고 말다'가 결합해 소리를
지르는 행위가 이미 끝났음을 나타낸다.

3) ㉤

→ ㉤: '떠나다'와 '-려고 하다'가 결합해 기차가
떠나는 행위가 곧 시작될 것임을 나타낸다.

2. 양태 표현 [확인 문제]

1 1) - ㉠

→ 말하는 사람은 듣는 사람이 곧 이사한다는
사실을 알고 그것을 근거로 다음 주에는 그
집에서 살고 있을 것으로 '추측'하고 있다.

2) - ㉡

→ 도움을 받으려고 하는 사람인 '저'가 도움을
받는다면 은혜를 잊지 않을 것이라는 '의지'

를 표현하는 문장이다.

3) - ㉠

→ 말하는 사람이 목적지까지 걸리는 시간을
판단하여 그것을 근거로 지금 출발하면 늦
지 않을 것이라고 '추측'하고 있다.

4) - ㉡

→ 문장의 주어가 생략되어 있으나 말하는 사
람인 '내'가 혜민이에게 좋아한다는 사실을
고백할 것이라는 '의지'를 나타내고 있다.

2 1) 행위양태

→ 행위양태에는 의무, 허락, 금지를 나타내
는 표현이나 행위를 하는 사람의 능력, 의
지, 바람 등을 나타내는 표현이 포함된다.
'-(으)면 안 되다'는 허락되지 않는 행위에
사용할 수 있는 행위양태 표현이다. 즉, 이
문장은 공공장소에는 시끄럽게 떠드는 행
위가 허락되지 않는다는 것을 나타내고 있
다.

2) 인식양태

→ '-지'는 말하는 사람이 알고 있는 사실을 듣
는 사람도 알고 있다고 생각하고 그것을 다
시 한번 확인할 때 사용하는 인식양태 표현
이다. 월요일에 백화점이 문을 닫는다는 사
실을 듣는 사람도 알고 있다고 생각하기 때
문에 이를 확인하기 위해 물어보는 것이다.

3) 인식양태

→ '-구나'는 새롭게 알게 된 사실을 즉각적으
로 나타낼 때 사용하는 인식양태 표현이다.
놀이공원에 사람이 많은 이유가 어린이날
이기 때문이라는 것을 추론을 통해 새롭게

알게 되었으므로 '-구나'가 사용되었다.

4) 인식양태

→ '-(으)ㄴ 것 같다'는 어떤 사실에 대한 말하는 사람의 추측을 나타내는 인식양태 표현이다. 잘 알고 지내던 두 사람이 서로 아는 척하지 않는 모습을 보고 싸웠을 것으로 추측하고 있다.

5) 인식양태

→ '-아도/어도 되다'는 어떤 행위를 하도록 허락한다는 것을 의미하는 인식양태 표현이다. 쉬는 시간이 되었으므로 화장실에 가는 것을 허락한다는 의미를 문장으로 표현하고 있다.

[종합 문제]

1 1) 10분 후, -(으)ㄹ 것이다 / 미래

→ 관형사형 어미 '-(으)ㄹ'과 의존명사 '것'이 결합하여 미래시제를 나타낸다.

2) 몇 년 전, -았었- / 과거

→ 선어말어미 '-았었-'이 사용되어 과거의 사실이 현재와 다른 경우를 나타낸다. 즉, 몇 년 전에는 과일값이 비싸지 않았으나 지금은 비싸다는 의미가 포함되어 있다.

3) 오늘, ø / 현재

→ '-습니다'의 현재시제는 선어말어미 없이 실현된다.

4) 벌써, -았-, -더- / 과거

→ 과거 회상 선어말어미 '-더-' 앞에 '-았-'이 붙어 지속되다가 이미 완료된 과거의 사실을 나타낸다.

5) 지금, -ㄴ- / 현재

→ '자-'에 선어말어미 '-ㄴ-'을 사용해 현재 시제가 실현되었다.

2 1) ㉠, ㉡, ㉣

→ ㉠: '-(으)ㄹ 수 있다'는 어떤 사실이 발생할지도 모른다는 '가능성'을 나타내는 인식양태 표현으로 사용되었다. 즉, 창문을 열어 놓고 자는 행위 때문에 감기에 걸릴 가능성도 있고 그렇지 않을 가능성도 있다는 것을 표현하고 있다.

㉡: '-네'는 새로 알게 된 사실을 즉각적으로 표현할 때 사용하는 인식양태 표현이다. 엄마 생신이 언제인지는 원래부터 알고 있던 사실이지만 그것을 잊어버리고 있었다는 사실은 지금 새로 알게 된 것이기 때문에 '-네'가 사용되었다.

㉣: '-겠-'은 추측의 의미를 지닌 인식양태 표현으로 사용되었다. 말하는 사람은 친구들이 민우를 오해했다는 사실을 알고 그것을 근거로 민우가 힘들었을 것으로 추측하고 있다.

2) ㉢, ㉤

→ ㉢: '-(으)ㄹ 것이다'는 문장의 주어가 1인칭인 문장에서 사용될 때 주어의 '의지'를 나타내기 때문에 행위양태에 속한다. '저'의 크리스마스 계획을 설명하기 위해 '-(으)ㄹ 것이다'가 사용되었다.

㉤: 행위양태에는 의무, 허락 등을 나타내는 표현이 포함된다. '-아야 하다'는 어떤 행위가 반드시 일어나야 한다는 '의무'를 의미한다. 즉, 한국에서는 집 안에 들어갈 때

신발을 벗는 행위가 반드시 필요하다는 것
을 나타낸다.

8장 한국어의 문법 범주(2)

1. 높임표현 [확인 문제]

1 1) 주

→ 주어 '부모'를 높이기 위해 서술어에 선어
말 어미 '-시-'를 사용한 주체높임이다. 이
와 함께 접사 '-님'과 조사 '께서'를 사용하였
다.

2) 객

→ 목적어인 '교수님'을 높인 객체높임이다.
'만나다' 대신 '뵙다'라는 특수한 어휘를 사
용하였다.

3) 객

→ 부사어인 '할아버지'를 높인 객체높임이다.
조사 '께'와 함께 '주다'의 의미를 갖는 어휘
'드리다'를 사용하였다.

4) 주

→ 주어인 '교수님의 머리'를 높이기 위해 서술
어에 선어말어미 '-시-'를 사용한 주체높임
이다. 높임의 대상인 '교수님'의 소유를 높
임으로써 교수님을 간접적으로 높였다.

5) 주

→ 주어인 '선생님'을 높이기 위해 선어말어미
'-시-'와 조사 '께서'를 사용한 주체높임이다.

2 1) 교수님께서 우리를 보고 싶어 하십니다.

→ 이 문장은 주체높임으로 표현해야 한다. 따

라서 서술어를 '싶어 하십니다'로 바꾸는 것
이 맞다. 그리고 '뵙고'가 '우리'를 잘못 높
이고 있으므로 '보고'로 바꾸어야 한다.

2) 이 문제는 네가 선생님께 직접 여쭤보는 게
어때?

→ 이 문장은 객체높임으로 표현해야 한다. 따
라서 객체인 '선생님'을 높이기 위해 '물어
보다' 대신 '여쭙다'라는 높임을 표현하는
어휘를 사용하는 것이 맞다.

3) 고객님, 이 상품은 세일 중이에요.

→ 이 문장에서 주체인 '상품'은 높임의 대상이
아니기 때문에 '이세요'를 '이에요'로 바꾸는
것이 맞다.

4) 민수야, 선생님께서 너 오라고 하셨어.

→ 이 문장은 주체높임 선어말어미 '-시-'를 잘
못 사용한 문장이다. 여기에서는 '오다'의
주체는 '민수'이므로 '오시다'를 사용할 수
없다. 또한 주체인 '선생님'을 높여 '선생님
께서'라고 하는 것이 자연스럽다.

3 1) 해체

→ 비격식체의 '해체'로 화자가 편하게 사용하
는 두루낮춤 표현이다.

2) 해요체

→ 비격식체 중 '-어요'를 사용하여 편하게 높
인 두루높임의 '해요체'다. '전화 좀 하게'에
서 '하게'는 종결어미가 아니라서 높임 등급
의 판단에 적용할 수 없다. 원래의 문장은
'하게요'로 사용된 '해요체'다.

3) 하게체

→ 격식체 중 예사낮춤 표현인 '하게체'를 사용

하였다.

4) 하오체
→ 격식체 중 '하오체'의 청유형이다.

5) 해라체
→ 격식체 중 아주낮춤 표현인 '해라체'다.

6) 하십시오체
→ 격식체 중 아주높임 표현인 '하십시오체'다.

2. 부정표현 [확인 문제]

1 1) 긍
→ 부정문 요소나 부정적 의미가 포함되지 않아 부정문으로 볼 수 없다.

2) 부
→ '-지 않다'를 사용한 안 부정문이다.

3) 긍
→ 부정문 요소나 부정적 의미가 포함되지 않아 부정문으로 볼 수 없다.

4) 부
→ 청유문으로, 말다 부정문이다.

2 1) 안
→ 주어가 의지를 가지고 '모임에 가지 않은 것'을 나타낸 안 부정문이다.

2) 말다
→ '-지 말다'를 사용하여 명령의 의미를 나타낸 말다 부정문이다.

3) 못
→ '늦잠'이라는 외부의 요인으로 인해 '기차를 타지 못한 것'을 나타낸 못 부정문이다.

4) 안
→ 주어가 의지를 가지고 '메모를 하지 않음'을 나타낸 안 부정문이다.

3 1) 긴
→ '-지 않다'를 사용한 긴부정문이다.

2) 긴
→ '-지 못하다'를 사용한 긴부정문이다.

3) 짧
→ 부정부사 '안'을 사용한 짧은부정문이다.

4) 긴
→ '-지 않다'를 사용한 긴부정문이다.

5) 짧
→ 부정부사 '못'을 사용한 짧은부정문이다.

3. 피동표현 [확인 문제]

1 1) 능
→ 1)은 특별히 피동사나 통사적피동이 사용되지 않아 피동문으로 볼 수 없다.

2) 피
→ 2)는 '퇴사하다'에 보조용언 '-게 되다'를 연결하여 만든 통사적피동문이다.

3) 능
→ 3)은 특별히 피동사나 통사적피동이 사용되지 않아 피동문으로 볼 수 없다.

4) 피
→ 4)는 '걸다'에 피동접미사 '-리-'가 붙어 만들어진 피동사를 사용한 파생적피동문이다.

5) 피

→ 5)는 명사 '선출'에 피동접미사 '-되다'가 붙어 만들어진 피동사를 사용한 파생적피동문이다.

② 1) 범인이 경찰에게 현장에서 잡혔다.

2) 그릇에 밥이 가득 담겼다.

3) 나뭇가지가 인부들에게 잘렸다.

4) 그 문화재가 복원되었다.

5) 그는 (네티즌들에게/에 의해) 최고의 가수로 뽑혔다.

→ 위의 문장들은 모두 피동사를 사용하여 파생적피동문으로 바꿀 수 있다. 1)~3), 5)는 능동문의 동사가 타동사다. 이 동사들 '잡다', '담다', '자르다', '뽑다'에 피동 접미사를 사용해 만든 사동사 '잡히다', '담기다', '잘리다', '뽑히다'를 사용할 수 있다. 4)는 '복원'이라는 명사에 '하다'가 연결된 서술어로, 이 경우에는 피동 접미사 '-되다'를 사용하여 '복원되다'라는 피동사를 만들 수 있다.

또한, 피동문에서는 능동문의 목적어가 보통 새로운 주어가 되므로, 각 문장의 목적어인 '범인을', '밥을', '나뭇가지를', '문화재를', '그를'이 각각 피동문의 주어가 된다.

4. 사동표현 [확인 문제]

① 1) 주

→ 1)은 '수미'의 동작이나 행위를 나타내므로 주동문이다.

2) 사

→ 2)는 '공부하다'에 보조용언 '-게 하다'를 연결하여 만든 통사적사동문으로, '선생님'이 다른 대상 '학생들'에게 '공부'라는 행위를 하게 시킨다는 의미를 나타내고 있다.

3) 주

→ 3)은 '누군가'의 동작이나 행위를 나타내므로 주동문이다.

4) 사

→ 4)는 '높다'에 사동접미사 '-이-'를 붙여 만든 사동사 '높이다'가 사용된 파생적사동문이다. '인부들'이 '건물'에 영향을 주어 '높게' 한 결과를 가져왔다는 의미를 나타내고 있다.

② 1) 어머니가 아이에게 책을 읽게 하셨다.

2) 부장님이 민수 씨에게 그 일을 맡게 하셨다.

3) 규철이가 기호에게 운동을 하게 했다.

4) 배우가 명연기로 관객들을 울게 했다.

→ 파생적사동문은 주동문의 서술어에 보조용언 '-게 하다'를 연결하여 통사적사동문으로 바꿀 수 있다. 1)의 '읽히다', 2)의 '맡기다', 3)의 '운동시키다', 4)의 '울리다'는 모두 주동문의 서술어인 '읽다', '맡다', '운동하다', '울다'에 곧바로 '-게 하다'를 연결하여 각각 통사적사동문으로 바꿀 수 있다.

[종합 문제]

① 2)

→ 1)은 '데리고' 대신 '모시고'를 사용하여야 올바른 문장이다. 2)는 '교수님의 연세'를

높인 간접높임이 사용된 문장으로, 서술어 '이다'에 선어말 어미 '-시-'를 사용하여 높임을 잘 나타내었다. 3)에서 '커피'는 높임의 대상이 아니므로 '나왔습니다'로 사용해야 한다. 4)에서 '부장님'은 주체높임의 대상이다. 따라서 '오다'에 선어말어미 '-시-'를 사용해 '부장님도 오실 거예요'라고 하는 것이 맞다. 5)에서는 '민수'가 '친구'에게 이야기를 하는 것이므로 상대를 높여 겸양 표현을 사용할 필요가 없다. 따라서 '제가' 대신 '내가'를 사용해야 한다. 그러나, 객체인 '선생님'은 높임의 대상이기 때문에 '물어볼게' 대신 '여쭤볼게'라고 써야 맞다.

2 1) 새로 산 옷이 안 예쁘다.
→ 이 문장은 상태를 부정하고 있기 때문에 단순 부정을 나타내는 안 부정문을 사용하는 것이 맞다.

2) 오늘은 피곤해서 공부하지 못하겠다.
→ '-지 못하다'는 선어말어미 '-겠-'뒤에 사용할 수 없다. 용언의 어간 뒤에 붙여 써야 한다.

3) 열심히는 하되, 너무 무리하지는 마라.
→ 명령문의 부정으로 말다 부정문을 사용하여 '무리하지는 마라'로 쓰는 것이 맞다.

3 1) 피
→ '울다'의 피동사 '울리다'를 사용한 파생적피동문이다.

2) 사
→ '알다'의 사동사 '알리다'를 사용한 파생적사동문이다.

3) 피
→ '만들다'에 '-어지다'를 연결하여 만든 통사적피동문이다.

4) 피
→ '뽑다'의 피동사 '뽑히다'를 사용한 파생적피동문이다.

5) 사
→ '끓다'의 사동사 '끓이다'를 사용한 파생적사동문이다.

6) 사
→ '기쁘다'에 '-게 하다'를 연결하여 만든 통사적사동문이다.

9장 한국어의 소리

1. 자음과 모음 [확인 문제]

1 1) 2개, 1개, 0개
→ /ㅊ/는 자음, /ㅐ/는 모음, /ㄱ/은 자음이다.

2) 2개, 2개, 1개
→ /ㅅ/는 자음, /ㅏ/는 모음, /ㄱ/는 자음, /ㅘ/는 '활음+모음'이다.

3) 4개, 2개, 1개
→ /ㄱ/는 자음, /ㅕ/는 '활음+모음', /ㄹ/은 자음, /ㅅ/는 자음, /ㅣ/는 모음, /ㅁ/은 자음이다.

4) 4개, 4개, 0개
→ /ㅎ/는 자음, /ㅏ/는 모음, /ㄹ/은 자음, /ㅏ/는 모음, /ㅂ/는 자음, /ㅓ/는 모음,

/ㅈ/는 자음, /ㅣ/는 모음이다.

5) 0개, 2개, 2개
→ /ㅕ/는 '활음+모음', /ㅠ/도 '활음+모음'이다.

2 1) 잇몸소리, 유음
→ 자음 /ㄹ/의 조음위치는 잇몸소리이며, 조음방법은 유음이다.

2) 잇몸소리, 비음
→ 자음 /ㄴ/의 조음위치는 잇몸소리이며, 조음방법은 비음이다.

3) (잇몸)센입천장소리, 파찰음
→ 자음 /ㅈ/의 조음위치는 (잇몸)센입천장소리이며, 조음방법은 파찰음이다.

4) 여린입천장소리, 파열음
→ 자음 /ㄲ/의 조음위치는 여린입천장소리이며, 조음방법은 파열음이다.

5) 목청소리, 마찰음
→ 자음 /ㅎ/의 조음위치는 목청소리이며, 조음방법은 마찰음이다.

3 1) 전설, 평순, 중
→ 모음 /ㅔ/는 혀가 앞쪽─중간에서 발음되며, 입술 모양이 둥글지 않다.

2) 후설, 원순, 고
→ 모음 /ㅜ/는 혀가 뒷쪽─위에서 발음되며, 입술 모양이 둥글다.

3) 후설, 평순, 저
→ 모음 /ㅏ/는 혀가 뒷쪽─아래에서 발음되며, 입술 모양이 둥글지 않다.

4) 전설, 평순, 고
→ 모음 /ㅣ/는 혀가 앞쪽─위에서 발음되며, 입술 모양이 둥글지 않다.

5) 후설, 평순, 고
→ 모음 /ㅡ/는 혀가 뒷쪽─위에서 발음되며, 입술 모양이 둥글지 않다.

2. 음절 [확인 문제]

1 1) 중성 (ㅐ)
→ /애/는 초성과 종성 없이 중성으로만 구성된 음절이다.

2) 중성 (ㅣ), 종성 (ㅂ)
→ /잎/은 중성과 종성으로 구성된 음절로, 종성에서 /ㄱ, ㄴ, ㄷ, ㄹ, ㅁ, ㅂ, ㅇ/ 7개의 자음만 올 수 있기 때문에 /ㅍ/는 [ㅂ]가 된다.

3) 중성 (ㅑ), 종성 (ㅇ)
→ /양/은 중성과 종성으로 구성된 음절이다.

4) 초성 (ㅈ), 중성 (ㅟ)
→ /쥐/는 초성과 중성으로 구성된 음절이다.

5) 초성(ㅌ), 중성(ㅓ), 종성(ㄱ)
→ /턱/은 초성, 중성, 종성으로 구성된 음절이다.

2 1) 요, 이
→ '요'는 '활음+모음', '이'는 '모음'으로 구성된 음절이다.

2) 자, 끼, 채
→ '자', '끼', '채'는 '자음+모음'으로 구성된 음절이다.

3) 약, 은

→ '약'은 '활음+모음+자음', '은'은 '모음+자음'으로 구성된 음절이다.

4) 곰, 창, 끝

→ '곰', '창', '끝'은 '자음+모음+자음'으로 구성된 음절이다.

3. 운율 [확인 문제]

1 1) LH-LH

→ 음운구 첫 자음이 격음, 경음, 마찰음이 아닌 경우, 그리고 모음으로 시작하는 경우에는 LH-LH 유형으로 실현된다.

　→ 어제부터(모음)

2) HH-LH

→ 음운구 첫 자음이 격음, 경음, 마찰음인 경우 HH-LH 유형으로 실현된다.

　→ 카메라하고(격음)

3) HH-LH

→ 음운구 첫 자음이 격음, 경음, 마찰음인 경우 HH-LH 유형으로 실현된다.

　→ 할머니께서는(마찰음)

4) LH-LH

→ 음운구 첫 자음이 격음, 경음, 마찰음이 아닌 경우 LH-LH 유형으로 실현된다.

　→ 자전거를(평음)

5) HH-LH

→ 음운구 첫 자음이 격음, 경음, 마찰음인 경우 HH-LH 유형으로 실현된다.

　→ 선생님들과(마찰음)

2 1) 미영이는 / 학교에서 / 공부를 해요.

→ '미영이는'과 '공부를 해요'의 음운구 첫 자음이 격음, 경음, 마찰음이 아니기 때문에 LH-LH유형으로 실현되며 평서문 문장의 끝은 내린다. '학교에서'는 첫 자음이 마찰음이라서 HH-LH 유형으로 실현된다.

2) 오늘도 / 도서관에서 / 책을 읽어요.

→ '오늘도'와 '도서관에서'의 음운구 첫 자음이 격음, 경음, 마찰음이 아니기 때문에 LH-LH유형으로 실현된다. 이때 '오늘도'는 3음절이라 LHH 또는 LLH 억양이 실현된다. 마지막 음운구 '책을 읽어요'는 첫 자음이 격음이라서 HH 유형으로 실현된다.

3) 어디에서 / 선생님을 / 만나기로 했어요?

→ '선생님을'은 음운구 첫 자음이 마찰음이기 때문에 HH-LH유형으로 실현된다. '어디에서'와 '만나기로 했어요'는 첫 자음이 격음, 경음, 마찰음이 아니기 때문에 LH유형으로 실현된다. 이 문장은 의문사 의문문이기 때문에 문장의 끝 음절 억양이 LH% 유형으로 실현된다.

4) 다음 주말에는 / 바다에 가서 / 수영할까요?

→ '다음 주말에는'과 '바다에 가서'의 음운구 첫 자음이 격음, 경음, 마찰음이 아니기 때문에 LH-LH유형으로 실현된다. '수영할까요'는 첫 자음이 마찰음이라서 HH 유형으로 실현되며, 긍부정 의문문이기 때문에 문장 끝 음절은 급격하게 상승시키는 H% 유형이 실현된다.

5) 전 / 주말에 / 좀 / 바빠요.

→ 네 개의 음운구 모두 첫 자음이 격음, 경음, 마찰음이 아니기 때문에 LH-LH유형으로 실현된다. 단 첫 번째와 세 번째 음운구는 1음절로 구성되어 있어 억양구 끝음절에 배당되는 H 억양만 실현되고, 두 번째와 네 번째 음운구는 3음절로 구성되어 있어 LHH 억양이 실현된다.

4. 음운변동 [확인 문제]

1 1) 교체

→ '책장 [책짱]'은 /ㅈ/가 [ㅉ]로 발음되므로 교체 현상에 해당한다.

2) 축약

→ '빨갛게 [빨가케]'는 /ㅎ/와 /ㄱ/가 하나로 합쳐져 [ㅋ]로 발음되므로 축약 현상에 해당한다.

3) 교체

→ '생일날 [생일랄]'은 '날'의 /ㄴ/가 [ㄹ]로 발음되므로 교체 현상에 해당한다.

4) 탈락

→ '영화 [영와]'는 /ㅎ/가 발음되지 않으므로 탈락 현상에 해당한다.

5) 첨가

→ '할 일 [할릴]'은 /일/이 [닐]이 되고, 다시 [릴]로 발음되어 /ㄴ/가 추가되었으므로 첨가 현상에 해당한다.

2 1) 음운론적, 필수적

→ /기숙사/가 [기숙싸]로 발음되는 것은 '장애음의 경음화' 현상으로, 이는 /ㅂ, ㄷ, ㄱ/ 뒤에서 평음이 경음이 되는 현상이므로 음운론적 조건에 따른 변동에 해당한다. 이 현상은 음운변동의 조건에 부합하면 예외없이 규칙이 적용되는 필수적 음운변동에 해당한다.

2) 형태론적, 필수적

→ /좋아요/가 [조아요]로 발음되는 것은 'ㅎ 탈락' 현상으로, 이는 /ㅎ/로 끝나는 용언 어간이 모음으로 시작하는 어미와 만났을 때 /ㅎ/가 탈락하는 현상이므로 형태론적 조건에 따른 변동에 해당한다. 이 현상은 음운변동의 조건에 부합하면 예외없이 규칙이 적용되는 필수적 음운변동에 해당한다.

3) 형태론적, 수의적

→ /공부방/이 [공부빵]으로 발음되는 것은 '합성어의 경음화' 현상으로, 이는 합성어에서 앞 단어가 울림소리로 끝나고 뒤 단어가 평음으로 시작할 때 평음이 경음으로 발음되는 현상이다. 이 현상은 '사랑방 [사랑방]'이나 '노래방 [노래방]'처럼 동일한 음운론적, 형태론적 환경에서도 경음화 현상이 나타나지 않는 경우가 있으므로 수의적 변동이라 할 수 있다.

4) 형태론적, 필수적

→ '갈 거야'가 [갈 꺼야]로 발음되는 것은 '관형형 어미 '-(으)ㄹ' 뒤 경음화' 현상이므로 형태론적 조건에 따른 음운변동에 해당한다. 또 '관형형 어미 '-(으)ㄹ' 뒤 경음화'는 '-(으)ㄹ' 뒤에 평음 /ㄱ, ㄷ, ㅂ, ㅅ, ㅈ/이 오고 중간에 휴지(pause)가 없으면 모든 경우에 평음이 경음으로 발음되므로 필수

적 변동에 해당한다.

5) 음운론적, 수의적

→ '책이에요'가 [채기예요]로 발음되어 /이에/
가 [이예]로 발음되는 것은 '활음 첨가' 현상
으로 /ㅣ/나 /ㅗ, ㅜ/ 모음 뒤에 모음이 연
쇄할 때 두 모음 사이에 활음 /j/나 /w/가
첨가되는 현상이므로 음운론적 조건에 따
른 음운변동에 해당한다. 또 [채기에요]나
[채기예요] 모두 허용되는 발음이므로 수의
적 변동에 해당한다.

[종합 문제]

1 1) 평음, 격음, 경음 (예사소리, 거센소리, 된
소리)

→ 한국어 폐쇄음과 파찰음은 평음, 격음, 경
음의 대립이 있다는 것이 특징이다.

2) 7개

→ 표준어 규정과 달리 현실 발음으로는 /ㅔ/
와 /ㅐ/가 구별되지 않고, /ㅚ/와 /ㅟ/는
이중모음이다.

3) /j/, /w/, /ɰ/

→ 일반적으로 활음은 /j/와 /w/ 두 가지이
다. 그러나 한국어에는 /ㅢ/라는 이중모음
을 만드는 /ɰ/라는 활음이 있다.

4) 18개

→ 한국어 자음은 모두 19개인데, 이 중 'ㅇ/
ŋ/은 음절 초성이 될 수 없다.

5) [낟]

→ 한국어의 음절 종성에는 /ㄱ, ㄴ, ㄷ, ㄹ,
ㅁ, ㅂ, ㅇ/ 7개의 자음만 올 수 있다. 따

라서 '낫', '낮', '낯'은 모두 [낟]으로 발음된
다.

6) 중성

→ 음절을 구성하는 요소는 초성, 중성, 종성
이다. 활음은 온전한 모음이 될 수 없고 모
음과 함께 발음될 수 있다는 점에서 자음과
모음의 중간 위치를 차지한다. 언어에 따라
활음을 반자음(半子音)으로 보기도 하고 반
모음(半母音)으로 보기도 한다. 그러나 한
국어는 활음을 모음과 함께 중성에 속하는
것으로 본다.

2 1) O

→ 한국어는 음절 문자를 쓰고 있어, 글자 수
와 음절 수가 일치한다. '한국 사람들은 참
친절한 것 같아요.'는 모두 14개의 글자로
이루어진 문장으로 음절 수도 14개다.

2) O

→ 억양이 실현되는 최소의 단위가 음운구인
데, 억양 유형이 '한국 사람들은'에 한 번,
'참'에 한 번, '친절한 것 같아요'에 한 번,
이렇게 모두 세 번 나타나 있는 것을 알 수
있다. 즉 3개의 음운구로 실현되었음을 알
수 있다.

3) X

→ 억양구는 음운구보다 큰 운율 단위다. 3개
의 음운구를 가진 발화는 최대한 3개까지
의 억양구를 가질 수 있다.

4) O

→ 음운구의 첫 음절은 '한', '참', '친'으로 음
절 초성이 마찰음과 격음이다. 이런 음운구

에는 HH-LH 유형의 억양이 실현된다.

5) X

→ 하나의 발화 단위에는 최소한 하나 이상의 억양구를 가진다. 문장 중간에 쉬는 구간이 없다고 하더라도 문장 끝에서 억양구 경계가 만들어진다. 따라서 모든 발화에는 억양구가 있으며, 따라서 경계성조도 반드시 실현된다.

10장 한국어의 의미

1. 의미의 정의와 유형 [확인 문제]

1 1) 지시설

→ 의미를 단어가 가리키는 실제 지시물과 동일하게 보는 견해다.

2) 개념

→ 의미를 단어가 가리키는 대상에 대한 머릿속 생각, 즉 개념을 의미로 본다.

3) 용법

→ 용법설은 의미를 단어가 구체적으로 사용되는 개별적 맥락에서 발생하는 것으로 본다.

2 1) 사회적 의미

→ 언어를 사용하는 사람의 사회적 환경(이 경우에는 전문 영역)과 관련된 의미다.

2) 내포적 의미

→ 개념적 의미에 덧붙어 나타나는 특성을 지닌 의미다.

3) 개념적 의미

→ 가장 핵심적이고 기본적인 의미로 사전적 의미로 볼 수도 있다.

4) 주제적 의미

→ 어순을 바꿔서 강조하고 싶은 부분을 드러낸다.

5) 반사적 의미

→ 단어가 가진 여러 의미 중 하나가 너무 강하여 연상을 일으킨다.

6) 연어적 의미

→ 공기하는 다른 표현으로 인해 연상하게 된다.

2. 단어의 의미 [확인 문제]

1 1) 소년: [+인간][−성인][−기혼][+남성]
2) 소녀: [+인간][−성인][−기혼][−남성]
3) 아내: [+인간][+성인][+기혼][−남성]
4) 남편: [+인간][+성인][+기혼][+남성]

2 1) 다의관계

→ 사람의 신체 일부인 '다리'가 기본의미이며, 의자의 '다리'는 여기에서 의미가 확장된 것이다.

2) 동음이의어

→ 약의 맛이 '쓰다'와 '벗다'의 반의어인 '쓰다', 그리고 사용한다는 의미의 '쓰다'는 형태는 같지만 의미적 관련성이 없는 단어들이다.

3) 유의관계

→ '매우'와 '아주'는 정도가 심하다는 비슷한

의미를 가진 부사다.

4) 반의관계

→ '올라가다'와 '내려가다'는 각각 위의 방향으로 움직이고, 아래 방향으로 움직인다는 반의관계에 있는 단어다.

5) 상하관계

→ 시, 소설, 희곡, 수필은 문학작품에 포함되는 하위 항목으로 계층관계에 있다.

3. 문장의 의미 [확인 문제]

1 1) O

→ '용감'한 것이 '아버지'일 수도 있고, 말하는 사람일 수도 있다.

2) O

→ '어머니'가 찾아간 대상이 '아들'만일 수도 있고, '아버지와 아들'일 수도 있다.

3) O

→ '통화'하는 것이 '아버지'일 수도 있고, '아들'일 수도 있다.

4) O

→ 부정을 나타내는 표현이 어디에 영향을 주느냐에 따라 '밥을 먹지 않'은 게 '지수'가 아니라 다른 사람이거나, '지수가 먹'은 게 '밥'이 아니라 다른 음식이거나, '지수가 밥을 먹'은 게 아니라 다른 행동을 한 것으로 해석할 수 있다.

5) X

→ 중의성이 없는 문장이다. '새로 나온'이 수식하는 것은 '옷'으로 한정된다.

6) X

→ 중의성이 없는 문장이다. '부지런한'이 수식하는 대상이 '철수'로 한정된다.

2 1) X

→ 이 문장은 '수지가 정수와 은수 중에 은수를 더 좋아한다'는 의미와 '정수가 은수를 좋아하는 것보다 수지가 더 은수를 좋아한다'는 두 가지 의미로 해석될 수 있다.

2) O

→ 이 문장은 단어의 의미가 미치는 범위가 달라서 중의성이 생긴다.

3) O

→ 함의는 문장이 가지고 있는 부수적 정보로, 그 내용이 담고 있는 정보다.

4) O

→ 전제는 문장의 내용이 성립하기 위해 반드시 사실이어야 하는 조건이다.

[종합 문제]

1 1) X

→ 의미를 정의하는 방법은 지시설, 개념설, 용법설 등이 있다.

2) X

→ 개념설은 의미를 머릿속에 떠오르는 개념이다. 용법설은 의미를 맥락에서 사용된 의미로 정의한다.

3) X

→ 개념적 의미는 핵심이 되는 기본 의미다.

4) X

→ 같은 문장이라도 어순을 바꾸어 강조하고 자 하는 것을 다르게 표현하는 것은 주제적 의미와 관련된다. '나는 학교에 간다'라는 문장에서 '학교에'를 문장의 앞으로 꺼내어 이야기하면, 학교라는 장소를 강조하는 의미가 나타난다.

5) O

→ 단어가 가진 여러 의미 중 하나가 너무 강한 경우, 다른 의미를 사용할 때도 그 강한 의미가 떠오르게 되는데, 이와 관련된 것을 반사적 의미라고 한다. '여우주연상'의 '여우'는 '여자배우'의 줄임말인데, 이 표현이 동물의 한 종류인 '여우'를 떠올리게 하는 경우 반사적 의미가 발생한다.

6) O

→ '공부'와 '맛있다'는 의미상 함께 쓸 수 없는 단어이지만 '공부가 맛있다'라고 하여 맛있는 음식처럼 공부를 잘 소화할 수 있음을 연상시킬 수 있다. 이 경우 함께 배열된 단어들이 서로의 의미에 영향을 끼치므로 연어적 의미가 발생했다고 볼 수 있다.

2️⃣ 1) 유의관계

→ 비슷한 의미를 지니는 유의어다.

2) 상의어, 하의어

→ '가구'는 다른 단어들을 포함하므로 상의어가 되며, '수박', '딸기' 등은 '과일'에 포함되므로 '과일'의 하의어가 된다.

3) 반의관계

→ '벗다'의 반의어는 한 개가 아니라, 세부 의미에 따라 여러 가지가 될 수 있다.

11장 한국어의 화용

1. 화용론의 개념 [확인 문제]

1️⃣ 1) X

→ 화용론에서는 맥락이 있는 단어나 구, 문장, 담화를 분석 대상으로 삼는다.

2) X

→ 화용론은 의사소통 상황에서 사용되는 언어와 그 언어가 사용되는 원리를 다루는 데 목표가 있다.

3) X

→ 원래 언어학의 목표는 언어의 규칙과 체계를 밝히는 것에 있었으므로, 화용론보다는 '음운론, 형태론, 통사론'에 대한 연구가 먼저 이루어졌다.

4) O

→ 화용론은 언어와 맥락과의 관계, 언어와 언어 사용자와의 관계를 다루는 학문이다.

2️⃣ 1) O

→ 맥락은 언어의 의미 해석에 영향을 미친다.

2) O

→ 담화 영역은 격식체의 사용과 참여자 관계는 높임법 사용과 밀접한 관련이 있다.

3) X

→ 면대면, 전화, 방송은 의사소통이 이루어지는 방식에 대한 것으로서 이는 채널에 속한다.

4) X

→ 사회 관습이나 문화적 요인은 단어 및 문법의 사용이나 의미 해석에 영향을 미친다.

3 정답: ②번

→ 소통의 원리는 의사소통이 이루어지는 맥락, 상대방의 발화 의도, 대화가 이루어지는 사회 관습 등과 밀접한 관련이 있기 때문에 이미 정해진 언어 규칙으로는 설명될 수 없다.

2. 직시 [확인 문제]

1 1) O

→ 직시는 의사소통 상황에 놓인 대상을 가리키는 것이기 때문이다.

2) O

→ 화자가 자기 자신을 가리킬 때 맥락에 따라 '나'가 사용될 수도 있고 '제'가 사용될 수도 있다.

3) X

→ 한국어는 '이·그·저'의 3원적 직시체계를 지니지만 영어는 '이·저'의 2원적 직시체계를 지닌다.

4) X

→ '이'는 가리키는 대상이 청자보다 화자에 가까울 때 사용된다.

2 1) 장소직시

→ '이쪽'은 화자의 위치와 가까운 곳을 가리키는 장소직시 표현이다.

2) 인칭직시

→ '여러분'은 여러 명의 청자를 일컬을 때 사용되는 2인칭 복수 표현이다.

3) 시간직시

→ '아까'는 화자가 말하는 시점을 기준으로 조금 전을 가리키는 시간직시 표현이다.

4) 인칭직시

→ '우리'는 화자와 청자를 함께 일컬을 때 사용되는 1인칭 복수 표현이다.

5) 장소직시

→ '올라오세요'는 화자가 자신의 위치를 중심으로 청자의 이동 방향을 알려주는 장소직시 표현이다.

3. 화행 [확인 문제]

1 1) X

→ 발화란 의사소통이 이루어지는 실제 상황에서 화자가 자신의 생각을 말로 표현한 것이다.

2) O

→ 화행 이론에서는 발화를 '경고하기, 선언하기'와 같이 힘을 지닌 일종의 행위로 본다.

3) O

→ 화행 이론에서는 언표내적 기능을 가진 화자의 발화 의도를 파악하는 것이 중요하다.

2 1) 언어적

→ 언표적 행위란 발화의 언어적 의미를 가리킨다.

2) 의도

→ 언표내적 행위란 발화를 하는 화자의 의도
　나 목적을 가리킨다.

3) 반응

→ 언향적 행위란 발화의 결과로 일어나는 청
　자의 반응을 가리킨다.

4) 간접화행

→ 간접화행이란 언표적 행위와 언표내적 행
　위가 일치하지 않는 화행을 말한다.

3 1) ㉡

→ 화자의 발화 의도가 '숙제를 도와달라고 하
　는 것'에 있으므로 이 발화는 요청 화행에
　속한다.

2) ㉣

→ 화자의 발화 의도가 '출입 금지'에 있으므로
　이 발화는 금지 화행에 속한다.

3) ㉠

→ 화자의 발화 의도가 '사과하기'에 있으므로
　이 발화는 사과 화행에 속한다.

4) ㉢

→ 화자의 발화 의도가 '전시회에 와 달라는 요
　청을 거절하는 것'이므로 이 발화는 거절 화
　행에 속한다.

[종합 문제]

1 ④

→ 화용론 이전의 언어학에서는 언어의 규칙
　과 체계를 밝히려고 하였다. 하지만 화용론
　에서는 언어와 맥락, 언어와 언어 사용자와

의 관계를 연구한다.

2 1) 장소직시: (여기), 시간직시: (이따), 인칭
　직시: (여러분)

→ '여기'는 현재 화자가 있는 장소를 가리키고
　'이따'는 화자가 말하는 시점을 기준으로 나
　중을 의미하며 '여러분'은 2인칭 복수 표현
　에 속한다.

2) 장소직시: (저기), 시간직시: (내일), 인칭
　직시: (우리)

→ '저기'는 장소의 위치가 청자와 가까운 곳을
　가리키고 '내일'은 화자가 말하는 시점을 기
　준으로 그 다음날을 의미하며 '우리'는 1인
　칭 복수 표현에 속한다.

3) 장소직시: (그쪽), 시간직시: (지금), 인칭
　직시: (저)

→ '그쪽'은 대상의 위치가 화·청자로부터 먼
　곳을 가리키고 '지금'은 화자가 말하는 시점
　을 기준으로 현재를 의미하며 '저'는 1인칭
　단수 표현에 속한다.

3 1) X

→ 이 발화는 상사에게 자료를 달라고 하는 것
　이므로 요청 화행에 속한다.

2) O

→ 이 발화에는 청자의 체면을 보호할 수 있는
　언어 표현이나 전략이 사용되지 않았다.

3) X

→ '상사가 자료를 주는 것'은 발화에 대한 청
　자의 반응으로 언향적 행위에 해당한다.

1. 한국의 문자 [확인 문제]

1 1) X

→ 차자표기 중 이두와 구결은 조선 후기까지 사용되었으며 이두는 19세기에 이르러 공식적으로 폐지되었다.

2) O

→ 이두는 과거에 행정 · 법률 등 관청실무에 주로 사용된 방식이다.

3) O

→ 구결은 한문의 뜻을 더 잘 이해하기 위해 조사나 어미 같은 형식형태소를 한문 원문에 끼워 넣은 것이다.

4) X

→ 훈민정음이 창제되기 전에는 한자나 차자표기 등을 이용하였다.

2 ②

→ ① 문장의 목적어다. ③ 在乙良은 연결어미로 형식형태소다. ④ 齊는 문장의 종결어미다.

2. 훈민정음 [확인 문제]

1 ④

→ 자음은 발음기관을 본뜬 다섯 자음 'ㄱ', 'ㄴ', 'ㅁ', 'ㅅ', 'ㅇ'을 기본자로 하였다.

2 ③

→ ㄹ은 ㆁ(옛이응), ㅿ(반치음)과 함께 이체

자로 만들어졌다.

3 ②, ③

→ ①, ④는 모두 가획의 원리로 만들어졌다.

3. 새 문자의 대중화 [확인 문제]

1 ④

→ 한글 소설은 조선 후기부터 쓰이고 읽혔다.

2 1) X

→ 한글 강습, 사전 편찬, 표준어 제정 등 한글 운동은 일제강점기에 활발히 이루어졌다.

2) X

→ 한글 운동은 조선어학회 등 민간에 의해 주도되었다.

3) O

→ 한글 운동의 결과로 1933년 〈한글맞춤법 통일안〉이 발표되었으며, 1938년에 『조선어 사전』이 편찬되었다.

4) O

→ 한글 운동의 결과 한국의 문맹률을 낮출 수 있었다.

3 ④

→ 1948년에 한글 전용이 법으로 정해진 뒤에도 1970년대까지 신문이나 출판물에 한글과 한자가 함께 쓰인 경우가 많았다.

1 ②, ③

→ ② 훈민정음은 만들어질 당시에 총 28자였지만 그중에서 'ㆁ, ㅿ, ㆆ, ㆍ'는 오늘날 사용하지 않는다. ③ 이두, 향찰, 구결 등은 한자의 음과 뜻을 빌려서 한국어를 표기했던 차자표기법의 이름이다.

2 1) X

→ 한글 운동은 일제강점기에 주로 진행되었다.

2) O

→ 조선시대의 왕인 현종이나 정조가 쓴 한글 편지를 통해 왕가에서도 한글을 사용했음을 알 수 있다.

3) O

→ 한글 입력의 편리성이 정보화 발전에 기여하고 있다.

4) O

→ 한글 편지를 주고받은 사람들을 볼 때 남녀노소 모두 한글을 읽고 이해하고 사용할 수 있었음을 알 수 있다.

3 1) 천지인 방식: 8-8-1-2-5-4-3-2-4-0-2-1
　　나랏글 방식: 8-획추가-3-2-1-6-6-1-8-3-3

2) 천지인 방식: 6-1-2-1-8-8-1-2-4-4-2-2-3
　　나랏글 방식: 2-획추가-3-9-8-획추가-3-1-1-6-획추가

3) 천지인 방식: 5-2-3-5-5-1-2-1
　　나랏글 방식: 2-6-4-3-9

13장 한국어의 변천

1. 한국어의 역사와 시대 구분 [확인 문제]

1 한국어사

→ 한국어의 역사를 연구하는 학문을 한국어사라고 한다.

2 1) 문헌연구

→ 문헌연구는 문자로 된 자료를 통해 한국어의 특징을 찾는 방법입니다.

2) 비교연구

→ 비교연구는 같은 계통에 속하는 다른 언어와 비교해 한국어의 특징을 찾는 방법이다.

3) 내적재구

→ 내적재구는 특정 시기의 한국어를 통해 그 이전의 한국어를 추측하는 방법이다.

4) 방언연구

→ 방언연구는 방언을 통해 한국어의 옛 모습을 찾는 방법이다.

3 내적재구

→ 내적재구의 방법으로 한국어의 옛 모습을 탐구한 것이다. 특정 시기 자료를 이용해 이전 시기 한국어를 추측하는 방법을 사용했기 때문이다.

4 1) O

→ 한국어는 시대별로 고대한국어, 중세한국어, 근대한국어, 현대한국어로 구분한다.

2) O

→ 한국어를 시대별로 구분할 때 한국어의 특징, 자료, 역사적 사건 등을 기준으로 한다.

3) X

→ 근대한국어의 모습을 확인할 수 있는 문헌 자료는 다른 시대에 비해 그 수가 많다.

4) X

→ 훈민정음은 1443년에 창제되었으며, 고대한국어 시기에는 아직 한글이 존재하지 않았다.

2. 한국어의 시대별 특징 [확인 문제]

1 1) X

→ 동남 방언에 해당하는 경주 지역의 한국어가 고대한국어의 중심이었다.

2) O

→ 『삼국사기』와 『삼국유사』는 고대한국어를 파악하는 데 좋은 자료가 된다.

3) X

→ 고대한국어에는 평음과 격음의 대립만 존재하였고 경음은 존재하지 않은 것으로 본다.

4) O

→ 고대한국어 시기에 한자어가 사용되기 시작했다.

2 ④

→ 중세한국어에서 사용된 주격 조사는 '이/ㅣ'다. '가'는 근대한국어에서 등장하였다.

3 1) 원순모음화

→ 근대한국어에서는 양순음인 /ㅁ, ㅂ, ㅃ, ㅍ/ 다음에 위치한 /ㅡ/가 /ㅜ/로 바뀌는 원순모음화 현상이 나타났다.

2) 고유어

→ 원래 한국어에 있던 아버지, 어머니 등의 고유어와 함께 한자어를 비롯한 여러 차용어가 동시에 사용되었다.

3) 전성어미

→ 명사형 전성어미 '-옴/움'이 '-(으)ㅁ'으로 바뀌었으며 '-기'도 더 확대되어 사용되었다.

4) 상대높임

→ '-ᇫ-'의 기능이 변해 점차 원래 가지고 있던 객체높임의 기능을 잃고 상대높임의 기능을 하게 되었다.

[종합 문제]

1 1) 고대한국어

→ 고대한국어는 10세기 초 통일신라시대까지의 한국어를 말한다.

2) 전기 중세한국어

→ 전기 중세한국어는 10세기 초 고려시대부터 14세기 말까지의 한국어를 말한다.

3) 후기 중세한국어

→ 후기 중세한국어는 15세기부터 16세기 말까지의 한국어를 말한다.

4) 근대한국어

→ 근대한국어는 17세기부터 19세기 말까지
의 한국어를 말한다.

2 /ㅜ/

→ 중세한국어에는 /ㅸ/가 있었지만 /ㅸ/가
/ㅜ/로 바뀌면서(/ㅸ/>/w/) '셔블'이 '서울'
로 바뀌었다.

3 1) O

→ 중세한국어에는 어두자음군이 실현되었기
때문에 '뿔'과 같은 단어가 존재했다. 그런
데 이 단어의 어두자음군은 나중에 대부분
된소리로 바뀌어 오늘날은 '쌀'이라는 단어
가 되었다.

2) X

→ 현대한국어에서 '찹쌀', '햅쌀'처럼 어두자
음군에 존재했던 /ㅂ/가 남아 있는 복합어
가 존재한다.

4 이

→ 중세한국어에서는 주격 조사로 '이/ㅣ/∅'
가 나타난다. 〈보기〉의 '시미'는 '심(∅샘)+
이'이므로 '이'가 주격 조사로 사용된 것이
다.

14장 한국어의 방언

1. 방언과 표준어 [확인 문제]

1 ④

→ 사회적 계층에 따라 분화된 방언은 사회방
언이다.

2 1) 계층적 기준 : '교양 있는 사람'이 쓰는 말

→ 표준어의 사용 계층에 대한 기준에서 표준
어는 '교양 있는 사람들'이 쓰는 말로 규정
한다.

2) 시간적 기준 : '현대'에 사용되는 말

→ 표준어의 시간적 기준은 '현대'로 명시되어
있다.

3) 지역적 기준 : '서울'에서 사용하는 말

→ 표준어의 지역적 기준은 대한민국의 수도
인 '서울'이다.

2. 지역방언과 사회방언 [확인 문제]

1 ②

→ 방언 구획과 방언형의 분포가 반드시 일치
하는 것은 아니다.

2 1) 평안도방언

→ 'ㄷ' 구개음화가 일어나지 않는다.

2) 전라도방언

→ 조사 '의'가 '으'로 나타난다.

3) 경상도방언

→ '_'와 'ㅓ'를 구분하지 않는다.

4) 제주도방언

→ 중세한국어에서 사용되던 'ㆍ' 모음을 갖고
있다.

3 1) O

→ 계층과 성별에 따른 언어 변이는 현대 사회
에서 사회적 평등이 실현되고 다양한 매체
를 통해 계층 간의 교류가 확대되면서 점차

줄어드는 추세다.

2) O

→ 제주도방언의 경우 다른 방언들에서 찾기
어려운 독특한 특징이 많이 나타나서 다른
지역 사람들이 쉽게 이해하기 어려운 경우
가 많다.

3) X

→ 사회방언 분화가 심해지면 의사소통의 단
절로 이어진다.

4) X

→ 유아어는 유아 및 유아를 상대하는 어른도
사용하는 사회방언의 하나다.

[종합 문제]

1 ②

→ 표준어는 여러 지역의 방언 중 효율성을 높
이기 위해 정한 말이다.

2 ①

→ 함경도와 평안도는 인접해 있지만 낭림산
맥을 경계로 하고 있어 두 지역의 말은 많
이 다르다.

3 ④

→ 사회방언의 분화가 주로 어휘에서 많이 나
타나지만 어휘뿐 아니라 음운, 문법 층위에
서도 다양하게 나타난다.

4 ③

→ 사회방언은 계층, 나이, 성별, 종교 등의
요인에 의해 분화되어 나타난다.

저자 소개

김정숙 (기획 및 총괄, 1장 집필)

- 현 고려대학교 국어국문학과 교수

- 전 고려대학교 국제어학원 원장
  전 국제한국어교육학회 회장

- 『외국인을 위한 한국어 문법 1, 2』(공저, 2005)
  "A study on the level of mastery of advanced Korean language curricula in Korean language institutions"(2015)
  "19세기 말의 한국어 학습서 연구"(2012) 등

이유경 (2장 집필)

- 현 숭실대학교 베어드학부대학 조교수

- 전 고려대학교 한국어센터 전임강사
  전 경기대학교 교양학부 조교수

- 『외국인을 위한 대학 한국어 1, 2 』(공저, 2019)
  "한국어 학습자의 의문사 발달 연구"(공저, 2022)
  "한국어 교육용 어휘 목록의 비교 연구"(2021) 등

정다운 (3장 집필)

- 현 한국학중앙연구원 책임연구원

- 전 고려대학교 강사
  전 고려대학교 한국어센터 강사

- 『초등학생을 위한 표준한국어 1, 2』(공저, 2013)
  "재외동포 아동 대상 한국어 문식성 향상 방안"(2020)
  "외국인 대학원생을 위한 한국어 학위논문 서론 담화표지 교육 연구"(2016) 등

이연정 (4장 집필)

- 현 서원대학교 휴머니티교양대학 조교수

- 전 고려대학교 교양교육원 초빙교수
  전 성균관대학교 학부대학 초빙교수

- 『한 문장이라도 제대로 쓰는 법』(2023)
  『한국어 학습자를 위한 사용 설명서1』(2021)
  "대학 신입생 글쓰기에 나타난 문장 오류 양상 분석"(2021) 등

김서형 (5장 집필)

- 현 경기대학교 인문대학 국어국문학과 조교수

- 전 고려대학교 한국어센터 전임강사
  전 고려대학교 민족문화연구원 국어연구소 선임연구원

- 『쉽게 읽는 한국어학의 이해』(공저, 2015)
  "남·북한 초등 국어 교과서에 나타난 지시문의 문장 종결형 연구"(2018)
  "국어 압존 표현의 실태와 교육"(2012) 등

최은지 (총괄, 6장 집필)

- 현 고려대학교 국어국문학과 부교수

- 전 고려대학교 한국어센터 강사
  전 원광디지털대학교 한국어문화학과 교수

- "한국어 학습자의 의지·의도 양태의 사용 양상에 대한 종적 연구"(2021)
  "한국어교육 문법에서의 '이다'의 범주 설정과 제시 방안"(2020)
  "중국어권 한국어 학습자의 관형격조사 오류"(2017) 등

이아름 (7장 집필)

- 현 고려대학교 4단계 BK21 국어국문학교육연구단 연구교수

- 전 고려대학교 한국어센터 강사
  전 고려대학교 교양교육원 초빙교수

- "외국인 학부생의 한국어 쓰기 효능감 분석"(공저, 2021)
  "한국어 교육에서의 평가 문식성 연구"(2020)
  "학문 목적 한국어 학습자를 위한 헤지(Hedge) 표현 제시 방안"(2018) 등

전형길 (8장 집필)

- 현 가톨릭대학교 학부대학 교육전담초빙교수

- 전 고려대학교 교양교육원 초빙교수
  전 고려대학교 BK21플러스한국어문학사업단 연구교수

- "대학 내 학문 목적 한국어 학습자를 위한 교양한국어 교재 개발 기초 연구"(공저, 2021)
  "교양교육과정에서 내외국인 협업 수업에 대한 연구"(2019)
  "중국인 한국어 학습자의 모어 작문과 한국어 작문 비교 연구"(공저, 2014) 등

정명숙 (9장 집필)

- 현 부산외국어대학교 한국어교육학과 교수

- 전 고려대학교 한국어교육센터 연구교수
  전 한국어문화교육학회 부회장

- 『쉽게 읽는 한국어학의 이해』(공저, 2012)
  "한국어 대화에서 끼어들기의 결정 요인"(2013)
  "한국어 강의 담화에 나타난 강조 발화의 특성"(2012) 등

이지용 (10장 집필)

- 현 경상국립대학교 국어국문학과 부교수

- 전 서울신학대학교 교양교육원 조교수
  전 중앙대학교 인문콘텐츠연구소 HK 연구교수

- "한국어 관용구의 기계 번역 양상 연구"(2022)
  "인지의미론의 '개념적 은유'에 관한 연구 현황 분석"(2021)
  "신문 기사에 나타난 '맛집'의 의미 확장 연구"(2021) 등

한하림 (11장 집필)

- 현 한밭대학교 노마드칼리지 인문교양학부 부교수

- 전 고려대학교 교양교육원 초빙교수
  전 경인교육대학교 시간강사

- "학문 목적 한국어 학습자의 쓰기 맥락 구성 양상 분석 연구"(2022)
  "맥락 중심의 한국어 문법 범주 개발을 위한 시론"(2021)
  "KSL 아동의 연결어미 발달 양상 연구"(2019) 등

이승연 (12장 집필)

- 현 삼육대학교 글로벌한국학과 조교수

- 전 서울시립대학교 자유융합대학 객원교수
  전 University of Hawaii at Manoa 조교수

- 『한국어교육을 위한 응용언어학 개론』(개정판)(2021)
  『역학서와 국어사 연구』(공저, 2006)
  『근대국어 문법의 이해』(공저, 1998) 등

손다정 (13장 집필)

- 현 서울여자대학교 교양대학 조교수

- 전 고려대학교 국어국문학과 강사
  전 서울대학교 기초교육원 강사

- 『세종통번역 1, 2』(공저, 2022)
  "한국어교육능력검정시험 한국어사 영역의 문항 분석 연구"(공저, 2022)
  "대학 글쓰기의 윤리적 문제에 대한 대학생의 인식 연구"(2022) 등

이은희 (14장 집필)

- 현 성균관대학교 초빙교수

- 전 고려대학교 초빙교수
  전 U.S.A. Hawaii University KLFC RA

- 『한국어화행교육론』(2014)
  『한국어특강2: 한국어와 한국어교육』(공저, 2012)
  "외국인 유학생을 위한 온라인 의사소통 교육"(2021) 등

외국인 유학생을 위한

한국어학개론